MOEWIG
SACHBUCH

Peter Ehlebracht

Haltet die Pyramiden fest!

5000 Jahre Grabraub in Ägypten

MOEWIG

Genehmigte Taschenbuchausgabe
Umschlagfoto: Erich Lessing
Umschlagentwurf und -gestaltung: Franz Wöllzenmüller, München
Verkaufspreis inkl. gesetzl. Mehrwertsteuer
Auslieferung in Österreich:
Pressegroßvertrieb Salzburg, Niederalm 300, A-5081 Anif
Printed in Germany 1982
Druck und Bindung: Mohndruck Graphische Betriebe GmbH, Gütersloh
ISBN 3-8118-3138-0

Inhalt

Zum Geleit

„Wer zu kräftig ins Feuer bläst, der verbrennt sich leicht den Bart!"
Während meiner oft recht abenteuerlichen Reisen habe ich diese arabische Weisheit nicht immer befolgen können. Mehr als einmal versengte ich mir nicht nur den Bart, ich verbrannte mir auch die Finger. Aber: Bei der Niederschrift des Buches stand die alte Weisheit wie ein Menetekel über meinem Schreibtisch. Darüber werden sich Hehler, Händler und Halunken freuen, deren echte Namen ich gelegentlich unter eine Tarnkappe nehmen mußte. Die totale, sozusagen steckbriefliche Aufdeckung von Personen der Raubmafia würde in Regionen führen, deren Klima nicht nur ungesund, sondern auch lebensgefährlich ist. Man könnte möglicherweise auf Intensivstationen landen, aus denen die Rückkehr ins schöne, so abenteuerliche Leben recht ungewiß ist.
Außerdem verzichtete ich der besseren Lesbarkeit wegen auf eine Akzentsetzung bei der Schreibweise arabischer Orts- und Personennamen. Ich denke, daß sie niemand vermissen wird.
Beim Reisen und beim Schreiben dachte ich herzlich an Petra, Michael, Nikolas, Ahmed und Ali.
Berlin Peter Ehlebracht

Mit Mumien fing es an

„Die meisten Einwohner des Dorfes Sackara, welches genannten Grabhöhlen am nächsten liegt, ernähren sich mit dem Aufgraben dieser Höhlen und den ausgegrabenen gebalsamierten Leichen, weil der Landbau, der Unfruchtbarkeit dieser Gegend wegen, sie kaum ernähren kann.

Die Leichen sind mit starken Arzneien, sonderlich mit Judenpech gebalsamt und mit keinen ägyptischen Sinnbildern geziert.“

Aus: „Umständliche und Eigentliche Beschreibung Africa Anno 1668“ des Doktors Olfert Dapper. Erste deutsche Übersetzung: 1670

Am Hofe des französischen Sonnenkönigs Ludwig XIV. (1643–1715) war man für Geschenke empfänglich. Das hatte sich bis ins Persien des Schahinschah Fath'Ali herumgesprochen. Als er Ende des 17. Jahrhunderts seinen Diplomaten Soliman Bachtiari Bey nach Paris delegierte, gab er ihm ein Rosenholzkästchen mit, das er dem Sonnenkönig im Versailler Schloß überreichte.

In der Schatulle fand Ludwig XIV. ein silbernes Fläschchen; darin war eine zähflüssige Masse, die in Europa unter dem geheimnisvollen Namen *MUMIA* als wunderfähiges Heilmittel bereits Aufsehen erregt hatte. Das Elixier hatte in den Schränken der nahöstlichen Rezeptmixer schon jahrhundertelang seinen Platz. Ludwig wußte mit dem Medikament nichts anzufangen und verbannte es in eine Vitrine für Kuriositäten, sehr zum Kummer des Apothekers Savary, der es nur zu gern erprobt hätte.

Mum wurde aus dem Persischen übernommen, im Arabischen zu *mumia* und steht für Erdpech oder Erdharz, ein Mineralharz, das uns unter der griechischen Bezeichnung *Asphalt* geläufig ist. Erdharz war bei der Behandlung vielerlei körperlicher Leiden und Gebrechen hochgeschätzt.

Schon der arabische Arzt Ibn Betar, der 646 n. Chr. starb, zitierte seinen griechischen Kollegen Dioskurides, der im 1. nachchristlichen Jahrhundert eine umfassende Arzneimittellehre geschrieben hatte und darin *mumia* als eine Substanz erwähnte, die aus einem Lande namens Apollonia (Illyrien) stamme:

„Von blitzenden Bergen spült das Wasser herunter und wirft es an den Ufersaum, wo es hart wird. Und es riecht wie ein Stück Pech.“

Die Sabäer waren ein Volk mit ausgeprägtem Geschäftssinn im Südwestzipfel der arabischen Wüste. Außer anderen Spezereien exportierten sie auch Erdpech durch die Wüsten an den Rändern des Roten Meeres entlang in großen Karawanen an die Höfe ägyptischer Pharaonen, wo Ärzte auf der Suche nach neuen heilkräftigen Kräutern und Mineralien waren. Sie beschäftigten sich eingehend mit dem schwarzen Material, wandten es bei der Behandlung von Schnittwunden und schweren Prellungen an, verrieben es zu Pasten, die sie auf Hautausschläge auftrugen, fügten andere Geheimmittel hinzu und verabfolgten die neue Mixtur gegen alle Formen körperlichen Unwohlseins.

Als dann den Reisenden der Antike auch noch geraten wurde, *mumia* bei Reisen außer Landes in der hölzernen Reiseapotheke mitzuführen, wurde der kostbare Rohstoff allmählich knapp. Man mußte sich nach gleichwertigem Ersatz umsehen. Die Suche wurde den experimentierfreudigen Laboranten leichtgemacht.

Mumia glich den schwarzen zähflüssigen Stoffen, mit denen die Ägypter seit dem Beginn des 3. Jahrtausends v. Chr. ihre Toten mumifizierten. Alsbald wurde die verkrustete Masse aus den Schädelschalen und von den knöchernen Resten gekratzt, aus Körperhöhlen geschabt und verarbeitet. Bei der großen Nachfrage war man nicht pingelig: Die unbekannte Balsamierungssubstanz wurde mitsamt vertrockneten Fleischfasern und Skelettresten zermahlen. *Mumia* war wieder in großen Mengen lieferbar.

Mit dieser makabren *Mumia*-Produktion beginnen die merkwürdigen und ungeheuerlichen Räubereien in den stillen Gräbern der Ägypter. Zuerst ging es nur um ein Allheilmittel. Es wurde ein Teufelswerk daraus. Der Weg ist gezeichnet.

Um 1200 berichtet der Arzt Abd el-Latif, daß das *mumia* aus drei Menschenschädeln für einen halben Dirham zu kaufen war. Ein Dirham war eine Silbermünze von 2,97 g. Billig war der aus Mumien gewonnene Extrakt nicht. – Abd el-Latif berichtet von den Eigenschaften des Erdpechs und daß es den Körpern altägyptischer Toten entnommen wurde als Ersatz für das Mineral, das so schwer zu beschaffen war. „Es mag also als Ersatz dienen!“ merkt der Arzt an.

Die Nachfrage brachte einen schwunghaften Handel mit der „gar heilkräftigen Arzenei" in Gang. Kaufleute in Kairo und Alexandria, die über eine gute Nase fürs Geschäft verfügten, sorgten dafür, daß *mumia* zum gefragten Markenartikel im westlichen Abendland wurde. Sie heuerten ganze Kolonnen ägyptischer Bauern an und ließen sie Gräberfelder umwühlen. Krämergilden exportierten das gemahlene Menschengebein in alle Welt — zu hehren Preisen. Deshalb zählte *mumia* im 14. und 15. Jahrhundert zu den handelsüblichen Heilmitteln in Apotheken und Kräuterläden. Als der Rohstoff neuerlich knapp wurde, nahm man die Leichen hingerichteter Verbrecher, in Armenhäusern Verstorbener oder von Christen, die umgekommen waren, und hängte sie zum Trocknen in die Sonne. So stellte man „echte Mumien" her!

Doch auch diese Art von Nachschub deckte den Bedarf nicht. Die Herstellungsmethoden nahmen kriminelle Formen an. Banden von Grabfrevlern stahlen frische Leichen aus den Gräbern, zerkleinerten sie, um sie in Kesseln über offenen Feuern so lange zu kochen, bis das Fleisch von den Knochen fiel, eine ölartige Flüssigkeit aus dem Kessel tropfte, die, in Flaschen abgefüllt, einem fränkischen Aufkäufer für ein Heidengeld angedreht wurde. — Es ist aktenkundig, daß der Kairoer Stadtrichter Anno 1420 Grabschänder prügeln ließ, bis sie gestanden, menschliche Leichen zerstückelt und in einer „pharmazeutischen Garküche" zum begehrten Heilmittel verarbeitet zu haben.

1564 deckte der französische Arzt Guy de la Fontaine aus Navarra in Alexandria die mit dem Mumienhandel einhergehenden Betrugsmanöver auf. Auf frischer Tat ertappte er in einem Warenlager eines *Mumia*-Händlers Berge von Sklaven, die eben zu dem gefragten Heilmittel verarbeitet wurden.

John Sanderson, Agent der „Turkey Handelskompanie" in Alexandria, bekam 1585 von seiner Zentrale die Weisung, in den Handel einzusteigen. Der clevere John durchforschte nicht nur die Mumienschächte in Memphis, er informierte sich auch in Kairo und Alexandria über den florierenden Menschenfleischhandel. Rund 600 Pfund mumifiziertes und gedörrtes Totenfleisch ließ er nach England verschiffen. Was da so geschah, war kein Geheimnis für Eingeweihte. 1557 erschien in der medizinischen Zeitschrift jener Tage, im *Hortus Sanitas*, ein Aufsatz über das

Wundermittel, aber auch über alles, was im Zusammenhang mit der geheimnisvollen Arznei stand, die in Arabia, Judäa und Ägypten therapeutisch angewandt wurde.

Die ägyptischen Amtsstellen bemühten sich, durch hohe Steuern, ja sogar durch ein Gesetz, dem Handel mit Leichen ein Ende zu bereiten. Ein Christensklave hatte dem Pascha in Kairo Informationen über den *Mumia*-Handel seines jüdischen Geschäftsherrn zukommen lassen — aus Rache, denn er wollte ihn jahrelang zwingen, zum jüdischen Glauben überzutreten. Der Händler kam ins Gefängnis, und der Pascha wies seine Provinzgouverneure an, Mumienhändler mit hohen Handelssteuern zu belegen. Keine Maßnahme konnte verhindern, den *Mumia*-Export zu unterbinden. Der Gewinn war so groß und so verlockend, daß die Transaktionen mit großen Ladungen über das Mittelmeer ins Abendland gelangten.

Aus dem traditionellen Naturheilmittel des Nahen Ostens war ein abscheuliches Gemisch geworden, dessen Anteil an Bitumen, dem heilkräftigen Kohlenwasserstoffgemisch, nur noch minimale Zusätze ausmachte. Geblieben war der Glaube, der Aberglaube, an die unheimliche Wirkung der Mumien, die aus dem rätselhaften Orient kamen. Magie ersetzte die Heilkraft des Bitumens. Quacksalber und Apotheker stößelten Mumienreste mit Weinessig und Pflanzenölen zu angeblich heilenden Salben für Rippenfell- und Lungenentzündungen.

Der französische Arzt Savary steigerte seinen Wahn in die Kraft des Heilmittels nach Laboruntersuchungen derart, daß er es für eine beweisbare Tatsache hielt, daß nur die ganz schwarzen und gutriechenden Mumien den therapeutischen Erfolg garantieren könnten. Viele abendländische Naturheilkundler bezeichneten die makabre Medizin als das, was sie war: als „quacksalberischen Mist". Gleichwohl versahen sich Könige und Fürsten wie einfache Bürgersleute mit dem Präparat, das einen so legendären Ruf genoß. 1694 unternahm der Pariser Kaufmann und Drogist Pierre Pomet in seinen *Histoires generales des drogues* den Versuch, die Leute vom Gebrauch des Mumienmittels abzubringen, indem er mit Kupferstichen die grausliche Art der Kadaverbearbeitung darstellen ließ. Auch dieses Gruselkabinett hatte keine Wirkung.

Der Abgrund zwischen dem antiken Naturheilmittel und der

im Handel verabfolgten barbarischen Masse wurde nicht mehr anerkannt. *Mumia* wurde zum Synonym für Mumie, und Mumien blieben bis weit ins 19. Jahrhundert hinein die Grundsubstanz für Heilmittel. Gemeines Volk wie noble Gesellschaft wurden, einmal tot, aus den Gräbern geholt, noch in den Totenkammern zerteilt, zu Staub und Asche gemacht, in versiegelte Porzellanbehälter gefüllt und in den internationalen Handel gebracht.

So wurden die Gebeine vergangener, früher Dynastien in kaum schätzbaren Mengen aus Ägypten exportiert, Opfer einer seltsamen Bemühung zwischen ernsthaft-wissenschaftlichem Bestreben, die wirkenden Kräfte zu ermitteln, und einem okkulten, magischen Aberglauben. Was über Jahrhunderte in einem Wahn zerstört wurde, vernichtete ein Stück wichtiger Geschichte, denn es blieb nicht nur bei den Räubereien menschlicher Gebeine.

Kann sein, daß diese Verirrungen der Geister immer noch nicht beendet sind. Es heißt, in einigen amerikanischen Drugstores könne man sich heute noch eine Mixtur „echten“ *Mumias* nach Unzen abwiegen lassen.

In Abusir el Meleq traf ich 1978 eine alte Fellachenfrau. In einem Leintuch verbarg sie einen Klumpen einer teerartigen Masse. Sie bot ihn mir als *mumia* an.

Mit einem Dorfbewohner ging ich tagelang das große Gräberfeld von Abusir el Meleq ab. Plötzlich scharrte er eine Schädeldecke aus dem Sand, entfernte Hautreste wie mürbes Leder, das in seiner Hand zerbröselte. Er bohrte seinen Zeigefinger in die Schädeldecke, die mit einer klebrig-sandigen Masse gefüllt war. „Willst du *Mumia?* Es gibt Leute, die sagen, es sei kostbar!“

1975 besuchte ich am Victoriasee in Ostafrika den Stamm der Sukuma. Auf einem der bunten, von Menschen quirlenden Märkte sah ich einen Medizinmann, der Asphaltbrocken und Knochenasche als Magentonikum verkaufte. Er nannte es *tschock* und behauptete, daß es von weither komme.

Ausverkauf in Ägypten

Wenn der Dieb arbeitet, kann auch der Hehler essen.
Arabisches Sprichwort

Auf dem Londoner Flughafen Heathrow wurde am 17. Juni 1978 das Gepäck des Kairoer Zahnarztes Dr. Mohamed El Matbuli vom Zoll beschlagnahmt. Die Beamten fanden in zwei großen Koffern und in der Kosmetiktasche von Frau El Matbuli altägyptische Kunstgegenstände. Das Ehepaar konnte keine Ausfuhrgenehmigung vorlegen, den Verdacht der illegalen Einfuhr nicht zerstreuen. Zwar wurde das Gepäck konfisziert, aber die El Matbulis mußte man laufen lassen, weil sie mit einem gültigen kuweitischen Paß reisten.

Die vom britischen Zoll informierte ägyptische Botschaft setzte in Kairo Polizei und Altertümerverwaltung in Bewegung. Im Hause des Dr. El Matbuli im Kairoer Stadtteil Maady wurde ein Arsenal illegal erworbener Antiquitäten sichergestellt, deren Wert nicht abzuschätzen war. Experten identifizierten Objekte, die aus der Frühzeit um 2800 v. Chr. bis ins 10. Jahrhundert zu datieren waren. Das Diebesgut wurde beschlagnahmt.

Der Altertümerverwaltung war der Zahnarzt nicht unbekannt. 1977 hatte der Freizeit-Archäologe um eine Lizenz für Grabungen in Dahschur, dem Dorf mit der berühmten „Knickpyramide" und den königlichen Gräbern aus dem Alten und Mittleren Reich, nachgesucht. Glücklicherweise wurde ihm die Konzession nicht erteilt. — Dr. Saleh vom Kairoer Museum erzählte mir, daß aus Matbulis Koffer eine völlig zerstörte Reliefplatte wieder im Museum gelandet sei, man wisse aber zweifelsfrei, daß das Relief intakt gewesen wäre, weil es sich in der Schaumstoffplatte, die darüber gelegen habe, abgedrückt hatte. Wann die Tafel zerstört wurde, konnte nicht geklärt werden.

Ob sich das Ehepaar El Matbuli in England oder schon wieder in Kairo aufhält ... wer weiß es?

Am 2. Juli 1979 ging diese Meldung durch die Presse:

Kairo

Die ägyptische Polizei hat bei einem Kairoer Ehepaar pharaonische und islamische Kulturgegenstände im Wert von vier Millionen DM gefunden. Sie sollten verkauft werden.

Ob die Matbulis in ihr Heimatland zurückgekehrt sind?

Die Methoden des Kunstraubs haben sich in seiner 5000jährigen Geschichte geändert, seine Attraktion für Plünderungszüge in Ägypten sind geblieben, geblieben, weil seit Beginn das Verlangen nach materiellen Gütern und besserem Leben Diebe und Hehler zur unseligen Partnerschaft zusammenführte. Das ägyptische Volk hat seine Könige geliebt, doch die Ehrfurcht vor den Toten war nie groß genug, den Gräbern ihren Frieden zu lassen. Habsucht verdrängte jede Furcht vor der Rache der Götter, die über die Toten wachen. Weder zweihundert todbringende Schläge mit der Palmblattrippe noch der Erstickungstod in zusammenstürzenden Totenkammern oder gar ausgeklügelte Schutzmaßnahmen vermochten die Räuber von ihrem unseligen Tun abzuhalten.

Das Geschäft fing klein an. Der Dieb arbeitete im Einmannbetrieb. Mit dem Erfolg kam der Ertrag, der der Umwelt nicht verborgen blieb. Neugierige Nachbarn, neidische Brüder ergründeten die geheimen Quellen des Wohlstands und kamen dem Ausgräber auf die Schliche; er wurde fortan erpreßt, mußte Mitwisser bei seinem Handel akzeptieren. Der Hehler war „geboren", eine Partnerschaft etabliert, die sich durch alle Epochen bis heute „bewährt" hat.

In den Tagen des Alten Reiches der dritten bis sechsten Dynastie in der zweiten Hälfte des dritten vorchristlichen Jahrtausends war der Hehler ein unbedeutender, seines Mitwissens wegen erkaufter Partner, dessen Schweigen ebenso von Nutzen war wie kupferne Werkzeuge, die er heranschaffte. Durch derartige Hilfestellungen entwickelte der Hehler nach und nach seine eigene „Persönlichkeit", gewann Einfluß, wurde zur Schlüsselfigur. Der Dieb blieb, was er war, der kleine miese Täter.

Zuerst zogen dann angesehene Mitglieder der Dorfverwaltungen, der Werkstattvorsteher einer thebanischen Glashütte oder ein einflußreicher Bürger Profit aus der Zusammenarbeit mit Dieben; als Gegenleistung sorgten sie für Schutz und stellten Verbindungen mit Käufern her. Das Netz von korrupten Helfern wurde größer, dichter und mächtiger. Beamte kamen hinzu und Offiziere aus der Mazoi, der lybischen Söldnertruppe, die sich wenig um den ägyptischen Unsterblichkeitsmythos scherten. Die Grabräuber-AG wuchs, wurde durchorganisiert, bekam kaufmännischen Schliff, wurde zu einem marktbeherrschenden System.

Waren es die schwächlichen Pharaonen von Ramses IV. bis Ramses XI., bis zum Zusammenbruch des Neuen Reiches (1554—1080 v. Chr.), die Beamten aus den Tempeln oder die Priesterschaft, die Frevel an den göttlichen Toten begingen und duldeten, oder im 19. Jahrhundert in konsularischen Diensten stehende Ehrenmänner, so sind es in unserer Zeit die Hochmögenden, die dank ihrer Position oder respektablem Familienansehen die uralte Partnerschaft fortführen — am mittlerweile international operierenden Kunstraubhandel hat sich nichts geändert.

Wie in frühen Zeiten Räuber ihre goldenen Beutestücke zum Hehler trugen, der an sicherem Ort die Kostbarkeiten zu Barren oder Klumpen einschmolz, wie im vergangenen Jahrhundert die grabenden Fellachen ihre Papyrifunde aus Fayum zum Gewährsmann brachten, so bringen heute noch die nächtlichen Meißler von Amarna, die Baumwollarbeiter aus Beni Suef ihre Schätze, wertbeständiges „Gold“ im technokratischen Zeitalter, zum sicheren Händler. Der diebische Fährmann auf dem Nil, der sämisch-gerbende Lederarbeiter, der am Hungertuch nagende Nomade, sie alle wurden zu Zwischenträgern der mächtigen Hehler, die sie kleinklein an den Erträgen ihres üblen Gewerbes nippen lassen.

Auch heute noch nimmt der Dieb es als unabänderlich hin, daß er übervorteilt wird. Er weiß es, aber er stiehlt weiter. Vor einiger Zeit zahlte ein Kairoer Kunsthändler einem Angestellten 15 ägyptische Pfund für eine gestohlene Grabbeigabe, eine kleine Plastik aus gebranntem Ton. Der Dieb verlor seine Stellung im Museum, der Kunsthändler, Nachfahre einer alteingesessenen Kairoer Händlersippe, hat heute noch seine Lizenz. Stets bewahrheitet sich die Diebserkenntnis, daß man die Kleinen hängt und die Großen laufen läßt.

Aus vorchristlicher Zeit sind über den Handel mit geraubten Schätzen keine Fakten überliefert. — Die historisch belegten Einfälle fremder Heere und Völker machten Ägypten um unermeßliche Kunstgüter ärmer. Als Perser, Griechen und Römer ihre Beute abtransportierten, waren Ägypter sicherlich nicht am Handel mit den Besatzern beteiligt. Es fehlte die Geschäftsgrundlage: Die Fremden stahlen, was ihnen gefiel. Ob der Perserkönig Artaxerxes II. am Ende der 30. Dynastie (um 340 v. Chr.) seine Truppen in barbarischer Zerstörungswut bis an die Südgrenze des Reiches vordringen und in blinder Habgier alle erreichbaren Schätze nach Persien schaffen ließ, ob Roms erster Kaiser Augustus (63 v. — 14 n. Chr.) aus der Kornkammer seines Dominiums Schätze und Obelisken nach Rom und in andere Städte des Heiligen Reiches verschleppen ließ — an diesen Raubzügen war kein Ägypter beteiligt. Mag sein, daß ein Dörfler im Schmerz von Prügel und Folter einen persischen Söldner mit einem Beutestück aus den Gräbern seiner Könige milde zu stimmen versuchte — mag sein, daß ein vornehmer Bürger Thebens dem Statthalter Roms im eroberten Ägypten, Gaius Cornelius Gallus (69—26 v. Chr.), einen Goldbarren brachte, damit Leben und Haus verschont blieben — schwarzhändlerische Arrangements hat es im vorchristlichen Ägypten nicht gegeben.

Erste Ansätze für professionellen Handel sind mit der Zeit der Wiederentdeckung der antiken Welt im 15. Jahrhundert n. Chr. feststellbar, als beispielsweise Cosimo Medici (1389—1464) als Stadtherr von Florenz Ausschau nach Schätzen aus fernen, geheimnisvollen Ländern für seinen Palazzo hielt, als Schriftgelehrte und Kirchenmänner des Spätmittelalters unlesbare Papyrirollen und Statuetten mit nichtentzifferbaren Inschriften in den Raritätenkammern verschwinden ließen.

Es gab und gibt Kunsthandel und „Kunsthandel“. Des ehrbaren Kunsthandels Anliegen war und ist, Objekte bestimmter Herkunft im ursprünglichen Zustand auf legale Weise zum Verkauf zu stellen — der ideelle Wert hat einen hohen Rang. Dem Kunsthandel in Gänsefüßchen geht es nur ums Geschäft. Egal, woher die Objekte kommen — danach wird vorsichtshalber nicht gefragt —, sie werden auch in Teilen gehandelt, falls der Dieb bei seiner Arbeit ein Kunstwerk beschädigte: Die Fasson der „Ware“ ist ohne Belang.

Als Grabfrevler etwa zu Zeiten der 18. Dynastie (1552—1306 v. Chr.) beim schnellen Raub Glasvasen zertrümmerten und die Splitter des „wertgeschätzten künstlichen Steins“ verschwinden ließen, um sie wie die aus vergoldeten Sarkophagen herausgebrochenen Glaseinlagen dem Vorsteher einer Glashütte auf der thebanischen Westseite zu verkaufen, als sie Lapislazuli, den begehrtesten Halbedelstein, einem Goldschmied verschacherten, da machten die Plünderer sich selbst abhängig und aus dem Hehler einen Händler in Sachen Kunst.

400 Jahre lang, von 30 v. Chr. bis 395 n. Chr., war Ägypten römische Provinz. Mit Schiffsreisen übers Mittelmeer begannen Touristik und in ihrem Gefolge der obskure Andenkenhandel. Auf dem längsten Strom der Erde nilaufwärts segelnd, bestaunten die Privatreisenden des Heiligen Römischen Reiches die alten Städte und Dörfer, das Tal der Könige, den Singsang der Memnonkolosse.

An die gewaltigen Eindrücke dieses Ausflugs sollte in den heimatlichen Villen und Palazzi schon eine originale Kleinigkeit, ein winziges geheimnisvolles Amulett, erinnern. Was noch unentdeckt unter heißem Wüstensand lag, war plötzlich durch erste Nachfrage wertvoll geworden. Die ewige Suche nach dem kostbaren Erbe der Väter bescherte nun schon kleine Geschäfte mit fremden Reisenden.

Da war das Signal: Frischauf zum fröhlichen Rauben!, das nilauf, nilab ertönte.

Fortan gaben sich diverse Besatzer die Stafette in die Hand und schafften mit kilometerlangen Transportkolonnen außer Landes, was ihnen gefiel. Das ägyptische Volk konnte nicht verhindern, daß Konstantin I. (um 280—337 n. Chr.), den man seiner rücksichtslosen Christianisierung wegen „den Großen" nennt, den granitenen Obelisken des Thutmosis III. abtransportieren ließ, um ihn dann wie lästigen Ballast an der Küste liegen zu lassen. Die Ägypter konnten nicht unterbinden, daß der römische Kaiser Hadrian (76—138 n. Chr.) von seiner Ägyptentournee eine ganze Schiffsladung voll „Andenken" mit nach Hause nahm.

Nein, das ägyptische Volk konnte nicht vereiteln, daß Diebe und Hehler in einer unheiligen Allianz zum inoffiziellen Teil seiner Geschichte wurden. Gegenseitiger Schutz, Deckung des Partners unter jeder Gefahr, die unnotierten strengen Paragraphen der Räubergesellschaft hatten Gültigkeit und erwiesen sich nur zu oft als stärker denn staatliche Gesetzgebung. Gemessen am polypenartigen Zugriff der hochkriminellen Kunsthandelsmafia von heute ist der Dieb (wie seit je) nur ein armes Würstchen im Würgegriff seiner Auftraggeber. Der wirkliche Täter, ohne den nichts läuft, ist der scheckbuchbewehrte Händler.

Seit Jules Mazarin (1602—1661), französischer Kardinal und Staatsmann, seinen Gesandten in Kairo, Jean de la Haye, zu Beschaffungsaktionen über vertraute Mittelsmänner einsetzte, um seine Kunstsammlungen im Hotel Tubeouf zu bereichern, hat sich an den Formalitäten im Geschäft so gut wie nichts geändert. Damals wie heute unterliegt die Branche undurchsichtigen Gesetzen, die Außenstehende nicht durchschauen können. *Newcomer* haben es in dieser Welt nicht leicht, sie leben gefährlich.

Im illegalen Antikenkunsthandel sind die Beteiligten verwandt, verschwägert, mindestens verschworen. Der Markt wird von zwei Interessengruppen dominiert — von profilierten Sammlern und mit allen Nilwassern gewaschenen Händlern. „Auktionen" werden in dunklen Hinterstuben von Kaschemmen in ägyptischen Zentren abgehalten.

Wo einst wissensdurstige Gelehrte noch eine Art von Legitimation für dunkelgraue Ankäufe postulierten, ist heute die Sucht nach Vitrinenschätzen Antrieb einer Gemeinde geworden, deren Mitgliederzahl sich nicht annähernd schätzen läßt.

Als Napoleon I. (1769—1821) mit seinem Expeditionskorps nach Ägypten zog, um 1798 das feindliche England im Orient zu stellen, schlug die Geburtsstunde der Ägyptologie. Der Kaiser liebte es, im Hauptquartier Gelehrte um sich zu haben. Sie begannen denn auch sofort mit der systematischen Suche nach den Spuren der Vergangenheit.

Von der Mitte bis zum Ende des 19. Jahrhunderts liefen Transaktionen unvorstellbaren Ausmaßes. Agenten und Wissenschaftler trafen sich in einem Verbund, der herangeschaffte Beutestücke unter den Augen laxer Herren der ägyptischen Behörden wie in einem zauberischen Illusionsakt verschwinden ließ. Mit dem Vorwand, daß alte ägyptische Kunst, die man außer Landes schaffe, erst die Chance bekäme, erhalten zu bleiben, verschaffte man sich ein fadenscheiniges moralisches Alibi für ganz ordinären Diebstahl. Es ist eine Tatsache, die weder in der Wissenschaft noch im Kunsthandelsbetrieb gern gehört wird: Mit der gezinkten Karte der angeblichen Rettung von Antiken kam es zu einem traurigen Höhepunkt der Grabräubereien.

Doch wir wollen die einschlägigen Fähigkeiten der Gegenwart nicht unter den Scheffel stellen! Im letzten Jahrzehnt wurden alljährlich für runde sieben Millionen US-Dollar Kulturgüter aus den Mittelmeerländern abtransportiert. Interpol mit ihrem Sitz in St. Cloud bei Paris gab allein 1971 Fahndungen nach 110 entwendeten Objekten heraus, die auf dem Markt angeboten wurden.

Antiquitäten aus dem zweitältesten Kulturland der Erde sind *in*, auch im grellen Licht der Öffentlichkeit. Für den 21 cm hohen Steinkopf einer Armana-Prinzessin aus der 18. Dynastie erhielt der japanische Kunsthändler Matsuoka bei 30 000 Pfund den Zuschlag, sein Landsmann Maisuoka ersteigerte Antiken für 50 000 Pfund. Die Auktion fand am 7. November 1977 bei Sotheby's statt.

Die Treuhandabteilung der Century City Bank, Los Angeles, zieht einen Verkaufsrummel mit Stücken der ehemaligen Mansoor-Sammlung auf, die aus der Zeit des Echnaton und der Nofretete stammen sollen, über deren Echtheit sich Wissenschaftler seit dreißig Jahren streiten. Echt oder falsch — es werden sechsstellige Summen geboten. J. P. Fitzgerald, Assistant Vice President der Century City, offerierte im Auftrag eines ungenannten Lieferanten einen Echnaton-Kopf von 12,5 cm Höhe für eine Million Dollar, eine nur 10 cm große Prinzessinnenfigur für 3,5 Millionen; das waren die höchsten Summen, die je für ägyptische Kunst gefordert wurden.

Hinter den inflationären Ausverkaufsziffern dämmert das Wissen, daß die „Quellen" für Nachschub aus den alten Kulturlandschaften nach jahrhundertelanger Plünderung fast erschöpft sind, droht aber auch die bittere Erkenntnis der Raubmafia, daß die Beschaffung neuer Ware durch größere Aufmerksamkeit der Ursprungsländer immer heikler wird. Die Praktiken der Materialbeschaffung werden ständig skrupelloser und krimineller. Die routinemäßige Methode, die Objekte mit einem irreführenden „legalen" Erwerbsausweis zu dekorieren, wird zur skandalösen Affäre, wenn es Händlern gelingt, den obskuren Offerten auch noch die Expertisen namhafter Wissenschaftler mit auf den Weg zu geben.

Jener Typ von Kunsthändlern, der aus Begeisterung und Verantwortung die Rolle eines redlichen Maklers bei der Erschließung unbeachteter Kulturräume spielt, wird durch eine Spezies verdrängt, die Originale oder Fälschungen verhökert, wenn nur die Sujets en vogue sind.

Die Geschäftsabwicklung bei Kauf oder Verkauf von „Schwarzstücken" unterliegt in der illegal tätigen Händlerclique einem strengen Reglement. Jeder Verstoß gegen die Spielregeln kann für den Partner dieser Mafia zum tödlichen Ende führen. Dafür gibt es Beispiele. — Der Käufer muß vom Informanten bis zum Verkäufer jeden Schritt überlegen, die Gesetze der „Firma" einhalten. Zeigt er dem Informanten gegenüber nur eine kleine Unsicherheit, ist die Verbindung zum Chef der Bande geplatzt, er wird den Handelspartner nicht kennenlernen. Alle Informationen werden im engen Kreis der Dealer und Händler sofort weitergegeben. Der *Newcomer,* der einen Fehler macht, dessen er sich selbst nicht einmal bewußt ist, wird auf Jahre hinaus zu keinem Geschäft kommen. Außer Spesen nichts gewesen.

Internationale Aufkäufer altägyptischer Objekte beherrschen natürlich die Regeln dieses Gewerbes. Sie sind eingeführt, haben einen „guten Leumund", gelten als zahlungskräftig. Neulinge können nur durch Empfehlung eines der Bande gut bekannten Gewährsmannes in den inneren Kreis gelangen, in dem Ware umgeschlagen wird. Prallste Brieftaschen und dickste Scheckbücher öffnen keine Tür. Hier gelten Treu und Glauben. Im Sinne der Kunstmafia.

Einem Ägyptologen, der lange Zeit Aufkäufer von Ägyptica für ein Museum war, verdanke ich „intimste" Kenntnisse aus Bezirken, in die ein normaler Sterblicher schwer gelangt. — Mein Bekannter erhielt, und so begann jedes Geschäft, aus heiterem Himmel die schriftliche Mitteilung, daß ein Kairoer Geschäftsmann ein interessantes Objekt zum Kauf anbiete; dem Brief lag eine stichwortartige Beschreibung des Angebots bei, die für einen Fachmann ausreichte zu beurteilen, ob er am Erwerb interessiert sein könnte. Die Verkaufssumme wurde nicht erwähnt.

Mein „Berichterstatter" ließ den Zwischenträger wissen, daß er mit dem Verkäufer Kontakt wünsche. In der Antwort aus Kairo stand, daß am Soundsovielten ein Treffen arrangiert werden könne, er möge seine Hoteladresse bekanntgeben. Mein Mann flog zum genannten Termin nach Kairo. — An der Rezeption wurde ihm ein Brief ausgehändigt, in dem für den nächsten Tag zur verabredeten Zeit ein Herr avisiert wurde, der vor dem Hotel warte und sich unter einem Codewort vorstellen würde. Was dann geschah, klingt so abenteuerlich, als hätte Conan Doyle seinen Sherlock Holmes in einen Fall verwickelt. Darum lasse ich meinen Bekannten erzählen:

„Nachdem ich mich zur verabredeten Zeit, um 22.30 Uhr, vor dem Hoteleingang eingefunden hatte, erschien ein gutgekleideter Ägypter, der sich mir unter dem verabredeten Decknamen vorstellte und mich aufforderte, ihm bis zur Sharia X (Straße) zu folgen, um dort in einen wartenden Wagen einzusteigen. Im Wagen wartete außer dem Fahrer ein weiterer Herr, der sich nicht vorstellte. Nach viertelstündiger Fahrt durch das nächtliche Kairo hielten wir in der Nähe des Bahnhofs Bab el-Lug an, wo der mir bekannte Informant zu uns in den Wagen stieg.

Wir begrüßten uns freundlich. Über den weiteren Verlauf der Aktion wurde kein Wort verloren. Während der Weiterfahrt sprachen die Ägypter kein Wort miteinander.

Von der Sharia, die längs des Nils verläuft, bogen wir in einen dunklen Seitenbezirk ab. Hier, in einer schmalen, unbewohnt scheinenden Gasse, wurde vor einer spärlich beleuchteten Kaschemme die Fahrt beendet.

Mit meinem Informanten und dem Ägypter X, der mich vom Hotel abgeholt hatte, stieg ich aus, während der Fahrer und sein Begleiter im Fahrzeug sitzen blieben.

Zu dritt betraten wir einen sehr engen Raum, der von einer einzigen mattgelben, in der Fassung knisternden nackten Glühbirne erleuchtet wurde. Das Interieur bestand aus zwei, drei Tischen und einigen Schemeln, einer blindfleckigen Spiegelwand und einer blau-weiß gekachelten hohen Theke. Gäste waren nicht im Etablissement, nur ein junger Ägypter trocknete hinter seinem Tresen Kaffeetassen ab, und ein hochgewachsener Mann, der über einer blaßblauen Gellabejah ein graues Jackett trug, hockte an einem der Tische, auf dem er einen kurzen dicken Holzknüppel abgelegt hatte. Im Vorbeigehen fiel mir auf, daß über das obere Ende des Knüppels ein Kugellagerring geschoben war.

Durch eine links vom Tresen liegende, mit einem gardinenartigen Vorhang verdeckte Tür gelangten wir in einen weiteren, sehr engen Raum. Der Vorhang der schmalen Tür wurde hinter uns nicht verschlossen, ich konnte bemerken, wie sich der Mann mit dem Schlagstock auf seinem Schemel vor der Tür postierte.

Der Händler saß auf einem bettähnlichen Diwan, sprang aber bei meinem Erscheinen ruckartig auf, um mich mit kräftigem Händedruck freundlich zu begrüßen, derweil er mit der freien Hand den mittleren Knopf seines maßgeschneiderten beigefarbenen Anzugs zuknöpfte. Er bat mich und auch seine Mitarbeiter, Platz zu nehmen, während er sich höflich nach meiner Reise erkundigte und fragte, wie es bei uns in Deutschland ginge. Ägyptens übertünchte Höflichkeit hinderte ihn nicht, einen Revolver auf einen kleinen Beistelltisch neben sich zu legen. Unser Verkaufsgespräch begann ohne Umschweife.

Mir wurden Fotografien des Objekts vorgelegt, fachmännisch ausgeführt. Vorderansicht. Seitenansicht. — Nachdem ich die Fotos gründlich geprüft hatte, wurde ich aufgefordert zu sagen, ob mein Interesse bestehenbleibe, weil ich dann auch den Preis hören würde.

Auf meine Frage, ob über den Preis noch geredet werden könnte, war die Antwort ein klares Nein, aber der Verkäufer würde den Versand übernehmen und somit die Kosten für die Zolldeklaration, mit denen natürlich die Bestechungssumme für den Gewährsmann beim ägyptischen Zoll gemeint war. Auch die Transportkosten nach Deutschland würden übernommen.

Da der Erwerb des angebotenen Stückes für meinen Auftraggeber von äußerster Wichtigkeit war, der Preis unter dem Aspekt der Übernahme der Transportkosten akzeptabel schien, sagte ich nach einer noch erforderlichen genauen Expertise ja zum Kauf. Über die Modalität der Zahlung wurde nichts schriftlich festgelegt. Nach der Überprüfung des Objekts wurde meine mündliche Zusage als verbindlich akzeptiert.

Das Gespräch dauerte eine halbe Stunde. Für den nächsten Tag wurde mir eine Besichtigung des Objekts an einem mir unbekannten Platz zugesichert. Danach wurde mir eine Entscheidungsfrist von zwei Tagen eingeräumt.

Am nächsten Vormittag wurde ich von meinem Informanten in einem Taxi abgeholt, das uns am Platz el-Ataba absetzte. In einer der unübersichtlichen Gassen des Basar Khan el-Khalilli, in der Werkstatt eines Silbergraveurs, hatte ich ausgiebig Zeit, besagtes Stück Ägypten zu expertisieren. Meine verbindliche Zusage gab ich dem Informanten. Der Verkäufer trat bei der gesamten Transaktion nicht in Erscheinung.

Zwei Monate später erhielt mein Auftraggeber auf deutschem Zollhof die mit amtlich beglaubigten Papieren versehene Sendung aus Kairo, deren Deklaration zufolge — ‚zur Ausfuhr genehmigtes ägyptisches antikes Kunstobjekt' — das kostbare Stück die Grenze hatte passieren können.

Die Bezahlung der Neuerwerbung erfolgte erst ein halbes Jahr später auf einem Weg, über dessen Stationen ich mich verständlicherweise ausschweigen muß."

So smart geht heutzutage Ägyptens Ausverkauf vonstatten.

3000 Jahre Kultur: Der Reichtum der Erde

Nirgendwo auf unserem blauen Planeten wurden auf einer Fläche von 1002 Quadratkilometern solche Reichtümer ins Erdreich versenkt wie in Ägypten. Nirgendwo hat sich das gierige Verlangen des Menschen, verborgene Schätze zu heben, so perfide, rücksichtslos und gerissen ausgetobt wie in diesem Land einer 3000 Jahre lang ungebrochenen Kultur. Nirgendwo hat die pietätloseste Form des Raubes, der Grabraub, eine Tradition wie dort im Land der roten und braunen Erde, das die Griechen *Aigyptos* (= dunkel), das dunkle Land nannten. Die beiden nachchristlichen Jahrtausende hinzugerechnet, geistern die Spuren tückischer Habsucht durch 5000 Jahre Menschheitsgeschichte, Kulturgeschichte.

In einem Zeitraum von weniger als einem Jahrhundert ließen die Könige der 4. Dynastie Snofru, Cheops, Chefren und Mykerinos etwa von 2590—2470 v. Chr. die größten Pyramiden Ägyptens errichten. Zwanzig Millionen Tonnen klobiger Steine türmten sie zu Symbolen des Glaubens an die ewige Dauer göttlicher Macht und ihrer Unsterblichkeit. Die Jenseitigen täuschten ihre Sonnensöhne: Schon in frühester altägyptischer Geschichte ließen sich Grabschänder durch die Unnahbarkeit des Todes nicht abschrecken, die Kammern ihrer Könige und Pharaonen zu versehren, zu schänden, die Namen der Toten auszulöschen. Weder die Androhung von Strafen noch der Mythos der alten Herrscher vermochten die Frevler davon abzuhalten, den Götterleichen ihre Schätze zu belassen. Vor ihnen mußten alle späteren Pharaonen kapitulieren, heute gewiefte Kriminalisten die Akten schließen. XYZ ungelöst.

Als hätten sie die Zukunft geahnt, installierten die Pyramidenbauer der 4. Dynastie Schutzvorkehrungen mit steinernen Fallgattern, in die Irre führenden Schächten, getarnten Eingängen zur Grabkammer. Schänder und Räuber nahmen die Witterung auf und fanden Zugang zu Mumien, Särgen und Kostbarkeiten. Die mächtigen Pharaonen ließen es sich im Traum nicht einfallen, daß nach ihren Zeiten machtvollen Regierens und Bauens ein langes Interregnum folgen könnte, in dem Gesetzlosigkeit dem Rowdytum die „Arbeit“ leichtmachen würde.

Der Zusammenbruch des Alten Reichs am Ende der 6. Dynastie, um 2157—2155 v. Chr., brachte die tiefste Zäsur in der altägyptischen Geschichte. Nach Phiops II. versank das Reich im Chaos. Phiops II., auch Pepi genannt, soll als sechsjähriges Kind auf den Thron gekommen und fast 100 Jahre alt geworden sein, man datiert ihn nach 2255—2160 v. Chr. Ob Senilität ihm die Zügel aus den Händen gleiten ließ, man weiß es nicht, mindestens saß er nicht mehr so sicher auf seinem königlichen Gestühl, daß begierige Usurpatoren sich abschrecken ließen. Dem Volk nicht verborgen, geriet die komplizierte Verwaltung aus den Fugen. Klassenkämpferische Parolen gaben den Rest, das Weltbild der Pharaonen versank hinter geiferndem Neid, durchs Land ziehen räubernde Banden, dem Mob ist nichts mehr heilig, er stürzt sich auf Totentempel und Gräber.

Mastaben, freistehende Gräber, und Grabkammern in den Pyramiden des Alten Reiches werden von bewaffneten Banden und habgierigen Einzelgängern ausgeplündert. Bei Beginn der sogenannten Ersten Zwischenzeit (2160—2040 v. Chr.) waren fast alle Pyramiden und Gräber der königlichen Prinzen und hohen Beamten ausgeräumt. Zwar war die Beute mühevoll zu erreichen, doch nicht schwer zu finden: Machtvolle Bauwerke markierten die verlockenden Fundstellen, zu denen untreue Wächter den Weg wiesen.

Nach den Schreckensjahren schien mit der Gründung des Mittleren Reiches um 2040 v. Chr. eine Wende einzutreten. 200 Jahre stand Ägypten unter thebanischer Herrschaft. Die Residenz wird von den Pharaonen wieder nach Norden verlegt, nahe den Pyramiden des Alten Reiches die neue Hauptstadt Itjtowi gegründet. Es waren machtvolle Herrscher, diese Pharaonen des Mittleren Reiches, die Amenemhets und Sesostris. Sie ließen Pyramidengräber anlegen, verfügten aber nicht mehr über das Ameisenheer von 100 000 Bauleuten wie ihre Ahnen. Um trotzdem ihre ehrgeizigen Baupläne realisieren zu können, erfanden sie eine die Dinge vereinfachende Methode: Sie ließen die Bauten ihrer Vorgänger ausbeuten. Amenemhets Pyramide in Lischt, 60 km südlich von Kairo, Hauptstadt seiner Regentschaft, wuchs aus Mauerwerk der Giseh-Pyramiden empor. Die Grabräuber waren hellwach; in diese Zeit datieren Holzsärge, in die ihnen verbündete Handwerker kaschierte Öffnungen einbauten. Kein Wunder also, daß bis etwa 1650 v. Chr. fast alle Pyramiden des Mittleren Reiches zu Beginn des Neuen Reiches um 1554 v. Chr. leergeräumt waren.

Unverdrossen überlegten die neuen Herrscher, wie sie ihre eigenen Grabstätten sicherer machen könnten. Schon die Lage sollte Gewähr bieten vor Raub: Die göttlichen Gräber wurden in die Felsen des thebanischen Westens geschlagen — in einem abgelegenen Wüstental namens Biban el-Moluk, das uns als „Tal der Könige" geläufig ist. In einer Entfernung, die nach Überlegungen der Sicherheitsberater ausreichend schien, wurde ein harmlos anmutender Eingang ins Gestein geschlagen, die eigentliche Grabanlage tief ins Felsmassiv eingeführt und in den Boden vorgetrieben. Diese Grabstätten wurden von einer natürlichen Pyramide überragt, dem hohen Gipfel eines heiligen Berges. Es war der Pharao Thutmosis I. (1508—1493 v. Chr.), der als erster Herrscher Ägyptens klugerweise auf ein auch äußerlich prunkvolles Grabmal verzichtete.

Im Wadi Der el-Medine, am westlichen Steilhang des Libyschen Gebirgsmassivs, entstand eine kleine Stadt, in der die Arbeiter der Nekropole wohnten. Hier lebten Vorarbeiter, Steinmetze, Maurer, Bildhauer und Maler. Als privilegierte Proletarier bauten sie sich am Hang ihres Arbeiterstädtchens ihre eigenen Gräber.

Die 18. Dynastie (1552—1306 v. Chr.) nennt die Namen der großen Pharaonen, denen Theben seine unvergleichlichen Kulturbauten verdankt: den Amon-Tempel von Luxor, den Festtempel des Thutmosis III., den Terrassentempel von Der el-Bahari der Königin Hatschepsut. Mit ihnen wetteifern die Bauten auf dem thebanischen Westufer, nach außen prunklos, doch in dunklen Höhlen ungeheuerliche Kostbarkeiten bergend.

Der große, blendende Reichtum der 18. und frühen 19. Dynastie kam von erfolgreichen Feldzügen im Ausland und beutereichen Expeditionen. Beute und Tribute der besiegten Völker finanzierten die aufwendigen Nekropolen- und Tempelbauten.

Tausende Handwerker waren tätig, auch die Goldschmiede, deren geschickt-fleißige Hände die Grabbeigaben schufen. Alle wußten von dem Gral, der in den Felsen gebracht wurde. Fraglos war eine beflissene Administration wachsam, doch „sicher“ war das Werk mit seinem reichen „Innenleben“ nicht. Wie bei einer Stafette wurde das Wissen von Generation zu Generation weitergereicht. Es war nur eine Frage der Zeit, wann die Grabräuber ihr Werk beginnen, richtiger: fortsetzen konnten.

Als Amenophis IV. (1365—1349 v. Chr.), der „Ketzerkönig“, seine Residenz von *Theben* nach *Amarna* verlegte, brach über das „hunderttorige Theben“ eine böse Zeit herein: Der Grabraub blühte. Heute wird angenommen, daß in dieser Periode das Grab des Thutmosis IV. (1439—1403 v. Chr.) erbrochen und geplündert wurde, denn Haremhab (um 1332 v. Chr.) mußte es restaurieren und reparieren lassen. Ins Grab des Tut-ench-Amun brachen Räuber wenige Jahre nach seiner Bestattung zweimal ein.

Einmal noch gewann Ägypten seine Stellung als Großmacht des Nahen Ostens zurück, doch die vorübergehende Macht und Herrlichkeit verblühten um 1000 v. Chr. Die *Mazoi,* eine Söldnertruppe, vermochte die Nekropolen nicht mehr zu schützen. Die Verwaltung der Totenstadt zeigte Schwächen. Die Versorgung der Arbeiter war nicht mehr sichergestellt. Verarmt, halb verhungert, erinnerten sich die Grabbauer an die Schätze drinnen im Berg, verbündeten sich mit Dieben und Hehlern, die im unseligen Triumvirat zur Jagd bliesen. Keine Macht konnte sie hindern, in die Gräber der Königinnen und Könige einzudringen oder die leichter erreichbare Beute aus Kammern der Fürsten und Beamten mitzunehmen. Was sie dort fanden, war weniger wertvoll, dafür aber schnell abzuräumen.

Während die Hohenpriester des Amon den „Gottesstaat“ regierten, um 1070 v. Chr., fand die totale Kapitulation vor den Grabräubern statt. In ihre Zeit fällt die Geschichte der „wandernden Mumien“. Um ihre verstorbenen Herrscher vor den Frevlern zu schützen, schleppten sie in dunklen Nächten die Mumien durchs Tal der Könige von einer Höhle zur anderen. Holztäfelchen um den dürren, ausgetrockneten Hals, wurden die Mumien, die ehemals Göttlichen, zu *displaced persons.* Was die Hohenpriester anrichteten, konnten sie nicht ermessen: Sie brachten die späteren Datierungen der Ägyptologen völlig durcheinander.

Ich bin mir klar, daß dieser Aufriß nicht mehr sein kann als ein Hinweis darauf, daß Grabräuber schon in früher Zeit emsig tätig waren, daß ihr Job bei weitem keine Erfindung der Moderne ist. Die Chronologie ließe sich detaillieren, hätte aber den Nachteil, daß man zwischen noch mehr fremdklingenden Namen und Herrscherhäusern Rösselsprünge machen müßte. Das Faktum, daß es Grabraub seit frühesten Zeiten gegeben hat, mag mit den wenigen Hinweisen gegeben sein.

Tabula rasa

Es galten die feinen Sitten Griechenlands, als Aristoteles mit seiner *tabula rasa* eine „unbeschriebene Schreibtafel“ ansprach. Längst steht das geflügelte Wort für „reinen Tisch machen“, aber auch dieser Sinn ist eher im alten orientalischen Sprichwort zu deuten: „Mancher, der reinen Tisch macht, beschmutzt nur den Fußboden.“ Ohne Umschweife sei es gesagt: Genau so meine ich es. Tabula rasa!

Bei Schanzarbeiten am Fort Julien nahe Rosette, der kleinen Hafenstadt 70 Kilometer östlich von Alexandria, fand ein Pionieroffizier der Expeditionsarmee Napoleons einen Stein mit merkwürdigen Inschriften. Ihn hatten unbekannte Bauleute wohl in Ermangelung stets knappen Baumaterials in die alte Bastion eingemauert.

Der „Stein von Rosette“ — unter diesem Namen steht er in den Geschichtswerken — ist eine schwarze Basalttafel mit dreisprachiger Inschrift, eine Stele mit der Abschrift eines Dekrets des Ptolemäus V. Epiphanes (210—180 v. Chr.) aus dem Jahr 196 v. Chr. Er kann als die kostbarste Beute des fast dreijährigen Feldzugs des Korsen angesehen werden, wenn er sie auch nicht nach Frankreich schaffen lassen konnte.

In jedem Geschichtswerk findet sich der Name des französischen Gelehrten Jean François Champollion (1790–1832) neben dem preziösen „Stein von Rosette“. Vergessen ist der Name des Offiziers, der an einem heißen Augusttag des Jahres 1799 den Stein fand und der Welt bewahrte. Hier soll er stehen: Es war Pierre François Xavier Bouchard (1722–1832). Ihm hat die Ägyptologie viel zu verdanken.

Am 31. August 1801 legte der britische General John Hely Hutchinson dem Befehlshaber der französischen Invasionstruppen die Kapitulationsurkunde zur Unterschrift vor. Das ägyptische Abenteuer der *Grande Nation* war zu Ende, das Heer mit 40 000 Mann nahezu aufgerieben, kleine Trupps ausgemergelter Krieger schleppten sich gen Alexandria. Napoleon, dessen Magenkrebs noch nicht erkannt war, soll die Niederlage mit „bewunderungswürdiger Gelassenheit“, wenn auch mit vorübergehendem Magengrimmen, hingenommen haben.

Viel weniger gelassen nahmen die 167 Wissenschaftler und Techniker der „Kommission für Wissenschaft und Kunst“, die drei Jahre unermüdlich geforscht und gearbeitet hatte, den Rückzug hin. Direkt hinter der kämpfenden Truppe, in Schlachtenlärm und sengender Hitze, sichteten sie Kunstschätze, trugen bewegliches Gut in Magazinen zusammen. Sie zeigten keinerlei Verständnis dafür, die Früchte ihres Fleißes König George III. als Morgengabe zu überlassen. Eher waren sie bereit, ihre Sammlungen „ins Meer zu schleudern“ oder den Kostbarkeiten als Gefangene nach England zu folgen . . .

Den „Zweispitz ab!“ vor dem Britengeneral Hutchinson! Er zeigte Verständnis für die französischen Wissenschaftler: Er gab ihre Sammlungen für den Abtransport nach Frankreich frei. Hutchinson imponierte die außergewöhnliche Arbeit seiner Gegner. Frankreichs Heer setzte sich mit seiner restlichen Bagage und den requirierten Kunstschätzen von den Gestaden Ägyptens ab.

Aber: Ein Andenken von hohem Wert sollte dem Inselkönig George III. mitgebracht werden, der Stein von Rosette, dessen Bedeutung auch von ahnungslosen Militärs vermutet wurde. Die Franzosen hatten ihn im Quartier bei Alexandria deponiert. Ehe er heimlich außer Landes geschafft werden konnte, schaltete sich Englands Diplomat William Richard Hamilton (1777—1859) ein, der Hutchinson einen Stoßtrupp Infanteristen abverlangte. Unter beleidigenden Schmähtrufen französischer Landser schleppten die Briten den schweren Stein aus dem Depot. Frankreich mußte sich mit einem Gipsabguß und Bürstenabzügen der Schriftbilder bescheiden, die die wissenschaftliche Kommission schon während des Feldzugs hatte anfertigen lassen. Kluge Leute!

Die Entzifferung der Hieroglyphen bedeutete bis dato auch den Bewohnern Ägyptens ein unlösbares Rätsel. Französische Gelehrte hatten den griechischen Text der Stele von Rosette übersetzt, aber jeder Versuch, die 32 in der Mitte der Tafel eingravierten Zeichen zu deuten, mißlang.

Thomas Young (1773—1829) war ein kluger Kopf, der Sprachforschung als Hobby betrieb. Als Physiker, der er war, gelang ihm die Erklärung der Newtonschen Farbenringe mit einer Wellentheorie des Lichtes, begründete er die Dreifarbentheorie des Sehens, auf der heute noch das Farbfernsehen basiert. Was Young verlautbarte, wurde in der wissenschaftlichen Welt gehört. Sein linguistisches Hobby ließ ihn einige Hieroglyphen des Steins von Rosette entziffern, so den Namen des Ptolemäus. Er stellte erbittert fest, daß er nicht weiter vordringen konnte ins Reich der ungedeuteten Schrift.

Was Young versagt blieb, gelang Jean François Champollion. Schon der Elfjährige wurde als Sprachgenie bewundert, er parlierte Altsprachen in Perfektion, und diese Begabung war es, die ihn zum Träger der Kaiserkrone einer Wissenschaft machte, die heute Ägyptologie genannt wird. Dem „Wunderkind", das mit neunzehn zum Professor für Geschichte an die Akademie in Grenoble berufen wurde, gelang im September 1822 die fast genaue Entzifferung des Steins von Rosette: Er konnte den Erfolg seiner Arbeit der ehrwürdigen Akademie in Paris mitteilen. Damit gab Champollion den Anstoß zur systematischen Erforschung der ägyptischen Kultur.

Zusammen mit den Forschungsberichten des von Napoleon gegründeten „Institut d'Egypt" konnte sich Europa von da an eine Vorstellung von den geheimnisumwobenen Schätzen in den Ländern am Nil machen. Besessener Tatendrang mobilisierte die Reihen der Wissenschaftler. Sie begannen einen Kampf, eine *catch-as-catch-can*, um die Trophäen in *MISR* (arabischer Name für Ägypten), an dem sich bald die Agenten europäischer Museen beteiligten. Während schon mit harten Bandagen gekämpft wurde, saß Ägyptens fleißig-armes Bauernvölkchen noch ahnungslos auf den versandeten Ruinen seiner stolzen Vergangenheit. Bald stob es wie ein gestörtes Ameisenvolk auseinander, trug zusammen, was sich oberflächlich fand, und hörte aus allen Richtungen der Windrose den Ruf der konkurrierenden Beschaffer: Wer hat den schönsten Pharao?

Ägyptens geruhsam-biblische Zeit war vorbei, die Zeit der Reisenden der Antike, die ehrfürchtig die gewaltigen Monumente der frühen Zeit bewunderten. Selbst die kraftvollen „Renaissance-Menschen" des 15. Jahrhunderts tobten ihr neues Weltgefühl nicht in der Ausbeutung fremder Länder aus. Sie stillten zwar ihre unbändige Neugier, äußerten sie indes nicht in einer

Tatkraft, wie sie der junge Kalif Abdullah Al-Mamun Anno 802 n. Chr. an den Tag legte: Er ließ einen Eingang zur Cheops-Pyramide mit Weinessig und Feuer sprengen. Nein, die Reisenden der Renaissance waren harmlos, sie nahmen einige Papyrusrollen, kleine Statuetten und ein bißchen vertrocknetes Menschengebein für die Schauerkabinette kirchlicher und weltlicher Potentaten mit. Mehr nicht.

Auch Frankreichs Ludwig XIV., der mit der pompösen Allonge-Perücke, ließ die Clairons noch nicht das laute Halali zur Hetzjagd blasen. Als er 1672 den Erfurter Pater Vansleb nach Ägypten schickte, ging es ihm nur um „ein paar feine Steinmetzarbeiten von exquisiten Meistern" für die Versailler Vitrinen, Kleinigkeiten, die niemand vermißt hätte.

„Unter der Zunge vieler gebalsamter Leichen findet man ein Goldblechlein, welches ein wenig mehr wert ist als zwei Ungrische Goldgülden! Und darum brechen die Araber, welche in Ägypten wohnen, alle gebalsamten Leichen in Stücke . . ."

... schrieb ein Reisender im 16. Jahrhundert, der mit wachen Augen spazierenging (s. Lit.-Verz. v. Bretten).

Dem Schotten James Bruce ging es um mehr als um Goldblechlein! Er ließ im Juli 1768 von fleißigen Schauflern im verschwiegenen Tal von Biban el-Moluk das Grab des Ramses III. ausräumen. Das muß der Schotte so fein besorgt haben, daß ihm die Nachwelt dafür Dank zollt: Heute noch wird die Grabstätte des Ramses III. schlicht „Bruce-Thomb" genannt. Dank, wem Dank gebührt!

Etwas später nur als Mister Bruce schlug der Italiener Giovanni Battista Belzoni (1778—1823) gewaltig zu. Der bullige, kraftstrotzende Sohn eines Barbiers aus Padua, von der Familie dem geistlichen Stande zugedacht, geriet in seinem Heimatland in Schwierigkeiten und zog eine Retirade auf die Britische Insel den unwirtlichen heimischen Gefängnissen vor. Als er mit fünfundzwanzig Jahren in Saft und Kraft stand, begeisterte er die Londoner im Sadler's Wells-Theater als kettenrasselnder Schwerathlet. Belzoni ließ seine Muskeln auf Jahrmärkten aller europäischen Länder ebenso spielen, wie er sie zu Beginn des 19. Jahrhunderts in den heißen Schründen Oberägyptens betätigte. Er war einer der wirklich großen, wenn auch hemmungslosen Abenteurer, denen man fast alles verzeiht. Hätte er im Jenseits eine mir bekannte

Postleitzahl, würde ich ihm gern diesen Brief schreiben, weil er nie erfahren hat, welche Position er beim Ausverkauf Ägyptens einnimmt. Dies wäre mein Brief:

„Le domando scusa Giovanni Battista!
Ich bitte Dich um Entschuldigung, Giovanni Battista, wenn ich Dich für einen flüchtigen Augenblick aus der Dunkelheit ins Licht Deiner geliebten ägyptischen Sonne zurückhole. Unbalsamiert, wie Du den Weg nach drüben angetreten hast, sehe ich Dich mit dem riesigen Turban aus persischer Seide riesige Wolkenbänke schieben und verschieben. Allah erhalte Dir Deine Kraft.

Selbst ein *greenhorn* im Reich der Physik, bewundere ich Dein frühes Interesse, ich glaube, da warst Du erst 17 Lenze alt, für die ‚Lehre von den Bewegungsgesetzen der Flüssigkeit'. Gern würde ich Dich fragen (weil nirgends genaue Angaben zu finden sind), ob Du wirklich Maschinenbau oder etwas Ähnliches studiert hast. War am Ende die Vorführung der mechanischen Wasserpumpe vor dem Khediven Mehmed Ali Anno 1815 reiner Bluff, mit dem Du Dich lieb Kind machen wolltest? Oder warst Du ehrlich von Deiner Wasserpumpe überzeugt, die viermal mehr leisten sollte als die Schöpfräder der Fellachen? Oder war der Khedive zu töricht, Deine Erfindung zu begreifen? In Deiner uns bekannten Geschichte fehlen da verläßliche Angaben. Schade. Ich nämlich traue Dir eine ganze Menge zu, gerissen, wie Du stets gewesen bist!

Du hast, und man ist Dir auf der Insel dankbar dafür, den Engländern den tonnenschweren Granitkopf vom alten Ramses II. geschenkt, den Memnon-Koloß von Kossar el-Dekaki in Westtheben. Allein mit dem Transport des Monstrums hast Du Dir ewigen Ruhm gesichert. Ich sehe Dich unter Deinen Helfern, ich sehe, wie Du die Kräfte von zehn Leuten aufwenden konntest, um Deine Beute heimzuschaffen. Du hast Dich um Dein Gastland verdient gemacht.

Du hast sie, und ich beneide Dich darum, alle gekannt, die Kämpen der ersten Stunde! Du hast für den gierigen Britenkonsul Henry Salt (1780—1827) Ware herangeschafft, bis Du Dich selbständig machtest. Du hast Deinen französischen Gegenspieler Bernardino Drovetti (1776—1852) an der Nase herumgeführt oder übers Ohr gehauen. Es wird Dich freuen zu erfahren, daß er seine Antiken mit viel Mühe für 13 000 Pfund dem König von Sardinien andrehte, aber Du wirst bekümmert sein, daß der Kumpan, gehetzt von den Jägern zwischen Abu Simbel und Kairo, armselig in einer Irrenanstalt starb.

Du hast deiner Nachwelt das Grab des Sethos I. beschert. Immer, wenn ich im Sloane-Museum den leeren Alabastersarkophag bewundere, schicke ich in Gedanken einen schnellen Gruß zu Dir.

Nicht um Dich zu ärgern, nur zur Information sage ich Dir, daß Konsul Henry Salt Dich betrogen hat. Er bekam von John Sloane 2000 Pfund dafür, und Du hast keinen Penny davon gesehen. Henry Salt war kein Gentleman, glaube es mir.

Dank gebührt Dir, weil Du im Frühjahr 1818 das Geheimnis der Chefren-Pyramide gelüftet hast! Weißt Du eigentlich, daß die Knochen im Sarkophag des Chefren (denen Du keinen Wert beigemessen hast) noch im gleichen Jahr nach England exportiert wurden? Major Fitzclarence schenkte sie dem Leibarzt des britischen Prinzregenten. Macht nichts. Sir Everad Home stellte fest, daß es sich um das Kniegelenk eines Rindes handelte. Lach, alter Halunke! Du hast ohnehin nichts von dem Knochen gehalten. Daß Du das Chefren-Reich geöffnet hast, liest heute noch jeder Tourist überm Eingang. Das wird Dich freuen wie der Rindsknochen.

Wenn ich je nach Westafrika komme, werde ich in der alten Stadt Gato nach Deinem Grab fragen, das man Dir am 3. Dezember 1823 geschaufelt hat. Schon 40 Jahre nach Deinem Tode, 1863 nämlich, fand der britische Forscher Richard Burton keine Spur mehr davon. Vielleicht habe ich Glück.

Du warst ein prächtiger Mann, Du hast dem Britischen Museum eine gewaltige Menge ägyptischer Altertümer ins Haus geschaufelt. Du warst ein großer Sammler vor dem Herrn, Du hast Ägyptens Tore geöffnet, auch für die Wissenschaft. Die goldene Zeit, die nach Dir kam, wäre Deine Zeit gewesen. Allah rief Dich ab.

Champollion war schon 33 Jahre alt, als Du Deine Muskeln stillgelegt hast. Mit ihm begann der große Ägyptenzirkus, den Du in Deiner Show in der Egyptian Hall in London vorweggenommen hast.

PS. Nicht verzeihen kann ich Dir, falls das Gerücht stimmt, daß

Du der Unsitte nicht entraten hast, Deinen Namen in den Sessel Ramses' II. in Theben hämmern zu lassen. Hast Du es veranlaßt, möge Allah Dich dafür strafen!"

Der Tanz um das Goldene Kalb begann!

„Ich traf es unglücklich, daß ich so schnell nach Champollion nach Theben kam, da war alles aufgekauft!"

Diesen tristen Geschäftsbericht gab der Darmstädter Architekt Fritz Max Hessemer im Herbst 1829 an seinen Gönner, den Diplomaten und Sammler Georg August Kestner (1777—1853), der in Rom das Deutsche Archäologische Institut gründete (s. Lit.-Verz., M. Jorns).

„Habe außer einigen Skarabäen nichts in Oberägypten gefunden", klagte Hessemer in einem anderen Brief. Kein Wunder, er war in den Boom geraten, den Champollion ausgelöst hatte.

Was hatte der vielgepriesene Champollion angerichtet?

Hessemer an Kestner:

„Indem ich vor der Gelehrsamkeit Champollions alle Achtung habe, muß ich dennoch sagen, daß er als Mensch einen Charakter gezeigt hat, der ihn vor der Welt gar sehr heruntersetzen muß! Das von Belzoni gefundene Grab bei Theben war eins der schönsten, wenigstens war es vollständig erhalten und nirgends beschädigt.

Jetzt sind durch Champollion die besten Gegenstände zerstört. Die herrlichen lebensgroßen Gemälde liegen zertrümmert am Boden. Um ein Bild loszuschneiden, mußten zwei andere geopfert werden. Aber der Fels ließ sich nicht schneiden, und alles zerbrach.

Die Eitelkeit, diese wunderbarsten Arbeiten nach Paris zu führen, hat sie nun der Welt zerstört. Ein mißratener Versuch war nicht genug, wer früher das Grab gesehen hat, kennt es jetzt nicht mehr.

Aufs äußerste empört war ich, als ich diesen Frevel sah!"

Ägyptens Erde bebte von den Hammerschlägen fremder Okkupanten.

Vom Foreign Office angestachelt, mischte Generalkonsul Henry Salt seit 1816 mit legalen und illegalen Mitteln im Kunstgeschäft mit. Britische Agenten jagten nach Antiken und nach anderen Agenten, solchen aus Frankreich und Deutschland. In London hatte man 1845 das Montague-Haus abgerissen und durch einen Museumsneubau ersetzt. *God heavens!* Man mußte ja die Schätze unterbringen.

Gelegenheit macht nicht nur Diebe, sie kreiert auch Kunsthändler jeder Fasson. Jean-Jacques Rifaud (1786—1845) beispielsweise kam aus Marseille zu einem kurzen Ausflug an den Nil . . . und blieb in dem Land, in dem man mit geschäftlichen Zaubertricks im Handumdrehen aus alten Steinen blinkendes Gold machen konnte. Rifaud, der das Raubrittertum im Blut hatte, griff zu, belieferte private Sammlungen und königliche Antiquarien mit allem, was gewünscht wurde. Der Marseiller Dunkelmann hehlte und kungelte gute Antiken und auf echt zurechtgemachtes Zeug. Er war einer unter Dutzenden, die im Dschungel Kairos Schneisen schlugen. Flinke Levantiner aus den Hafenstädten des östlichen Mittelmeers traten bedächtigeren Schweden auf die Füße, gewiefte Franzosen hauten reiche Holländer übers Ohr, äußerlich kühle, innerlich heiße Engländer pokerten mit zackigen Deutschen um die Wette. Tätigkeiten und Fähigkeiten im Nationalitätengerangel ließen sich nach Belieben austauschen. Wünschten sich ägyptische Händler ein heiseres: *ssa'i da!,* einen guten Tag, gruben sie aus den tiefen Taschen ihrer Gellabejahs antikes Beutegut.

Tolle Zeiten mit rauhen Sitten ließen die grauen Fluten nilauf, nilab noch trüber werden, für Händlernaturen ein Säkulum, wie es vorher nie eins gegeben hat.

Wer unter den Arrivierten auf sich hielt, richtete Dependancen ein, scheute sich aber nicht, Grabräubern die dreckigen Hände freundschaftlichst zu drücken, mit ihnen die Wasserpfeife zu rauchen, um die Tölpel vorm Abschied doch noch 'reinzulegen.

Giovanni d'Athanasie (1780—1857) war der gewitzte Sohn eines armenischen Heereslieferanten. Väterliches Erbgut im Blut, brachte er es schnell zu Wohlstand und großem Umsatz. Leigh Sotheby richtete 1837 in seinem Londoner Auktionshaus eine Verkaufsausstellung aus, um 986 Objekte des Athanasie auf den Markt zu bringen. Athanasies ägyptische „Erwerbungen" wurden in Amsterdam und Stockholm aus gutvernagelten Kisten ausgepackt. Er manikürte seine Fingernägel und schrieb mit spitzer Feder nur die Gewinnsummen in ein kleines Heft. Nicht die Ankaufs-, nicht die Verkaufspreise. Es waren runde, fröhliche Summen, die in dem Heft standen.

Elegant und mit besten Manieren wandelten Diplomaten durch die Phalanx der Händler, übersahen nach alter Schule, was sie nicht sehen wollten, hatten aber wachen Blick für gute Geschäfte, die sie auf das gepflegteste abwickelten.

Giuseppe di Nizzoli (gest. 1828), italienischer Diplomat im Dienste des österreichischen Konsulats in Kairo, schickte beflissen eine große Ägypten-Sammlung ans Wiener Kaiserliche Münzen- und Antikenkabinett, dessen Räume den Diplomatensegen kaum aufnehmen konnten. Sie wurden im Harrachschen Haus in der Johannesgasse untergebracht. *Tu felix Austria . . .*

Giuseppe Passalacqua (1797—1865), auch ein Diplomat der hohen Schule, entwickelte allerdings nur mäßiges Glück: Er hatte Mühe, seine reiche Sammlung loszuwerden. Er verlangte von der französischen Regierung 400 000 Franc. Nicht daß die Staatskasse den Betrag nicht hätte aufbringen können — der Louvre quoll, dank Champollions Begabung, bereits über. Schon resignierend, begegnete er dem weitgereisten Alexander von Humboldt, der sich nach einem kennerischen Blick auf die Schätze ins Geschäft einschaltete, seine Beziehungen zum König Friedrich Wilhelm IV. von Preußen spielen ließ . . . und 100 000 Franc für den deprimierten Passalacqua lockermachte. Als Trostpreis für den enormen Preisnachlaß wurde der Geprellte zum Kurator des Museums nach Berlin gerufen.

„Der Khedive ist ein Mann, den ein jeder leiden kann!"

Wären die Wissenschaftler des 19. Jahrhunderts so recht von Herzen fröhliche Burschen gewesen, hätten sie diesen Reim in Kairos nächtlichen Gassen gerufen. Doch so von Herzen froh waren damals nur die Ägypter selbst. Mal ein schlechtes Geschäft? Inschallah! So Gott will. Morgen werden wir ein besseres machen! Sie machten keine Schwierigkeiten, dem Land seine besten Schätze zu entführen.

Und die Fremden? Waren sie nicht sogar moralisch verpflichtet, die ägyptische Kultur zu bewahren? Hatte nicht schon Anno 1356 der Sultan Hassan die Cheops-Pyramide geplündert, um die feinpolierten Kalksteinplatten beim Neubau einer Moschee zu verwenden? Hatte nicht eben erst der Khedive Teile eines herrlichen Bauwerks in den Neubau einer Salpeterfabrik einfügen lassen? Wurden nicht Quader aus dem Month-Tempel in Armant in die Wände einer neuen Zuckerfabrik eingesetzt? Verwendeten Fellachen nicht stabile Sarkophagbretter, um kleine Brücken über die Kanäle in den Feldern zu zimmern? Nahmen Schmiede nicht kostbare Kapitelle aus den Tempeln als Amboß? Waren für Vizekönig Mehmed Ali die königlichen Bauwerke nicht nur Steinbrüche, aus denen er Material für seine Bauwerke holen ließ?

Ach ja, die Scheichs der khedivalen Verwaltung hatten Auftrag, den Export der Altertümer zu überwachen, aber sie vermochten nicht, ihn zu erfüllen. Mumien wurden ohnehin als Leichen Ungläubiger qualifiziert und durften deshalb ausgeführt werden. Des Khediven schon beim Erlaß 1835 brüchiges Gesetz besagte, daß alles, was vorher gekauft worden war, ausgeführt werden durfte. In Alexandria stapelten sich ungeheure Mengen an Ägyptica, und seltsamerweise wurden es, obwohl täglich Schiffsladungen den Hafen verließen, nicht weniger. Bakschisch macht blind. Da der Khedive gern aus dem Fundus der alten Kultur Diplomatengeschenke holen ließ, war die Welt schnell wieder in Ordnung. Ben akiba. Alles schon dagewesen. Inschallah.

In turbulenten Zeiten treten stets scheinheilige Apostel auf. Es sind die ärgsten unter den Argen. Einer davon, der Duke of Northumberland, Baron Algernon Percy (1792—1865), wetterte gegen die Verwüstung der ägyptischen Nekropolen . . . aber er schaffte über 200 Antiken ins stolze Heimatland.

Der französische Konsul in Alexandria, Jean-François Mimaut (1774—1837), stand seinem Kollegen von der Insel nicht nach. In einer harschen Demarche verurteilte er die Verschleppung kostbaren Kulturgutes . . . und saß selbst auf 588 Antiquitäten!

In diesen heißen ägyptischen Jahren gab es keine Stimme, die es ehrlich meinte. So wie der ehrenwerte Emil Prisse d'Avennes zur Mitte des wilden Jahrhunderts mit Schwarzpulver den Karnak-Tempel explodieren lassen wollte, so explodierte Altägyptens Kultur durch die glimmenden Lunten der Glücksritter, Kunstschieber und forschungswütigen Gelehrten.

Am 18. September 1842 traf Karl Richard Lepsius (1810—1884) mit der Preußisch-Wissenschaftlichen Expedition in Alexandria ein. Friedrich Wilhelm IV. hatte die Unternehmung mit 100 000 Preußentalern flottgemacht, die „Reise zu den Resten der ägyptischen und äthiopischen Kultur".

Lepsius notierte:

„Wir reisten unter dem kräftigen und in jeder Weise wirksamen Schutz des Vizekönigs. Wir hatten ausdrücklich Erlaubnis zu Ausgrabungen, wo wir sie für wünschenswert halten würden, und haben sie dazu benutzt, eine Anzahl interessanter Denkmäler für das Königliche Museum zu Berlin zu gewinnen."

Die Zahl der „interessanten Denkmäler", die er aus Nubien, Ägypten und von der Halbinsel Sinai für Berlin einsammelte, war nicht eben klein. Was machte es? In Geberlaune schenkte sie der Vizekönig dem großen Kollegen in Berlin als Morgengabe. Als Lepsius 1845 von Kairo aus die Heimreise antrat, verpackten aus Berlin angereiste Facharbeiter 15 000 Einzelobjekte in Berge von festen Kisten. Vorsicht ist die Mutter der Antikenkisten, und auf preußische Handwerker war Verlaß.

„Nanu, was liegt denn da?" fragte sich 1899 ein englischer Schmetterlingssammler, der mit Netz und Botanisiertrommel am Nilufer nahe dem nubischen Semneh einem Falter hinterherstolperte. Diesen Mann interessierten originellerweise keine Antiken, sonst hätte er das versandete Holzobjekt in Augenschein genommen. Er aber verständigte die Polizei, und die schickte die Kiste nach Kairo. Was fand sie darin? Das Oberteil eines Siegesdenkmals von Pharao Sesostris III.! Lepsius fand es 54 Jahre früher auf der alten Semneh-Festung und hatte vergessen, es mitzunehmen. 54 Jahre lang lag die Kiste unentdeckt am Nil. — Als Adolf Erman (1854—1937), Direktor des Berliner Ägyptischen Museums, das Kistchen glücklich in Empfang nehmen konnte, waren in Ägypten die Zeiten entschieden härter geworden.

> „Groß geschätzt wird ein Geschenk! Wie alles geehrt von Freunden!"
> *Theokrit, um 270 v. Chr.*

Geschenke, die vom Nil kamen, wurden stets geschätzt. Doch geehrt? Ich weiß nicht.

Geschenke standen im Land, das dem Bakschisch huldigte, seit Jahrzehnten nicht mehr zur Debatte. Der aufgeklärte Westen hatte Ägypten zum Tummelplatz einer Mafia gemacht, aus kleinen Dieben waren große Gangster geworden. Im goldenen 19. Jahrhundert.

„Mich widerte der Anblick einer kürzlich ausgegrabenen schwarzen Mumie an, welche halb ausgeschält und mit umgedrehtem Hals am Eingang eines Felsengrabes wahrhaft geschändet dalag. Mir stand das Herz völlig still. Ich sah es deutlich, daß die Schritte unserer modernen Zivilisation sich bis an diese Leiche gewagt hatten, um, wahrscheinlich, jedoch vergeblich, für ein Provinzmuseum wenigstens den Kopf einer Mumie zu gewinnen . . .",

schrieb ein Reisender namens Ludwig Mertens, der vom 30. Januar bis zum 7. März 1891 durch das Land der Pyramiden reiste.

Wer nun noch Ägyptica ergattern wollte, mußte sie stehlen. Tabula rasa. Der Tisch war saubergemacht, der Boden beschmutzt.

El-Qurna

Gegenüber von Luxor, auf der westlichen Nilseite, der West-Bank, gruppieren sich zwischen der alten Fährstelle Maady und dem El-Fadlya-Kanal Häuser mit Fassaden und Dachkuppeln, die eher an eine mediterrane Wohnsiedlung denn an ein ägyptisches Fellachendorf erinnern. Häuserfronten bröckeln ihren Putz ab, umstehen einen leeren Platz.

Das sind die Reste von „Neu-Qurna", das in den dreißiger Jahren unter König Fuad I. (1922—1936) geplant und unter seinem dickwanstigen Sohn, dem Möchtegern-Playboy König Faruk, als ehrgeiziges Bauprojekt betrieben wurde. — Hasan Fathy, Architekt und Dozent an der Kunstakademie von Kairo, wurde mit dem Bau dieses Musterdorfes auf der West-Bank beauftragt.

Es ging den Regierenden darum, die soziale Pestbeule auszumerzen. Reisende sollten die Motive dieses Elends nicht mehr in ihre schußbereiten Kameraobjektive nehmen, sollten nicht mehr den Ruf Ägyptens schädigen. Es lag aber auch ein anderer Gedanke dem Projekt zugrunde: Die Höhlengemeinde über der Gräberwelt der Pharaonennekropole sollte gespalten, verdrängt, in alle Himmelsrichtungen verstreut werden; die räuberischen Betätigungen der Qurnawis sollten ein Ende haben.

Hasan Fathy nahm sich auf dem Reißbrett eine Menge vor. Er projektierte für das Musterdorf zwei Schulen, einen Sportplatz, eine Werkstatt für Handwerker. Fathy realisierte trotz Kriegen, Regierungwechseln und Revolutionen einen Teil seines Programms, doch „Neu-Qurna" wurde nie fertig. Die Verpflanzung der Bewohner des alten Räubernestes mißlang, ja der Plan scheiterte am Widerstand der Qurnawis. Als die ersten Neubauten in der Nilebene standen, lehnten die Dorfältesten die moralische Verantwortung ab, die ein Bewohnen der Neubauten ihnen auferlegte, sie monierten das Fehlen von Ställen für ihre Gamussas (Büffel) und konnten sich nicht vorstellen, Ziegen und Enten auf den Dächern der Siedlung grasen und schnattern zu lassen.

In Wirklichkeit waren das an den Haaren herbeigezogene Ausflüchte der Schlitzohren, die sich ihrer uralten illegalen Nebeneinkünfte beraubt sahen. Kein Wort nahmen sie den Herren aus Kairo ab, sie empfanden instinkthaft, daß ihr Nest ausgehoben werden sollte. Moderne Bauten hin, moderne Bauten her, was änderten die am Naturell gestandener Mannsbilder, an patriarchalischen Großvätern von pharaonischem Gehabe, an listigen Weibsbildern und flinken, cleveren Nachwuchskerlchen, die allesamt nicht nur von den Schätzen im Boden träumten, die sie auch zu heben verstanden. Nein, diese zähen Urbewohner des gelbroten Hügels am Nil ließen und lassen sich nicht vertreiben.

Nachrichten, wie sie am 18. April 1977 im SPIEGEL standen, Anwar el-Sadat würde die Planungen wieder aufnehmen, finden an offizieller Stelle in Kairo keine Bestätigung. Der Luxorer Anwalt und Kommunalpolitiker Abouzeed sagte mir: „Es wird niemals möglich sein, das Unternehmen durchzuführen!"

Es wird an den Qurnawis scheitern. Wie der sich abrackernde Fellache sein Schlammfeld „liebt", wie der Kairoer nicht die Millionenstadt verlassen will, so hängt der Westthebaner an seinem alten Raubgelände zwischen Kom el-Samak und El-Tarif.

Als Gustave Flaubert (1821—1880) zwei Jahre durch Ägypten reiste, machte er über Westtheben diese Notiz (s. Lit.-Verz.):

„Es heißt den Haß gegen alle Vegetation weit treiben, wenn man sich hier ansiedelt. Die Gegend ist ein wahrer Kalkofen!"

Hier irrte der Meister des künstlerischen Realismus: Wer auf den Hängen des Libyschen Gebirgszuges siedelte, den trieb anderes an als der Haß auf den grünen Fruchtlandstreifen — der „Kalkofen" war ein Mustergelände für Dunkelmänner im Handel mit Ägyptica!

Im Kalkofen kochte die Rassul-Sippe seit dem 13. Jahrhundert v. Chr. ihr Süppchen. Hier thronte Effendi Idris in seinem Lehmturm von Dra Abu El-Naga, bis ihn am 24. November 1898 ein Gehirnschlag aus seinem schwarzhändlerischen Leben rief. Diebe und Händler, Hehler und Fälscher sind am westlichen Nilufer Thebens die Unausrottbaren, um die sich schon im 18. Jahrhundert „Pioniere" des aufgeklärten Westens scharten, weil sie gute Geschäfte witterten. Hier hauste der Grieche Rosa, der von seinem Athener Handelshaus wegen Unterschlagung gefeuert wurde, in seinem Antikenladen zwischen Mumien und Särgen aus den Gräbern von Der el-Medine und träumte sich mit seinen eitertriefenden Augen heim in seinen Geburtsort Lemnos. Wenn die Wände der Lehmburgen der Qurnawis erzählen könnten, wer alles zu Gast war, wäre der Großteil leerer Seiten in der Geschichte der Grabdiebstähle beschrieben.

Als im ersten Drittel des 19. Jahrhunderts Europas Wissenschaftler zum Sturm auf Ägyptens Altertümer ansetzten, wurde die Nekropole Thebens zum Selbstbedienungsladen, und als Lieferanten waren die Qurnawis in nächtlichem Einsatz tätig. Sie machten sich's nicht leicht, sie befehdeten sich zwischen erbfeindlichen Familien, machten sich selbst erbarmunslos Konkurrenz, bekämpften Einzelgänger, die ihnen ins Gehege kamen. Jeder betrog jeden. Man ging sich an die Gurgel, wenn die Ausbeutung eines neuen Fundplatzes umstritten war. Jeder wurde zum Feind seines Nachbarn um eines Vorteils willen, doch alle standen wie eine Mauer, eine schweigende Mauer, wenn Gesetzeshüter auftauchten. Verräter und Spitzel wurden nach den ungeschriebenen Gesetzen der Raubgenossen für alle Zeiten gezeichnet, und dieses uralte Gesetz der Nekropolen-Mafia gilt noch heute. Das zeigte sich mir im April 1978:

Ein Mann aus Dra Abu El-Naga bespitzelte tagelang das holländische Ehepaar Taadmaspor, wahrscheinlich, um mit den Herrschaften ins Geschäft zu kommen — indes: Die Holländer wurden in Luxor verhaftet. Der Mann aus Dra Abu El-Naga aber stand im Verdacht, Verrat geübt zu haben. Der biedere Familienvater wurde drei Tage später von Unbekannten auf westthebanischer Seite derart zugerichtet, daß ein Arm lahm geblieben ist.

„Kulumumkin", es ist alles möglich, steht über der mächtigen Felsenpyramide von Biban el-Moluk im Tal der Könige. „Kulumumkin", sagen die Burschen aus Theben, „wenn du mir deine Brieftasche zeigst". Es ist alles möglich.

Die Versuche, die Bewohner aus der Totenstadt zu vertreiben, sind so neu nicht. Um 1900 wagte man einen Versuch, man wollte die geschlossene Gesellschaft ausräuchern. Reisigbündel wurden entzündet und mit Wasser begossen. Die Qurnawis verkrochen sich in ihren Fuchsbauten, und als die Rauchschwaden verflogen waren, kamen sie wieder hervor.

Was die Altertümerverwaltung störte und ärgerte, waren die Wohntürme und Stallungen, die die Dörfler über den Grabanlagen erbaut hatten. Sie schätzten die Grabkammern ungemein ... als kühle Keller, wo Ziegenmilch sich guttemperiert einsäuern ließ, wo Mais und Zwiebeln lagerten, wo man aber auch einen sicheren Ort für dunklen Nebenerwerb hatte. Kein eifriger Gesetzeshüter, kein neidischer Nachbar sah, wie man dort unten in schönster Ruhe Reliefs und Malereien aus den Wänden schlug, man hatte buchstäblich den Reichtum zu Füßen. Das Familienoberhaupt wies Kindern und Greisen ertragreiche Heimarbeiten an. Während Großväterchen im „Keller" bergmännisch tätig war, stand der alerte Sohn vorm Haus und offerierte den Ladies und Gentlemen, die auf Eselsrücken durchs Land keuchten, kleine preiswerte Souvenirs.

Ibrahim Jaber el-Tahef schaffte vor Jahren einen Rekord! Unter dem Haus seines Großvaters plünderte er binnen kurzer Zeit drei Grabanlagen aus. Was als Antiken kein Geld brachte, verscheuerte er als Baumaterial gegen Naturalien von den Dörflern am westlichen Nilufer, eine aparte Diversifikation eines Einzelhändlers!

Nur selten bietet sich Gelegenheit, von den legendären Grabkellern einen in Augenschein nehmen zu können. Diese Chance hatte ich im Herbst 1978: In Schech Abd el-Qurna, nahe beim sogenannten Deutschen Haus, dem Sitz des Deutschen Archäologischen Instituts, besuchten wir mit unserem Fernsehteam eine zwanzig Meter lange Grabanlage, die verborgen und uneinsehbar im Hof eines größeren Anwesens liegt. Über dem Eingang erhebt sich das zweistöckige Lehmhaus. Die Kammern waren offensichtlich von Vorbesitzern bereits gründlich ausgeräumt. Mächtige Vierkantpfeiler, von den alten Grabbaumeistern aus dem Fels herausgemeißelt, tragen in Zweierreihe das Gewölbe; an den Sokkeln sind sie zum Teil abgeschlagen, die so gewonnenen Teile sind irgendwo in einen Neubau installiert. Das mit herrlichen Reliefs geschmückte Eingangsportal ist durch eine Feuerstelle verrußt. — Die angenehm kühle Totengruft ist ein Gemüselager, in der einstigen Sarkophagkammer wühlen zehn Schafe im Maisstroh. Der Hausherr sagte uns, in sehr heißen Sommern zöge die Großmutter mit dem Nachwuchs hier unten ein. Sie übersommert.

Grabhöhlen der Nekropole dienen nicht nur als Frigidaire, es gibt auch noch einige, die bewohnt sind. Die Besitzer solcher

Behausungen genieren sich, Ausländern einen Einblick in altägyptische Wohnverhältnisse zu gewähren. Ich habe oft die Nekropole besucht und viele Tage in Qurna gewohnt, doch nur einmal gelang es mir, bei einer Familie in Dra Abu El-Naga eine Wohnhöhle zu besuchen. Hinter jedem Pfeiler schaute ein Gesicht der vielköpfigen Familie hervor. Es wäre niemand zu erkennen gewesen, wenn das Kellerappartement nicht elektrische Beleuchtung hätte, und die war offensichtlich ein Statussymbol der Sippe, der ein tragbares Fernsehgerät zu einem gehobenen Lebensgefühl und der Mumienkammer zu einem grotesken Akzent verhalf.

Es ist reinste und unrealisierbare Utopie, anzunehmen, hier ließe sich nach sozialplanerischem Städtebau irgendwann ein Wandel schaffen. Der Gedanke, daß sich nicht alles planen läßt, erfüllt einen hier sogar mit grimmiger Freude. Was Museumsaufkäufer, souvenirjagende Touristen und internationale Händler außer Landes brachten, wurde zu einem erheblichen Teil von den Verschworenen der West-Bank geliefert, von einem Syndikat, das keinen fremden Zugriff duldete. Nach seinem Verständnis war das unverbriefte Terrain Eigentum der Sippen. Wer ohne Zustimmung eines Clan-Chefs eindrang, bekam beträchtlichen Ärger, wurde mit einer Flintensalve verscheucht und konnte froh sein, wenn er lebendig die rettende Weite erreichte. Manch überneugieriger Fremdling wurde von den Halunken in die totenstille Düsternis der Gräber gelockt, gequält oder allein gelassen, bis er auf der Suche nach dem rettenden Ausgang in Wahnsinn verfiel und starb. Die Macht der Qurnawis war groß. Nur wer sich mit ihnen zu arrangieren verstand, erreichte sein Ziel.

Sir John Gardener Wilkinson (1797—1875) war einer von der Art, wie Qurnawis sie mögen. Ihnen imponierte der schnauzbärtige englische Ägyptologe bei weitem nicht nur durch seine Angebote, mehr noch gefiel ihnen, daß der Feinfühlige ihre Räuberehre estimierte. Darum hatte Sir John manch feines Stück im Gepäck, als er im April 1824 nach getaner Arbeit in den Gräbern Thebens auf sein Wohnboot auf dem Nil zurückkehrte. Ein Qurnawi mit einem fülligen Bastkorb auf dem Rücken meldete sich auf dem Boot, über hundert wunderschöne, aus Steatit geschnittene grüne Skarabäen breitete er vor dem Engländer aus. Die Käferamulette trugen Namen und Titel des Pharao Thutmosis III. aus der 18. Dynastie.

„Die will ich nur dir, unserem englischen Freund, verkaufen!" sagte der Mann und berichtete, daß er die Skarabäen in einem thebanischen Grab unter einer Mumie gefunden hatte.

Sir John wühlte in der Blatthornkäferherrlichkeit und kaufte eine Handvoll Skarabäen für ein einziges Pfund Seiner britischen Majestät. Wilkinson wie dem Qurnawi war wohlbekannt, daß ein einziger Skarabäus in Kairo offiziell für zweieinhalb britische Pfunde gehandelt wurde.

An diesem Exempel wird deutlich, daß die Räuber am westlichen Nilufer auch großzügig sein können.

Mit dem „Firman", der Erlaubnis zur Ausgrabung und dem Kauf von Altertümern, vermochten sich Museumsagenten und Wissenschaftler die Gunst der Westthebaner nicht zu erkaufen. Die Räuber hatten von Anfang an bemerkt, daß ein Firman vorzugsweise jenen Nationenvertretern zugeschanzt wurde, die bei der Regierung in Kairo unwürdig zu katzbuckeln verstanden. Sie verkauften lieber an den Bestzahlenden. Falls ihnen der Vertreter einer noch so mächtigen Nation nicht paßte, boykottierten sie ihn, mochten die Mudire der Provinzverwaltungen ihnen noch so hohe Strafen androhen. Selbst jeder Art von Bakschisch zugetan, schmeckten sie freilich auf ihren geschmäcklerischen Zungen, daß die Mudire sich für manche Ausländer so kräftig einsetzten, wie es ohne klingende Münze nicht zu denken war.

Auseinandersetzungen unter Sippen und Händlerzirkeln hatten oftmals groteske Anlässe. So arbeitete eine Clique lieber mit Franzosen, eine andere mit Deutschen, eine weitere mit Engländern. So feine Unterschiede machten die West-Bänkler auch, wenn Wissenschaftler erschienen und Hilfskräfte anwarben. Auf solche Tageseinkünfte durchaus erpicht, wollten sich die freien Raubritter doch aussuchen, wem sie ihren Schweiß und ihre Kräfte anzudienen Lust und Laune hatten.

Heute noch geraten alte Qurnawis ins Schwärmen, wenn sie über ihre Arbeit für einen *very strong and really good Doctor* berichten, schimpfen aber im gleichen Atemzug über einen Professor, der sie ihrer Meinung nach nicht gut behandelt hat. Bewohner aus Qurna, die vor Jahren für einen Berliner Ägyptologen Sandkörbe schleppten, erinnern sich nicht gern an diese Zeit:

> *„This professor is foxy! He does not like Egyptian people — only his work."*

Professor Mohamed Bakr von der Universität Zagazig kennt diese Situation:

„Wenn ein Wissenschaftler sich mit seiner ägyptischen Helfermannschaft anlegt, darf er sich nicht wundern, wenn Gafire und Arbeiter ihm gern Kleinigkeiten vor der Nase wegschnappen und verschwinden lassen!"

Seit vielen Jahren kenne ich Maarbud Nagdi, den Chef der Gafire auf der West-Bank. Leider ist er ein Oberwächter, dem die harte Hand fehlt; am liebsten stiefelt er, einem der pharaonischen Wesire gleich, übers Gelände, um jedermann mit einem Zweimeterstecken vorsichtshalber zu drohen. Dem Alten brachte ich mal eine Rheumasalbe für seinen Vater mit. Als ich im Grab Nr. 12 des Sethos II. fotografieren wollte, beschaffte Nagdi den Schlüssel zum verriegelten Tor. Zwei Stunden konnte ich ungestört im Grab arbeiten. Wie leicht können es liebenswürdige Besucher haben, die mehr als eine rezeptfreie Salbe für DM 4,20 anbieten.

Wer heutzutage auf dem westlichen Nilufer Thebens aus Leidenschaft oder trüber Geschäfte wegen die Jagd auf *anticas* eröffnen möchte, der hat es nicht mehr so leicht, wie es noch vor Jahren war. Das sei jedem *newcomer* gesagt. Große Raubzüge wie in den wilden Jahren des vergangenen Jahrhunderts sind nicht mehr möglich. Allein auch die kleinen „Handreichungen" der Qurnawis reichen aus, Ägypten und der Wissenschaft Schaden zuzufügen.

El-Qurna soll im Arabischen „die Überreste" bedeuten. Zu besichtigen sind die Überreste der Pharaonenwelt und die des Versuchs, Neu-Qurna zu erbauen. Neu-Qurna blieb ein Traum. Ein Alptraum droht. Die thebanische Westseite soll, so hieß es im Herbst 1978, mit Hotels bepflastert werden, Freizeitgehege sollen im Schatten des Gebirgsmassivs der alten Nekropole entstehen. Ob die Qurnawis stark genug sein werden, die „Freizeitkultur" der Hotelkonzerne zu verhindern — ich zweifle daran. Doch: „Kulumumkin!" Es ist alles möglich. Und speziell für diesen Fall wünsche ich den alten Räuberbanden alles Gute für die Verteidigung ihres Nestes.

„Wir gingen durch das Dorf Qurna, das alte Nicopolis. Als wir uns den unterirdischen Wohnungen näherten, feuerten die unverbesserlichen Bewohner nun zum dritten Male mit Feuergewehren auf uns!" . . .

... schrieb Dominique-Vivant Denon (1747–1825) in seinem Buch „Voyage dans la Haute et la Basse Egypte".

Vieles hat sich geändert, der Instinkt der Wahrung ihres Raubnestes ist den Qurnawis geblieben. Ich sehe schon, wie die Touristen davonlaufen.

„Monsieur, bringen Sie mir aus Ägypten einen Obelisken mit!"

Obelisk heißt im Griechischen „Bratspießchen". Damit trägt dieser hohe, schmale und viereckige Steinpfeiler den apartesten und richtigsten Namen aller Kunstwerke, die — hieroglyphenverziert — in Ägypten seit etwa 2500 v. Chr. als Kultsymbole aus Stein, vorzugsweise aus Rosengranit, geschlagen und zu Ehren des Sonnengottes aufgestellt wurden. Damals, als sie von 1500—1200 v. Chr. in Karnak und Luxor en vogue waren und meist paarweise vor Tempelfassaden gepflanzt wurden, damals kam ganz gewiß niemand auf den Gedanken, diese Steinkegel könnten jemals als Mitbringsel außer Landes gebracht werden. Indes, das war nur ein Transportproblem, und das lösten die großmächtigen Räuber *par ordre du Mufti*, und *Muftis*, was arabisch „die Entscheidenden" bedeutet, waren Kaiser und Könige.

Machte Assyrerkönig Assurbanipal (669—626 v. Chr.) den Anfang mit dem Einsammeln von Obelisken? Sicher ist, daß er zwei nach Ninive in die Hauptstadt bringen ließ. Toll trieben es die alten Römer. Kaiser Theodosius I., von der Kirche „der Große" getauft, ließ im Jahre des Herrn 390 den Obelisken des Thutmosis III. ins Hippodrom nach Konstantinopel schaffen — rechtzeitig zur Eröffnung des zweiten ökumenischen Konzils. Immerhin! Ein halbes Jahrhundert vorher ließ einer seiner Vorgänger, Konstantin I., das schwere Souvenir an der Küste vor Alexandria im Sand liegen: Die Transportkosten blieben in der römischen Bürokratie hängen.

Trotzdem gelangten mehr als ein halbes Dutzend heidnische Sinnbilder in die Ewige Stadt. Rom offeriert heute 13 schmucke Obelisken. Das größte der begehrten Bratspießchen fiel im 16. Jahrhundert im *Circus Maximus* vom Sockel. Papst Sixtus V., der eine Schwäche für das heidnische Wahrzeichen hatte, ließ 1587 den Obelisken auf der Piazza S. Giovanni in Laterno wiederaufstellen. Das kleinste Spießchen, nur 2,65 cm groß geraten, langweilt sich vor der Villa Celimontana.

In Europas und Amerikas Metropolen sind eineinhalb Bäckerdutzend Obelisken, *made in Egypt*, stolze Zierden repräsentativer Plätze. Vor dem Metropolitan Museum in New York gibt die „Nadel der Cleopatra“ der jungen Stadt einen Hauch der weiten alten Welt. 1880, zweihundert Jahre nach Peter Stuyvesant, reiste die „Nadel“ über den großen Teich: 3500 Jahre ist das Monument aus Heliopolis alt, das Zeugnis einer alten Kultur, das vom Smog aufgefressen wird.

In Ägypten, dem Herstellerland, kenne ich mindestens fünf senkrecht stehende Steinpfeiler und den über 1000 Tonnen schweren Koloß, der unvollendet in den alten Steinbrüchen von Assuan liegt.

Obelisken teilten vom Moment ihrer „Erfindung“ an Vorzug und Nachteil reizvoller, aber seltener Ware: außergewöhnlich, in der Stückzahl begrenzt und nicht vermehrbar. Solche Ware macht begehrlich. Ein Glück, daß die Steintrümmer tief in den Boden gerammt waren, sie ließen sich nicht im Vorbeigehen mitnehmen — ein Segen, daß die Transporte schwierig und teuer waren. Ohne diese Handicaps würde Ägypten heute kaum noch eins dieser Wahrzeichen besitzen.

Nehmen wir uns des prominentesten Obelisken an, er steht auf der Place de la Concorde in Paris und sticht mit einer Länge von 29,5 m in den Himmel über der Seinestadt. Sein Renommee rührt nicht nur von seiner reizvollen Gestalt her, was in Paris durchaus reichen könnte. Dieser Obelisk wird Kaiser Napoleon in seine kleinen Schuhe geschoben. War der Korse wirklich an allem schuld? Ihm wird so viel angekreidet, daß wir ihn vom schlechten Ruf, den Obelisken als Beute heimgeführt zu haben, befreien wollen.

Wie kam der Obelisk auf die Place de la Concorde?

1801, am Ende des Ägypten-Feldzuges, hatten Sieger und Besiegte den aberwitzigen Gedanken, ihrem Abenteuer ein Denkmal zu setzen. Die Engländer wollten ihre siegreichen Truppen ehren, die Franzosen hatten im Sinn, für alle Ewigkeit die wissenschaftlichen Leistungen ihres Expeditionskorps in Erinnerung zu nehmen. Welche Art von sinnbildlicher Ehrung die Engländer vorhatten, ist unbekannt . . . wie die Frage, ob Napoleon tatsächlich einen Obelisken anvisierte. Sicher ist, daß der neue französische König Ludwig XVIII. (1735—1824) seinem Attaché in Alexandria Weisung gab, mit dem Khediven und Vizekönig Mehmed Ali um Überlassung eines Obelisken zu verhandeln. Das ist belegt, und damit ist Napoleon aus dem Rennen.

Mehmed Ali, versierter Händler nach dem Motto „Nimm und gib!", war europäischen Wünschen mehr zugetan als der Bewahrung heimatlicher Kulturschätze. In rasanter Großzügigkeit sagte er dem französischen König sofort den Obelisken des Thutmosis III. aus Alexandria zu. Huldvoll quittierte Frankreich das ägyptische Cadeau, aber es floß viel Wasser den Nil und die Seine herab, bevor es eingeholt wurde. Die technische Lösung des Transports wie der monetäre Aufwand ließen die Köpfe rauchen, ohne daß eine Lösung erkennbar war.

Jahre vergingen. Da trat Baron Isidore-Justin-Séverin Taylor (1789—1879) auf den Plan. Baron Taylor war ein französischer Schriftsteller und Zeichner englischer Herkunft. Der Baron entschloß sich, die verfahrenen Gespräche um den Obelisken wieder in Gang zu bringen. Zielstrebig marschierte er ins Marineministerium, das nun schon endlose Zeit an dem Transportproblem herumbastelte. Er erkundigte sich nach dem Stand der Dinge und drang auf endliche Entschlüsse. Mit diplomatischem Geschick ließ er einfließen, daß die Engländer außerordentliches Interesse am Geschenk des Khediven zeigten. Die Mariner wurden munter und versprachen, den „Vorgang" dringlich zu behandeln.

Baron Taylor war guter Dinge, sah schon den Obelisken in Alexandria an Bord eines Schiffes, da kam ein Querschläger aus einer unvermuteten Ecke.

Der Ägyptologe Jean-François Champollion (1790—1832) kehrte im Spätherbst 1829 von erfolgreichen Forschungen aus Ägypten zurück. In Kairo hatte er mit dem Khediven gesprochen und eindringlich dargestellt, wie wichtig es für beide Länder sei, dem napoleonischen Heer in Paris ein würdiges Denkmal zu setzen. Kenner ägyptischer Kunstwerke, teilte Champollion dem Marineminister mit, wie geradezu „jämmerlich" sich der Obelisk von Alexandria gegenüber den Spitzsäulen in Theben ausnähme und daß die *Grande Nation* darauf bestehen müsse, ein Exemplar aus dem Tempel von Luxor zu bekommen. Der Rat dieses hervorragenden Mannes hatte Gewicht, die Pläne wurden geändert, und ohne daß eine Zusage für einen Luxor-Obelisken vorgelegen hätte, setzte man als selbstverständlich voraus, daß Mehmed Ali dem neuen Wunsch entsprechen würde.

Baron Taylor wurde mit der Mission beauftragt, er stieg von einem auf den anderen Obelisken um. Der Obelisk landete quasi auf dem Schreibtisch eines neuen Königs, denn derweil besaß Charles X. den brüderlichen Thron. Auch dieser königliche Herrscher maß der Beschäftigung mit der „Nadel" große Wichtigkeit bei, ließ Geschenke für den Khediven zusammentragen, damit Baron Taylor ein gutes Entree hatte.

Als Taylor am 23. Mai 1830 in Ägypten eintraf, war das politische Klima nicht eben günstig. Mehmed Ali wandte seine Gunst eindeutig den Engländern zu, deren industrieller Fortschritt ihm imponierte. In der Audienz nahm Taylor mit Fassung die Nachricht entgegen, daß beide Obelisken aus Luxor bereits den Engländern versprochen waren. Mehmed Ali, Unannehmlichkeiten abhold und orientalischer Großzügigkeit zugetan, revidierte aus dem Handgelenk seine Zusage, vermachte *beide* Obelisken aus Luxor den Franzosen, um die Engländer mit der „Nadel der Cleopatra" abzufinden. Das rosafarbene Granitkunstwerk, das 1878 nach London kam und jetzt am Victoria Embankment steht, war auch nicht gerade ein Trostpreis! Aus Freude, gleich mit drei Obelisken Freude gestiftet zu haben, gab Mehmed Ali den Franzosen den Obelisken aus Alexandria obendrein.

Entschieden zu viel Güte für so schwere Transporte! Baron Taylor erkannte sorgenvoll, daß weder der auf der Reede von Toulon in Bau befindliche Liner LUXOR noch der Konvoi, der vor Alexandria bestückt wurde, die drei massiven Geschenke an die französische Küste segeln könnten. Er besprach sich mit Champollion, der dafür war, zunächst den schönsten der drei, nämlich den Obelisken von der Westseite des Luxor-Tempels, einzuholen; gelänge dieses kühne Unternehmen, könne man die beiden anderen Nadeln folgen lassen. So also sollte es nun vonstatten gehen. Die Stunde der Technik hatte geschlagen!

Das Ministerium kommandierte den Marineingenieur Jean Baptiste Apollinaire Lebas (1797—1873) ab. Lebas mußte ein Mann von großer Fähigkeit sein, denn er maß mit Hut gerade eineinhalb Meter, tatsächlich erwies er sich im Laufe der Unternehmung als Riese unter Zwergen: tatkräftig, mutig, entschlossen. Mehmed Alis Spott bei der Audienz mit dem französischen Generalkonsul, an der der kleine Lebas teilnahm: „Nun, wo ist denn Ihr Ingenieur?", war ebenso schnell vergessen wie die dreiste Feststellung eines Luxorer Fellachenriesen: „Mein kleinster Stekken ist größer als der Franzosen-Mussiöh!" Bald hieß es längs des Nils: „*Monsieur Lebas? Petit, mais extraordinaire!*"

Am 5. Mai legte die LUXOR in Alexandria an. Mehmed Ali sicherte jede ägyptische Hilfe für die gigantische Aufgabe zu Ehren Frankreichs und seines Landes zu, er stellte dem Expeditionskorps, das im Juni den Nil aufwärts fuhr, Empfehlungen an alle Dienststellen des Landes aus.

Der Juni war selbst für Ägypten unmäßig heiß, der Nil führte wenig Wasser, zehn Tage brauchten die Schiffe bis Kairo. Lebas beriet sich mit Navigationsdirektor Krali Bey, der den Transport schlicht für undurchführbar hielt und überdies die Frohbotschaft an den Mann brachte, der Obelisk habe vom Fuß bis zu einem Drittel seiner Länge einen Riß.

Von beiden Mitteilungen ließ Lebas sich nicht entmutigen, gab Befehl zur Weiterreise, nahm in Quena, 68 km vor Luxor, Palmstämme an Bord, auf denen er den Obelisken zu transportieren beabsichtigte.

Die Nachricht vom Konvoi eilte nilaufwärts. Als die Schiffe in Luxor vor Anker gingen, waren die Ufer voll von herbeigeeilten Dörflern. Sie erwarteten einen Riesenspaß in ihrem eintönigen Leben.

Lebas hatte in seiner Crew den italienischen Meistersteinmetzen Mazacqui. Mit ihm ging er sofort zum Tempel. Die Obduktion des Obelisken ergab, daß er zwar angerissen, aber keineswegs durchgebrochen war.

Der ganze Umfang der Schwierigkeiten ist nur zu begreifen, wenn man weiß, wie es 1831 in Luxor aussah. Um den Amon-Tempel und in ihn hinein war eine schmutztriefende Stadt gebaut worden. Ganze Teile des herrlichen Bauwerks waren überhaupt nicht zu sehen, sie verschwanden hinter zehn Meter hohen Schuttmassen. Zwischen Pfeilern klemmten sich Lehmhütten, uneinsehbare Straßen im Heiligtum waren von dörflichem Leben, mit Kind, Kegel, Urahnen und Vieh, erfüllt. Über dreißig Häuser und Viehställe umstanden die beiden Obelisken, standen dem Transport im Weg und mußten abgerissen werden. Die Stadt übernahm die Evakuierung der „Tempelbewohner“, die Häuser fielen unter den Spitzhacken der Fellachen, die Lebas anheuerte. In glasiger Sommerhitze bauten Zimmerleute ein Gerüst, schaufelten Erdarbeiter den Obeliskensockel frei. Lebas fühlte sich an pharaonische Bauzeiten erinnert. Es war eine schwere Arbeit, aber sie ging langsam voran.

Sie wurde von einer rechten Katastrophe getroffen und unterbrochen. In Unterägypten war Cholera ausgebrochen, die tödliche Epidemie kroch gespenstisch schnell nilaufwärts. Europäer flohen aus Luxor. Die angeheuerten Fellachen gerieten in Panik und verschwanden. Hilfsgüter aus Kairo trafen nicht mehr ein.

In dieser fatalen Situation vermochte der kleine Lebas eine kleine Schar von Helfern so zu begeistern, daß die wenigen in einem einzigen Kraftakt das Werk vollendeten. In den frühen Morgenstunden des 23. Oktobers 1832 war der Obelisk in das Gerüst gespannt, festgezurrt. Nach einer halben Stunde hatte er sich bereits um 25 Grad geneigt. Drei Wochen später lag das Monument flach am Boden. Erschöpft fielen die Männer in den Sand.

Vier Wochen brauchte Lebas, um Frankreichs Stolz, Ägyptens Leid, an Bord der LUXOR zu schaffen. Am 19. Dezember war es auf Deck eingekeilt. Lebas wartete bis zur Nilüberschwemmung, weil das ungeheure Gewicht des Steins das Schiff kaum über Wasser hielt. Es dauerte volle acht Monate, bis der Nil genug Wasser führte. Am 25. August 1832 trugen die graugrünen Fluten die LUXOR zum Mittelmeer. Weitere drei Monate lag sie im Hafen von Alexandria, erst am 11. Mai 1833 lief sie in Toulon ein.

Der „Rest“ war für den Zwerg Lebas schier eine Kleinigkeit. Behäbig zog das Schiff die Seine aufwärts, von den Parisern bestaunt, legte nahe der Place de la Concorde an. Das Steinmonstrum wurde auf eigens dafür zusammengebastelten Wagen durch die Straßen gefahren.

Der 24. Oktober war Lebas' großer Tag. Die Kräne der Hebemaschine ächzten den 230 Tonnen schweren Bratspieß in die Horizontale. Am 25. reckte der Riese aus Luxor, von Ramses II., dem größten Bauherrn Ägyptens, um 1285 v. Chr. geschaffen, seine Spitze aus hellrotem Assuangranit in den blauen Himmel.

90 000 Kubikmeter Sand wurden in Luxor bewegt, zwei Millionen Goldfranc kostete der Transport die Franzosen.

Dann kam der Tag der Tage. 350 Artilleristen standen auf dem schönsten Platz von Paris, donnerten die Salven aus Geschützen und Gewehren hallend in den Himmel. Clairons bliesen ihr helles Signal. Voller Huld nahm die königliche Familie an den Enthüllungsfeierlichkeiten teil. Und *tout Paris* jubelte.

Drei Jahre später wurde Lebas zum Direktor des Marinemuseums im Louvre ernannt. Er starb 1873.

Die Geschichte produziert nicht nur ihre Treppenwitze, sie hat auch immer Speisekammern für ins Kraut schießende Gerüchte bereit. In eine solche Speisekammer geriet die ungesicherte Überlieferung, Gattin Josephine Beauharnais habe Napoleon I. bei seinem Aufbruch gen Ägypten, 1798, gebeten:

„Monsieur, bringen Sie mir aus Ägypten einen Obelisken mit. Aber einen kleinen!"

Der Kaiser brachte nicht einmal einen kleinen Spieß mit. Nirgends steht, daß er den Gedanken in Erwägung zog. Jean-François Champollion, ein anderer Chauvinist, hatte den unseligen Gedanken des Obelisken-Exports.

Allah möge seiner Seele gnädig sein.

Mit Schwarzpulver im Hathor-Tempel

1839 wurde in Paris die Kollektion des Sammlers und Händlers Sébastien Louis Saulnier versteigert. Das kostbarste Stück war fast zwanzig Jahre zuvor durch einen unglaublichen Coup in seine Hände gekommen. Das Stück war nicht mit dem Raubzug des napoleonischen Heeres nach Paris verschleppt worden, weil es sich, schwer erreichbar, im Osiris-Heiligtum auf dem Dach des Hathor-Tempels befand, in einem der besterhaltenen Kultbauten aus dem letzten vorchristlichen Jahrhundert. Über General Louis Charles Antoine Desaix, napoleonischer Verwalter Oberägyptens, hatte er von der Kostbarkeit gehört.

Nichts war Saulnier zu kühn und zu teuer, an das Objekt heranzukommen.

Herbst 1820 setzt er den Ingenieur Jean Baptiste Lelorrain in Marsch, der ein (gutbezahltes) Abenteuer wittert. Unbemerkt bringt er in Alexandria, in seinem Gepäck verstaut, einige Kilo Schwarzpulver an Land, ist außerdem mit einer reichen Geldtasche auf alle Möglichkeiten vorbereitet.

Eine Figur wie Lelorrain bleibt selbst im bunten Orient für den Kreis einschlägig Tätiger nicht unbemerkt. Nicht zu Unrecht vermutet der britische Konsul Henry Salt einen Konkurrenten in dem agilen Franzosen, der beiläufig die auf Lauer liegenden Antikenjäger wissen läßt, daß er eine Reise nach Assuan plant, aber auch in Theben versuchen will, einige Antiken zu erwerben.

Konsul Salt nimmt dem Ingenieur kein Wort ab; zu oft schon machte er unangenehme Erfahrungen mit Franzosen, die ihm gute Ware vor der Nase wegschnappten. Salt läßt seine Häscher ausschwärmen und Lelorrain auf Schritt und Tritt bespitzeln. Der Draufgänger sieht es, tut aber, als ob er nichts bemerkt.

Als Lelorrain auf dem gecharterten Nilboot in der Provinzhauptstadt Quena eintrifft, von wo aus Dendera auf der anderen

Nilseite zu erreichen ist, begegnen seine Helfer im Hathor-Tempel englischen Zeichnern und Architekten, die eine Bestandsaufnahme des Heiligtums anfertigen. Sie werkeln auch auf dem Dach des Hathor-Tempels und im Osiris-Heiligtum, unter dessen Dekkengewölbe die beiden Reliefs, die Tierkreiszeichen von Dendera, die große Attraktion und Lelorrains Ziel sind. Wenigstens eins davon.

Der Ingenieur stattet einen kurzen Besuch ab, gibt sich als staunender Laie, der wie alle Touristen einen ehrfürchtigen, schnellen Blick zur Tempeldecke schickt. Diese Kurzinformation reicht ihm: Hier werden seine Leute mit Hammer und Meißel wenig ausrichten können; er erinnert sich genüßlich seines Gepäcks; er wird das schwere Deckenrelief mit einer Sprengung aus der Verankerung lösen. Lelorrain verabschiedet sich für eine Reise nach Theben, um erst nach Abreise der Engländer seinen Plan anzugehen.

In den ersten Januartagen 1821 kehrt Lelorrain mit seiner Crew zurück. Sein fürstlich honorierter Dragoman — verschwiegen, wie nur reichlich Bakschisch hierzulande verschwiegen macht — engagiert aus der Nachbarschaft Fellachen, die guten Lohn bekommen und eine Erfolgsprämie von verlockender Höhe.

Ingenieur Lelorrain geht an die Arbeit. In die Ränder der Decke der mittleren Kammer des Osiris-Heiligtums läßt er Löcher bohren und mit Schwarzpulver füllen; Pulver wird zur Lunte ausgestreut und entzündet. Die dumpfe Explosion reicht nicht aus, die Deckenkonstruktion zum Einsturz zu bringen. Nachdem die Staubschwaden verzogen sind, läßt er seine Arbeiter mit Steinsägen und Meißeln die steinerne Himmelskarte in zweiwöchigem pausenlosem Arbeiten aus der Verankerung schlagen. Es scheint alles nach Plan abzulaufen . . .

. . .bis plötzlich Mister Luther Bradish im Portal steht. Den ungebetenen Gast hat die amerikanische Regierung über den Atlantik geschickt, damit er den Handel in Übersee aktiviere. Nach Missionen in europäischen Städten reiste er über Konstantinopel, Syrien und Palästina, um nun an einem Country-Sightseeing in Oberägypten teilzunehmen,

So wird Mister Bradish zufällig Zeuge eines im wahrsten Wortsinne massiven Kunstraubs. In Kairo angekommen, informiert er den britischen Konsul Salt und bringt den Stein ins Rollen.

Lelorrains Fellachen placken sich ab mit dem Fortbewegen der Steinklötze über Sandaufschüttungen im Innern des Tempels. Es macht unsägliche Mühen, die sperrige Fracht auf Rundhölzern mit der Muskelkraft der Männer mit den ausgemergelten, sonnengegerbten Gesichtern kilometerweit zum Nil zu schaffen. Die Holzstämme zerbersten unter der Last, sie wird durch Kanthölzer angehoben. In Hanfseilen hängend, zurren und zerren die Fellachen das Relief ans Nilufer.

Währenddessen verlangt Konsul Salt vom Großwesir, sofort die Aktion des Franzosen in Dendera zu verbieten, weil er ältere Rechte an dem Platz habe. Henry Salt bekommt das Dekret. Um aber den Abtransport auch auf ortsübliche Weise zu unterbinden, besticht einer seiner Agenten in Quena den Kapitän des von Lelorrain gecharterten Schiffes: Er wird die Beute nicht befördern.

Lelorrain steht vor einem Fiasko. Von der morastigen Uferböschung rutscht das schwere Objekt in den Nilschlamm, droht zu versinken. Im letzten Augenblick gelingt es den Fellachen, ihre Last zu sichern und an Bord zu hieven. Dabei werden Planken eingedrückt, Wasser rinnt ins Boot, es beginnt zu sinken. Das Erfolgsbakschisch im Sinn, pumpen die Männer letzte Kräfte aus ihren Körpern. Sie schöpfen das Wasser aus dem Boot, bessern die Schiffsplanken aus. Die Segel sind am Mast aufgezogen, die Reise nach Kairo kann losgehen.

Nun verweigert der vom britischen Konsul bestochene Kapitän den Dienst. Lelorrain „schmeckt", daß hier nur ein Bündel Piaster das Schiff flottmachen kann. Offensichtlich zeigt er sich spendabler als der Brite. Der Kapitän ist bereit, gen Kairo zu segeln.

Wenige Meilen stromaufwärts begegnet dem Franzosen ein Schiff unter britischer Flagge. Ehrensalven werden von beiden Booten abgefeuert, sie gehen längsseits. Ein Agent Salts übergibt Lelorrain den Befehl des Großwesirs, der dem Franzosen verbietet, das Tierkreisrelief aus dem Tempel zu entfernen. Sofort läßt Lelorrain die französische Flagge setzen. Die Briten dürfen sie nicht ignorieren, ohne ein politisches Debakel zu provozieren. Die Schiffe setzen ihre Fahrt fort, auf dem einen Lelorrain als Sieger mit seiner Beute, auf dem andern der Agent des Konsuls Salt, der wütende Verlierer. Salts neue Proteste beim Großwesir bringen nichts als eine formelle Anerkenntnis angeblicher englischer Vorrechte, doch keine Rückforderung der Beute. — Auftraggeber Saulnier barst schier vor Stolz über den Raubzug des Ingenieurs Lelorrain.

Während der Auktion von 1839 sieht man im Parkett das griesgrämige Gesicht des Sébastien Louis Saulnier. Es macht ihm Magenbeschwerden, mitansehen zu müssen, wie der größte Teil seiner Antiken vom Preußischen Museum, Berlin, erworben wird. Endlich können sich seine Mienen aufhellen! Bürgerkönig Louis Philippe läßt das Relief, den Tierkreis von Dendera, die schwere Steinscheibe, für 150000 Francs kaufen. Die steht seitdem im Louvre. Unter der Decke im Osiris-Tempel hängt ein Gipsabdruck.

In den Grüften der heiligen Apis-Stiere

1850 wurde das Serapeum von Memphis entdeckt: unterirdische Galerien mit den Sarkophagen der Mumien heiliger Apis-Stiere. Der französische Ägyptologe Auguste Mariette (1821—1881) war mit List, Tücke, Frechheit und einer Portion Glück zu diesem Fund gekommen.

Mit einem Ruf wie Donnerhall tönte die Nachricht bis Berlin und machte am königlichen Hof 1500 Preußentaler locker, die dem jungen Ägyptologen Heinrich Brugsch (1827—1894) einen Forschungsaufenthalt in Ägypten ermöglichen sollten.

Der sparsame Friedrich Wilhelm von Preußen war der Überzeugung, genug für die Erforschung des alten Ägyptens getan zu haben, nachdem er die Expedition des Ägyptologen Karl Richard Lepsius (1810—1884) mit 100 000 Talern finanziert hatte. Von 1842 bis 1846 erforschte Lepsius das Niltal und war tief in den Sudan vorgedrungen; seine Funde ließ er nach Berlin ins Ägyptische Museum transportieren. Dem König schien das genug des Guten zu sein, doch die Schilderungen der Funde des französischen Gräbers belebten die Konkurrenz: Brugsch konnte reisen. Das war 1852.

Anfang Januar 1853 schaukelte ein Raddampfer des Österreichischen Lloyd den seekranken Brugsch von Triest nach Alexandria durch die Stürme der Adria. Fast einen Monat blieb er in der Hafenstadt, stieg in die Gewölbe der unterirdischen Wasserkanäle und fand im Mauerwerk Steine mit Inschriften und Darstellungen aus voralexandrinischer Zeit. Dann hatte sich die Landratte Brugsch so weit erholt, daß er auf einem Nilboot die Reise nach Kairo fortsetzen konnte.

Brugsch stieg im Hotel D'ORIENT ab, das im damals vornehmsten europäischen Villenviertel Kairos, in Ismailia, lag. Das war die Welt begüterter Reisender und skurriler Leute wie etwa der in feinen Tweed gekleidete, sehr zurückhaltende New Yorker, der „mit allerlei Winden und Stricken nach Kairo gereist war, um eine der Pyramiden von Giseh von ihrem Standort zu rücken und nach seiner Heimatstätte zu überführen“.

Es ging vornehm, doch auch gefährlich im Hotel D'ORIENT zu: Im Zimmer eines verwundeten österreichischen Offiziers geriet durch eine flackernde Kerze das Moskitonetz über dem Krankenlager in Brand; nur mit letzter Kraft vermochte der lädierte Krieger die Munitionskiste unterm Bett hervorzuholen und aus dem Raum zu schaffen; aus Sorge, sein Handwerkszeug könnte gestohlen werden, hatte er über der inhaltsschweren Kiste geruht. Der Offizier erschien nicht wieder in der abendlichen Tafelrunde, die Brugsch vorzüglich zu unterhalten wußte. Aufregung und Anstrengung ließen ihn am Blutsturz dahinscheiden.

Brugsch war die vornehme Residenz nicht geheuer, und er akzeptierte gern die Einladung des deutschen Generalkonsuls Baron von Pentz, in dessen Haus er die ersten „Weihen“ künftigen Lebens und Informationen von Kabalen und Ränken orientalischer Macht und Diplomatie bekam.

Pentz, Mecklenburger, preußischer Kavallerieoffizier, gehörte dem Verein für deutliche Sprache an. Im Kreis verschlagener diplomatischer Schmeichler, die der Kairoer Regierung zum Munde redeten, war er gleichermaßen unbeliebt wie beim Vizekönig Abbas Pascha, der von 1848 bis 1854 seine perverse Herrschaft exerzierte. Das Volk nannte ihn den „Grausamen“. Abbas spürte den schwelenden Haß und zog, Opfer seiner Angst vor einem Mordanschlag, von Palast zu Palast, von Ort zu Ort, um seinen Häschern zu entgehen.

Nun war es nicht zu umgehen, daß der ungeliebte Generalkonsul seinen Gast dem Pascha vorstellte. Seine Gunst zwischen England und Frankreich ausspielend, hatte er mit den Preußen nichts im Sinn: Er drückte sich vor einer Audienz. Doch ein wackerer Artillerist hat schon andere Festungen gestürmt! Pentz hatte ermittelt, daß Abbas sich im Palast Meks, nahe Alexandria, aufhielt. Ein Hofbeamter leugnete die Anwesenheit des Paschas, worauf der Preuße in schönster Ruhe mitteilte, er sei für eine Woche mit Proviant ausgerüstet und werde warten, bis es dem hohen Herrn gefalle, ihn zu empfangen. Abbas ergab sich der Belagerung und mußte zur Notiz nehmen, daß er in Bälde einem Wissenschaftler aus Berlin eine Audienz zu gewähren habe. Sie fand 14 Tage später im Khedivenschloß in Heliopolis statt. Und sie sollte das Ende der diplomatischen Tätigkeit des Barons von Pentz bedeuten.

Während Brugsch dem Vizekönig seine Aufwartung machte, trat unangemeldet der britische Generalkonsul Murray in den Salon, der der türkischen Sprache mächtig war, deren Abbas sich bei allen Empfängen zu bedienen pflegte. Pentz protestierte, es half nicht. Abbas nahm von den beiden Preußen kaum Notiz, parlierte türkisch mit dem Briten. Pentz, den seine Contenance verließ, rief dem ärgerlichen Potentaten ins Gesicht: „Ich will Ihnen sagen, was Sie sind: der Nachkomme eines mazedonischen Tabakhändlers!" Mit einem bösen Abgang, die Funken der Wasserpfeife stoben über den kostbaren Teppich, verließ Abbas den Salon. — Pentz wurde nach einigen Monaten von seinem Posten abberufen.

Brugsch hatte keinen leichten Start im Land seiner Träume. Der österreichische Baron von Huber, der sich nun seiner annahm, stand dem Auguste Mariette in Sakkara skeptisch gegenüber; er war überzeugt, der Franzose schmücke sich als Entdecker des Serapeums mit fremden Federn, denn er, Huber, habe schon vier Jahre früher von dem Spanier Solomon Fernandez eine jener Sphinxe gekauft, wie sie Mariette nun in großer Zahl zutage fördere.

Tatsächlich handelte Fernandez in Kairo mit Altertümern, die er vor der Ankunft des Franzosen auf dunklem Weg aus der Nekropole von Sakkara bezog; er trieb den berühmten „Schreiber von Accroupi" auf und verkaufte ihn für 120 Francs an Mariette. Baron von Huber besaß selbst eine ansehnliche Antikensammlung, die er später der Ambraser Sammlung im Schloß Ambras nahe Innsbruck vermachte. — Am Ausverkauf Ägyptens nahmen auch redliche Herren, untadelige Kaiser, Könige und Regierungen teil.

Im Februar 1853 stand Brugsch dem fanatischen Gräber Mariette gegenüber, einem Koloß von Mann, der schlecht zu Fuß war und deshalb sein weitläufiges Arbeitsterrain auf einem Araberschimmel abritt. Mariette bewohnte ein karges Wohnhaus, das er aus sonnengetrockneten Ziegeln der alten Mauer des Serapeums bauen ließ; an langem Mast wehte auf dem Dach die Trikolore. — Die melancholischen Augen, die aus dem vollbärtigen Gesicht blickten, täuschten: Mariette war von geradezu ausgelassener Heiterkeit eines in sich selbst ruhenden Mannes. Bewohner von Sakkara versorgten den Einsiedler (der in seinem Wüstenrefugium gern Gastgeber bunter Gesellschaften war) mit Nahrungsmitteln und waren als Arbeiter und Wächter wichtige Helfer.

Während seines achtmonatigen Aufenthalts war Brugsch seinem großen Kollegen von Nutzen: Der junge Deutsche konnte Grabstelen entziffern, weil er sich profunde Kenntnisse im Demotischen, der altägyptischen Volkssprache, angeeignet hatte. Er konnte Mariettes Untersuchungen bestätigen, Ergebnisse verbessern, die Studien des Apis-Kults durch Entzifferung von Inschriften wesentlich erweitern.

Brugsch fand Schätze vor, die Mariette in dreißigmonatiger Arbeit dem Boden Sakkaras abgerungen hatte. In einer Höhle, in der einst die mumifizierten Ibisse* bestattet wurden, war eine provisorische Tischlerwerkstatt eingerichtet, die täglich Kisten zimmerte, in denen allmonatlich sorgsam verpackte Funde an Bord zweier Marinefregatten nach Marseille und von dort in den Louvre nach Paris transportiert wurden.

1850 hatte das Collège de France Mariette nach Ägypten geschickt mit dem Auftrag, in Kairo und Alexandria koptische Manuskripte zu erwerben. Mariettes Bemühungen scheiterten an der Hartnäkkigkeit des koptischen Kirchenpatriarchats in Kairo, das sich nicht bereit zeigte, kostbares Schriftgut herauszugeben.

Um die Zeit zu nutzen, beschäftigte sich Mariette mit dem Auftrag, den ihm sein Landsmann, der Ägyptologe Charles Lenormand (1802—1859), mit auf die Reise gegeben hatte: Er sollte ständig seine Aufmerksamkeit auf den Erwerb antiker Fundstücke richten. Also machte sich Mariette auf die Pirsch, seinem großen Vaterland in dieser Weise nützlich zu sein.

Während aufmerksamer Rundgänge durch Kairo und Alexandria fiel ihm auf, daß Händler Sphinxe anboten, die einander ähnlich waren, die sogar in den Vorgärten der Villen der Paschas und der wohlhabenden europäischen *residents* standen.

* Der heilige Ibis *(Threskiornis aethiopica)* wurde im alten Ägypten heiliggehalten, nach dem Tode einbalsamiert und in Gräbern beigesetzt.

Bei seinen Recherchen nach der Herkunft der menschenköpfigen Sphinxe hatte ihm der Spanier Solomon Fernandez, Agent des Barons von Huber, mitgeteilt, daß sie alle aus der Nekropole von Sakkara kämen.

Nach der endgültigen Weigerung der koptischen Kirchenverwaltung, auch nur eine einzige Schriftrolle für Frankreich herzugeben, wurde in Mariette jene Tatkraft geweckt, die dem Collège so großen Nutzen einbringen sollte. Ab sofort wollte er die wenigen Geldmittel nutzen, um auf eigene Faust und ohne einen *firman*, eine Erlaubnis des Khediven, in Sakkara zu graben.

Im Oktober zog er mit wenigen Mulis, die das Notwendigste trugen, in sieben Tagen von Giseh aus nach Sakkara. Ihm war klar, daß sein Unternehmen ohne den Segen des Vizekönigs Abbas heikle Folgen haben konnte. Trotzdem schlug der besessene Mariette sein Zelt auf und begann, das Grabungsfeld zu vermessen. Bald stieß er auf eine Kalksteinsphinx, die halb aus dem Treibsand hervorragte. Er legte sie frei und sah sofort, daß sie den von den Händlern angebotenen Sphinxen glich. Ihm fiel der Satz des griechischen Geographen Strabo (65 v. Chr.—26. n. Chr.) ein, der nach einer Ägyptenreise notierte: „. . .daß der Wind Sanddünen zusammentreibt, unter denen wir Sphingen bemerkten."

Im Moment gab ihm die Phantasie ein, daß „seine" Sphinx zu einer Allee gehören konnte, die zum legendären Serapeum führte. Mit diesem faszinierenden Gedanken gingen letzte Bedenken über Bord: Er heuerte 30 Fellachen an, die am 1. November zu graben begannen. Fast genau ein Jahr Arbeit von Sonnenaufgang bis Sonnenuntergang, von Fellachen, ihren Weibern und Kindern, lag zwischen diesem und dem glücklichen Tag (12. November 1851), an dem er in das große Gewölbe des Serapeums vorstieß. Nein, Auguste Mariette war nicht unschuldig an der Verschleppung ägyptischer Altertümer, seine Methoden entbehrten nicht einer gewissen Skrupellosigkeit — und trotzdem war er der erste wirkliche Bewahrer der Antiken.

Am Tage, als 134 freigelegte Sphinxe den Grabungsweg zum Heiligtum säumten, begannen die Schikanen. Sieben Statuen des Königs Sechem-chet der 3. Dynastie wurden geborgen, alle Objekte aus der Südmastaba, einem freistehenden flachen Grabmal, wurden zum Haus Mariettes getragen wie der prächtige Apis-Stier aus der Nordmastaba. Auf der Linie des gepflasterten Weges zu den Ruinen des Apis-Tempels wurden zwei liegende Kalksteinlöwen mit eingespritztem Namen des Pharao Nektanebos I. (380—363 v. Chr.) gefunden, von den Hunderten anderer Funde nicht zu reden.

Kein Wunder, daß sich die Kunde von den ertragreichen Grabungen unter Sammlern und neidischen Händlern und Hehlern im Lande und sogar bis Europa blitzschnell herumsprach, in Berlin nebstbei dem Heinrich Brugsch die königliche Schatulle für eine Reise öffnete. Mit den Tatsachen wurde die „Ente“ in die Welt gesetzt: Mariette hat goldene Figuren gefunden! Daß es sich um Bronzen handelte, kam gegen die Sensation vom unermeßlichen Reichtum des Franzosen nicht an.

Abbas verlangte, daß die Grabungen sofort eingestellt würden. Mariette alarmierte den französischen Generalkonsul Arnaud Lemoyne, der, glücklich über die guten Nachrichten aus Sakkara, seinem völlig verausgabten Landsmann neue Geldmittel von der Akademie beschafft hatte. Lemoyne wurde bei Abbas vorstellig, klärte die Mär auf, man habe Gold gefunden, und erbat die endliche Gewährung einer Lizenz. Der Vizekönig ließ sie ausfertigen, im Text aber feststellen, daß alle Funde künftig in den Besitz seiner Regierung übergingen. Lemoyne war beunruhigt. Mariette ließ sich nicht einschüchtern. Er operierte nur noch gerissener, um zu verhindern, daß der Khedive die Sakkara-Antiken als „politische Geschenkartikel“ an Besucher aus aller Welt gab.

Schlitzohrig sandte Mariette bald 30 beschriftete Steinblöcke nach Kairo, von Abbas mit Wohlgefallen empfangen. Ein Treppenwitz: Drei Jahre später, 1854, ließ sie der türkische Vorsteher der Zitadellen-Sammlung sauber abschleifen, Steine ohne Geschichte, die offenbar nun seinem ästhetischen Auge besser gefielen.

Neben solchen Gefälligkeiten vergaß Mariette keinen Augenblick, sein Land mit den Funden einzudecken. Kamen Beamte des Paschas, führte er sie unter eindringlichen Erläuterungen über das Gräberfeld, machte hier auf einen Grabschacht, dort auf eine Kapelle im ägyptischen Stil, jene in korinthischer Bauweise aufmerksam. Für die große archäologische Leistung hatten die Beamten keinen Sinn, sie forschten nach den Kostbarkeiten, die man abtransportieren konnte und von denen alle Welt redete. Doch davon sahen sie nichts.

Nach den ersten Warnzeichen ließ Mariette die Transportkisten in dunkler Nacht in einen tiefen Schacht senken, zu dem ein geheimer Eingang führte. Einige Fundstücke gestand Abbas großzügig der Grande Nation zu, ausreichende Tarnungen, um mit den genehmigten Exporten auch die schönsten Objekte schwarz auf die Reise zu schicken.

Neidische Händler hinterbrachten dem Vizekönig Nachrichten über die heimlichen Verschleppungen. Mit Raffinement überstand Mariette alle Attacken, wehrte mit seinen treuen Fellachen sogar eine militärische Okkupation des Terrains ab. In regelmäßigen Abständen verließen die von der französischen Regierung abkommandierten Fregatten Alexandria nie ohne wertvolle Fracht.

Schließlich entsandte Abbas einen treuen, in seinen Diensten ergrauten Mudir, der sich Mariette als „Monsieur le Major" vorstellte und freundlich erklärte, er wolle die Arbeiten nicht stören, lediglich darüber wachen, daß die Kulturgüter in den Besitz des Khediven gelangten.

Eine peinliche Situation. Versandfertig lagerten in einer Höhle Kisten. Mariette war willens, sie auch nach Frankreich zu bringen. In Kenntnis orientalischer Mentalität — Kein Ding ist so wichtig, daß man es in Eile tun müßte! — ließ Mariette dem alten Herrn alle Ehren des Orients angedeihen, rauchte mit ihm die Wasserpfeife, kredenzte reichlich türkischen Anisbranntwein, plauderte mit dem Mudir in der Landessprache, sagte viele liebenswürdige Schmeicheleien. Heinrich Brugsch notierte den springenden Punkt des Gesprächs:

„Herr Major, Ihr seid ein braver Mann, dem ich das höchste Vertrauen schenke, und ich freue mich, Eure Bekanntschaft gemacht zu haben!

Gott schenke Euch Heil und verlängere Euer Alter! Ich muß Euch im Vertrauen mitteilen, daß ich gestern einen großen Goldfund gemacht habe!"

„Wo ist er? Wo ist er? Gebt ihn schleunigst her!"

„Erlaubt, daß ich meine Rede zu Ende führe und diesen Goldfund im Brunnen versteckt halte."

„Wo ist der Brunnen? Ich muß das Gold sehen!"

„Ich stehe zu Euren Diensten. Steigt selber hinab, um Euch davon zu überzeugen!"

„Bei Gott, das will ich, das muß ich tun!"

„Aber bedenkt, bei Eurem Alter! Ich müßt Euch auf einem Strick sitzend von zweien meiner Arbeiter an 30 Ellen in die Tiefe hinabsenken lassen."

„Das soll geschehen und sofort!"

„Nach Eurem Belieben. Auf, Leute, ans Werk!"

In der Schlinge eines Hanfseils wurde der Alte von Fellachen in einen tiefen Schacht hinabgelassen. Unten angekommen, angelten die Männer das Seil empor. Als sich des Alten branntweingetrübte Augen in der Dunkelheit umsahen, hörten die Leute oben seine gräßlichen Verwünschungen. Man seilte in einem Korb Lebensmittel und eine Flasche Branntwein ab, ließ eine Wolldecke hinterherflattern, damit der arme Kerl keine Not litte.

Einen Tag mußte er seine dunkle Haft ertragen, Zeit genug, um die Kisten auf die Kamele zu laden, die in Richtung Nil trotteten, wo ein Schiff unter französischer Flagge unter Dampf lag.

Der alte Türke, der mehr Branntwein getrunken hatte, als ihm guttat, ließ sich erst unter gutem Zureden wieder ans Tageslicht liften. Mariette entschädigte ihn mit reichlich bemessenem Franc-Bakschisch. Der Alte war nicht nachtragend, blieb in Sakkara, hörte aber weder die Hammerschläge, mit denen die Kisten vernagelt wurden, noch sah er, was um ihn herum vorging.

Mariette wußte, daß er irgendwann seinen Platz räumen mußte. Er verzögerte trickreich die Abreise. Eine Riesenkollektion bester Stücke aus verschiedenen Epochen ägyptischer Geschichte erreichte währenddessen Frankreich. — Abbas I. zog den Kordon um Mariettes Tätigkeit enger. Am 24. September 1854 ging Frankreichs tüchtiger Ausgräber an Bord eines Linienschiffes, Kurs Marseille.

Im selben Jahr wurde Abbas I. in seinem Nilschloß bei Benha von zweien seiner Leibmamelucken mit einer Schlinge erdrosselt.

Abbas Nachfolger wurde Said Pascha.

Auguste Mariette konnte in sein geliebtes Ägypten zurückkehren. Er wurde der Gründer des ersten Ägyptischen Nationalmuseums, 1858 Direktor der neu ins Leben gerufenen Altertümerverwaltung und 1879 zum Pascha ernannt.

In den Jahren 1852/53 hat der fleißige Gräber von Sakkara 44 Holzkisten mit genau 5984 Fundstücken nach Frankreich gesandt.

Neben den Großfunden — wie zum Beispiel sechs Sphinxe und die beiden Löwen des Nektanebos I. — konnte der Louvre die

Massen sogenannter „Kleinfunde“ in Empfang nehmen. Allen voran die kostbaren Schmuckstücke des Prinzen Chaemwese. Mariette hat Ägypten um Besitz ärmer gemacht, aber wertvolle Funde zusammengehalten. Wer weiß, wo sie verschwunden wären, wenn Diebe, Händler und Hehler Sakkara ausgeplündert hätten. Mariette hat sich im Interesse der Menschheitsgeschichte verdient gemacht.

Die Jäger des Abd er-Rassul-Clans

In ihren Lebenserinnerungen stellt Agatha Christie fest, daß der Zufall bei der Aufklärung von Verbrechen nicht nur in ihren Romanen eine dominierende Rolle spiele, sie habe ihr Leben lang beobachten können, daß auch gewiefte Kriminalisten selten ohne den zuverlässigen Partner Zufall den Täter hätten dingfest machen können. Das wird wohl so sein, denn auch der Abd er-Rassul-Clan wäre ohne diesen Partner kaum aus seiner unterirdischen Dunkelheit ins klärende Tageslicht geraten.

Der Zufall wob seine dünnen, zuerst kaum sichtbaren Fäden mit der Reise eines wohlhabenden Amerikaners namens Mr. Baton, der auf einem angemieteten Hausboot, der sogenannten Dahabiye, Segel setzen ließ und Anfang 1881 in Luxor an Land ging.

Mr. Baton wäre als Mr. Nobody im Heer der Touristen untergegangen, wenn er nicht über beachtliche Kenntnisse eines erfahrenen Sammlers verfügt hätte. So ging Mr. Baton gleich auf die Fährte in die dunklen Hinterhöfe der Luxorer Basare und fand dort einen Kontaktmann, der einen Hehler kannte, der über eine gute Kollektion schwarzer Ware verfügen sollte. Ein Treff wurde vereinbart.

In nächtlicher Stunde entdeckte Mr. Baton unter den offerierten Stücken des Dealers einen guterhaltenen Papyrus, dessen seltene Schönheit ihn derart faszinierte, daß er ihn ohne das übliche orientalische Feilschen widerspruchslos zu einem viel zu hohen Preis erwarb. Der Amerikaner verbarg das Objekt unter der Leibwäsche im Koffer, passierte die Grenze ohne Konflikte mit dem Zoll und ließ es in Europa expertisieren. Es war ein außerordentliches Objekt! Weit von Ägypten entfernt, gab Baton bereitwillig Auskunft über die Umstände des illegal getätigten Geschäfts. Nun aber begann der Zufall ein Netz zu weben . . .

Der Bericht des Mr. Baton kam auf den Schreibtisch des französischen Archäologen Gaston Maspero, der von 1881 bis 1886 Generaldirektor der staatlich-ägyptischen Altertümerverwaltung in Kairo war. Maspero gab als erster die älteste religiöse Spruchsammlung, die sogenannten Pyramidentexte, heraus.

Mr. Batons ungewöhnlicher Erwerb erregte Maspero nicht nur, weil seinem Kairoer Haus eine Kostbarkeit entgangen war, sondern auch, weil aus dem übersetzten Papyrustext eindeutig hervorging, daß der Fund aus dem Grabschatz eines Herrschers der 21. Dynastie (1070—945 v. Chr.) stammen mußte, Gräber, die bis dahin der Wissenschaft verborgen geblieben waren.

Der Fund setzte ein schrilles Alarmzeichen, als nämlich zwischen 1876 und 1879 auf ägyptischen und europäischen Märkten Objekte unbekannter Herkunft aufgetaucht waren, Papyri sogar in Suez gehandelt wurden. Durch Mr. Batons Bericht erhoffte sich Maspero eine Chance, an die geheimnisvollen Fundstätten heranzukommen, die für die wissenschaftliche Forschung wichtig waren und deren Förderungen durch wilden Handel in alle Himmelsrichtungen zerstreut wurden.

Hatte der noch unbekannte Papyrus-Dieb das Grab *eines* Königs entdeckt, oder beutete er nach und nach eine Gräberreihe aus?

Maspero vermutete, daß die Funde aus einem Sammelgrab stammten, weil sich viele der irgendwo auftauchenden Objekte als Grabbeigaben verschiedener Könige erwiesen. Voll Zweifel in die korrumpierte örtliche Polizei handelte Maspero auf eigene Faust: Im Kreis seiner engsten Mitarbeiter entwickelte er seinen detektivischen Plan. Er entsandte einen jungen Kandidaten der Ägyptologie, der ihm durch schauspielerisches Talent aufgefallen war, nach Luxor, stattete ihn reichlich mit Geld aus: Er würde sich unter oberägyptischen Händlern zu „benehmen" wissen.

Der begabte Mime spielte seine Rolle vortrefflich, hatte eine erstklassige Adresse, denn er wohnte im besten Hotel. Als spendabler „Monsieur Moustache" wurde er schnell zu einer attraktiven Person, der hilfreich zu sein lukrative Geschäfte versprach. Erste großzügige Käufe bei lizenzierten Händlern sprachen sich herum: Der Fremde bestach durch seine Großzügigkeit und einen offensichtlichen Sachverstand. Hehler und dunkle Händler flogen dem Paradiesvogel zu, der nie versäumte, nebenbei zu vermerken, daß er auch an größeren Käufen durchaus interessiert sei.

Bei einem abendlichen Streifzug zupfte ihn ein beflissener Anbieter am Rockschoß und zog ihn in einen Hinterhof, der von einer Ampel nur matt beleuchtet war. Der Araber hielt ihm eine „anteeka“, eine kleine Statue, vor die Augen. Monsieur Moustache lehnte einen Kauf unter diesen Gegebenheiten ab, zu oft seien ihm Fälschungen angeboten worden. Sofort war der Händler bereit, seine Statue an einem Ort zu zeigen, „wo man in aller Ruhe über ein Geschäftchen plaudern“ könne. Hundert Schritte entfernt nahmen sie in der Wohnung des Arabers auf einem schäbigen Diwan Platz, um das Stück „mit aller Gewißheit des Ungestörtseins“ zu prüfen.

Sofort wußte Monsieur Moustache, daß er eine fast 3000 Jahre alte Plastik in seinen Händen hielt. Der Mime spielte auch noch Gelassenheit, als er auf der Inschrift erkannte, daß es sich um eine Grabbeigabe aus der 21. Dynastie handelte, ja, er hatte das Herz, Interesselosigkeit zu mimen und sich abfällig über das Angebot zu äußern. Der Araber ließ seine ganze orientalische Beredsamkeit sprudeln und freute sich, als er endlich seinen Fund verkaufen konnte, nachdem er dem Monsieur hoch und heilig versprochen hatte, auch größere und wertvollere Stücke heranzuschaffen.

Sofort wollte Monsieur diese besseren Stücke sehen! Der Händler, eine gute Provision witternd, beredete einen Bootsmann, sie gegen gutes Bakschisch in seinem breiten Boot auf die andere Nilseite zu rudern. Nach kurzem Ritt erreichten sie in den Hügeln von Qurna eine Wohnburg am Hang von Schech Abd el-Qurna. Nach kurzem Klopfen und heiseren Rufen des Arabers öffnete sich ächzend die in Lederschlaufen hängende Tür, in der ein hochaufgeschossener Mann in den besten Jahren mit weißem Turban erschien. Nach flinkem Wortwechsel — fraglos ein Steckbrief von Monsieur — bat Muhamed Abd er-Rassul die späten Gäste in das Adlernest, das er mit seinen Brüdern Ahmed und Soliman bewohnte. Muhamed, Oberhaupt seiner großen und einflußreichen Sippe, war auf der thebanischen Westseite ein angesehener Notabler.

Monsieur Moustache, der in Muhamed gleich den Typ eines listenreichen Fallenstellers erkannte, zog alle Register, um den mißtrauischen Gastgeber für sich zu gewinnen: Altertümer seien seine ganze Leidenschaft, für die er sein Vermögen hinzugeben bereit sei. — Der Fuchs Muhamed trug ein anderes Fell als die schnellen Geschäftemacher am anderen Nilufer. Es dauerte lange, bis er ein paar Stücke mit der Bemerkung auf den Tisch legte, es sei in den nächsten Tagen Zeit genug, in Ruhe Geschäfte zu machen. Dem stimmte Monsieur zu; er spürte, daß er mit drängender Eile sein Ziel verfehlen würde. Am übernächsten Tag sollte man wiederkommen, dann würde er, Muhamed, mehr zeigen.

Der Sippenchef hielt Wort und ahnte nicht, daß Monsieur Moustache dabei war, dem großen Jäger von Shaak el-Tablyah und Hatasu eine Falle zu stellen. Muhamed prahlte mit Kostbarkeiten, deren Entdeckung für ihn und seine Brüder schreckliche Folgen haben sollte. Monsieur sprach wenig, betrachtete die Diebesbeute und wußte bald, daß er Fundstücke aus der 19. und 20. Dynastie vor sich sah *und* daß er sich im Hause jener Unbekannten aufhielt, zu denen bisher keinerlei Spur führte. Zufall und List hatten sie freigelegt.

Am gleichen Tag wurde das Trio der Rassulbrüder von der Polizei verhaftet und in Ketten gefesselt vor den Pascha der Provinzhauptstadt Qena geschleppt.

Die geprellten Rassuls nahmen die Haft mit gespielter Gelassenheit hin, bebten freilich vor Zorn über den ausländischen Hundesohn, doch auch vor Angst, weil sie wußten, mit welchen Methoden Da'ud Pascha Untersuchungen zu führen pflegte. Mehr gefürchtet als schmerzhafteste Rutenhiebe war der eiskalte Blick des strengen Mudirs, wie der hohe Amtsträger volkstümlich genannt wird.

Bei ihrer Ehre als angesehene Bürger von Qurna beteuerten sie dem Richter ihre Unschuld. Dörfler, die mitgezogen waren, beschworen den Pascha, den Anschuldigungen des windigen Ausländers keinen Glauben zu schenken, denn dessen üble Lügereien würden dem ganzen Dorf schaden.

Als guter Kenner der Landsleute wußte Da'ud Pascha, daß die Verdächtigen die Beschuldigungen des Monsieur Moustache freiwillig niemals zugeben würden; er verordnete eine „peinliche Befragung“: Muhamed, Ahmed und Soliman wurden auf den Boden geworfen und mit Schlägen auf Fußsohlen und Hände traktiert. Zwar jammerten die zähen Brüder, beteuerten aber ihre Unschuld. Der Richter ließ Töpfe erhitzen und den Angeklagten auf die kahlgeschorenen Köpfe drücken. Auch diese Qualen brachten die Brüder nicht zum Geständnis, der Pascha mußte sie mangels Beweisen und Schuldanerkenntnis freilassen.

Monsieur Moustache hielt seine Feststellungen für beweiskräftig und bat den Richter inständig, seine Mitteilungen auf der Stelle durch eine Hausdurchsuchung bestätigen zu lassen. Der Pascha lehnte ab und lächelte. „Warte ab!"

Der Assistent hatte seinen Erfolg, den er nun gefährdet sah, seinem Amt in Kairo gemeldet. Dem ersten Telegramm ließ er ein zweites folgen, schränkte den Sachverhalt ein und bat um Entsendung eines Mitarbeiters zur weiteren Klärung, zumal er selbst krank sei. — Dieses Telegramm traf in Kairo während einer Abwesenheit von Gaston Maspero ein.

Vier Wochen nach dem Gerichtstag, Ende Mai, legte Muhamed Abd er-Rassul vor dem Pascha ein Geständnis ab. Zwischen den Brüdern war es zum Streit gekommen. Die Peinigungen hatten Ahmed einen schweren körperlichen Schaden zugefügt, weswegen er von seinen Brüdern einen größeren Anteil aus dem Erlös der heißen Ware als Schadensersatz forderte. Muhamed und Soliman, die die gleiche Portion Prügel bezogen hatten, hielten die Forderung nicht für gerechtfertigt. Ahmed versetzte die Räuberdynastie in einen Aufruhr, von dem das Dorf bereits wußte und Kunde bis nach Luxor gelangt war.

Der clevere Muhamed gedachte, mit seinem Geständnis einer unvermeidlichen Anzeige zuvorzukommen. Der Pascha sicherte ihm Straffreiheit zu und hielt sein Wort; er hatte diese Entwicklung kalkuliert und benachrichtigte den Assistenten, der krank in seinem Hotelbett lag. Trotz hohen Fiebers genoß er seinen Triumph, den ihm bald ein anderer stehlen sollte.

Der Göttinger Ägyptologe Heinrich Brugsch (1827—1894), der großes Ansehen in Ägypten genoß und vom Khediven zum Bey, später zum Pascha ernannt wurde, ließ während seiner Kairoer Zeit seinen Bruder Emil nachkommen und beschäftigte ihn als Konservator und Fotograf. „Der kleine Brugsch", wie er genannt wurde, war eine zwielichtige Existenz. Er wurde von Maspero verachtet, war aber in dessen Abwesenheit als dienstältester Beamter des Museums zu Entscheidungen befugt. Auf das zweite Telegramm aus Luxor hin setzte er sich selbst in Bewegung, traf Ende Juni bei seinem jungen Kollegen ein, dem die Belastungen der letzten Wochen ein böses Nervenfieber beschert hatten.

Mit dessen genauen Informationen versehen, begab sich Emil Brugsch in die Residenz des Mudirs und drängte darauf, unverzüglich an die geheimnisvollen Fundstätten geführt zu werden. Am 5. Juli 1881 kletterte „der kleine Brugsch“ mit Muhamed Rassul in die Felsen . . . und gelangte so in die Annalen der Archäologie.

In der sengenden Hitze der ägyptischen Sommersonne standen sie vor der Öffnung in jene Welt, die 3000 Jahre dem Blick der Neugierigen verborgen blieb.

Muhamed räumte die Felsbrocken weg, die den Einstieg abdeckten, warf ein langes Seil in die Tiefe und gab Brugsch Zeichen, ihm nachzuklettern. Brugsch hangelte sich in die Finsternis. Auf dem Boden des Schachtes angekommen, entzündete er eine Fackel und kroch in den Gang, in dem er gleich drei große Sarkophage erblickte; wie er einer Inschrift entnahm, enthielt einer die Mumie von Sethos I. (1304—1290 v. Chr.), König der 19. Dynastie, der Tempel in Theben und Abydos errichtete. Neben den Sarkophagen lagen kostbare Grabbeigaben, Kästen mit Eingeweiden, Krüge, Salbgefäße, Kisten mit Statuetten, alles achtlos gestapelt.

Das Licht der blakenden Fackel fiel auf den Eingang zur eigentlichen Grabkammer, in einen Raum von unheimlicher Weite. Mumien kauerten zwischen aufgebrochenen und noch verschlossenen Sarkophagen, zwischen bronzenen Opfergefäßen und zerstörten Perückenkästen. Körbe mit einbalsamiertem Fleisch, mit Früchten standen herum, Kanopen, steinerne Krüge, darauf die Köpfe der drei Horuskinder; in einer Ecke lag das Totenzelt der Königin Isis-em-chebt, mit den Überresten einer Gazelle ein balsamierter Kalbskopf auf einem Sarg.

Brugsch bemühte sich um einen ersten Überblick. Unter vielen Särgen und Totenschatullen weniger bekannter Herrscher fand er den Leichnam des Amosis (1552—1527 v. Chr.), Begründer des Neuen Reiches. Als er die Körper von Thutmosis III. (1490—1436 v. Chr.) und Ramses II. (1290—1224 v. Chr.) entdeckte, war Brugsch so überwältigt, daß er sich für Minuten auf den Boden hockte und mit dem letzten Licht der verglimmenden Fackel in die Totenwelt starrte.

Gleichen Tages suchte Brugsch den Da'ud Pascha auf, um die sofortige Bergung der sterblichen Reste von Königinnen und Königen, Prinzessinnen und Prinzen und Priestern — vierzig Mumien hatte er gezählt — durchzusetzen. Weil die Räuber von diesem Tag an die Quelle ihres Reichtums versickern sahen, war die Fundstelle von Polizei zu sichern. Am nächsten Tag begann die Bergung der Schätze mit Hilfe von 300 Fellachen, die der Pascha bereitstellte.

Sie warteten am nächsten Morgen auf der westlichen Nilseite. Das Gelände war abgesperrt, die Polizei vertrieb die Gaffer.

Der Transport der Sarkophage erwies sich als Schwerarbeit. 16 Männer waren nötig, um schwere Stücke ans Tageslicht zu schleppen. Alles und jedes wurde gleich vorm Eingang registriert, ehe es am Fuße des Hügels in der langen Reihe der Funde abgelegt wurde.

Erst im Tageslicht wurde klar, welche Entdeckung auf die Wissenschaft zugekommen war, aber auch, in welch frevelhafter Weise die Diebe mit den Objekten umgegangen waren. Mit Brutalität wurde die Mumie des großen Thutmosis III. ausgeplündert, sein Leichnam in drei Teile gerissen. — Die Fellachen trugen den Schrein mit der Mumie von Amenophis I. zum Lagerplatz; sein Leichnam war von Kopf bis Fuß mit Girlanden aus blauen, gelben und roten Blüten geschmückt, in einem Kelch hing eine Wespe, die über 3000 Jahre Farbe und Gestalt behalten hatte. — Ein Holzkasten mit Elfenbeinintarsien enthielt die mumifizierte Leber der Königin Hatschepsut, die von 1490 bis 1468 v. Chr. regierte. — Neben der Königin Maatkare aus der 21. Dynastie fand man im Sarg die Leiche ihrer bei der Geburt gestorbenen Tochter Montemhat.

Die Mumie des Pharao Ramses IV. aus der 20. Dynastie (1186—1070 v. Chr.) war schon im Altertum, ihres Schmucks beraubt, auf Holztafeln zusammengefügt, wieder in ihr Versteck gebracht worden; die Grabstätte von Königin Meritamum, Gattin von Amenophis II., wurde auch in früher Zeit geplündert, doch fand man bei der Mumie den königlichen Schmuck.

Binnen zwei Tagen war die Hinterlassenschaft der altägyptischen Herrscher aus dem Felsenversteck geborgen, für den Transport nach Luxor in Binsenmatten verpackt, in Körben und Kisten verstaut. In einer Prozession gelangte die Beute zu den Nilbooten, die am 11. Juli in Luxor landeten. Dort legte am 14. das Regierungsschiff EL-MENSHIEH an, wurde in des Wortes umfassendster Bedeutung die einmalige Fracht an Bord gehievt, rasselte die Ankerkette über die Reling.

Unter dem heiseren Schrei der Schiffsirene und dem hellen Schlag der Bordglocke legte der Totenzug vom Ufer ab. Zu beiden Seiten des Nils gab ein unübersehbares Heer von Fellachen den alten Herrschern das letzte Geleit. Zahllose Kehlen der Fellachenfrauen brachen in den *sagarit* aus, den schrillen Schrei, der leidenschaftlicher Trauer Ausdruck gibt; sie lösten ihr Haar und rieben Stirn und Brust mit Staub ein, um so traditionelle Ehrfurcht zu bezeugen. Männer schossen aus alten Flinten Salut, Kinder schlugen ihre Tamburine.

Als EL-MENSHIEH im Kairoer Hafen festmachte, ging es wieder profaner zu: Die „Ware" mußte von einem Steuerbeamten taxiert werden. Der aber konnte mit den von Brugsch erstellten Listen nichts anfangen und deklarierte in einem vereinfachten Verfahren die Mumien als Trockenfisch!

Im neuen Museum zu Bulak, dem ehemaligen Hauptpostgebäude, wurden die Toten, die zu Lebzeiten durch Berührung Unbefugter verunreinigt wurden, numeriert und als sensationelle Exponate ausgestellt, die nun jedermann anfassen konnte. Nackt lagen die Könige in Schaukästen. Während der Nilüberschwemmung lief das Wasser ins alte Postgebäude und schwemmte den Kalk von den Wänden in den Ausstellungsraum. Die Mumien standen inmitten penetranter Feuchtigkeit.

Der Umzug ins neue Museum im Palais von Giseh war dringend notwendig, aber es war nicht die letzte Reise. Seit 1902 ruhen die Vielgereisten im gelben Kuppelbau des Ägyptischen Museums an der Sharia Mariette, nahe beim „Freiheitsplatz" — Midan et-Tharir, dem Zentrum des modernen Kairo.

Im Saal 52, dem Mumienraum, liegen die Pharaonen in schmucklosen Holzboxen als Raritäten für staunende Touristen, die sich über fleckige Glasscheiben beugen, um in künstliche Glasaugen zu blicken. Irisierende Streifen eines Fensterputzmittels ziehen sich über gläserne Sargdeckel.

„Der kleine Brugsch" bereicherte die Welt um die Begegnung mit der Macht einstmaliger Herrlichkeit; er erntete den Ruhm, der eigentlich dem unbekannten Assistenten Gaston Masperos, dem klugen Monsieur Moustache, gebührte.

Wir haben den Rassul-Clan aus den Augen verloren, ohne dessen Habgier die Toten vielleicht heute noch ungestört in ihren Gräbern lägen.

Die Verhandlung fand statt, während „der kleine Brugsch" in Luxor weilte. Da'ud Pascha hatte den Vorsitz inne.

Wie war es zu der Entdeckung des Rassul-Clans gekommen?

Muhamed, Ahmed und Soliman Abd er-Rassul waren leidenschaftliche Jäger, die im Büchsenlicht der späten Dämmerung den Schakalen, heimlichen Bewohnern der Nekropole, auflauerten. An einem Sommerabend 1871 fand Ahmed im Felsen von Shaak el-Tablyah eine Öffnung, die seine Neugier weckte. Er schob Felsbrocken zur Seite, warf einen Stein in den Schacht, der nach Momenten dumpf polternd aufschlug; er seilte sich etwa 12 Meter in die Tiefe ab, bis er den Boden eines engen Ganges erreichte. Kalkstaub wirbelte auf. Aus der Brusttasche seiner Gellabejah holte er Reibzündhölzer, in deren Licht er einen weiteren Gang entdeckte.

Im Schein eines ganzen Bündels entzündeter Hölzer erkannte Ahmed eine Fülle von Gegenständen. Sein Räuberinstinkt sagte ihm, daß er einem geheimen Schatz gegenüberstand, den es zu heben galt.

Ahmed zog seine Brüder ins Vertrauen. Man beschloß, nur die engsten Vertrauten der Sippe in das Geheimnis einzuweihen, und sie schworen bei Allah, niemals einen Fremden am geheimen Wissen teilhaben zu lassen und Kostbarkeiten aus Shaak el-Tablyah nur zu holen, wenn die Familie Geld benötigte. Rascher Reichtum wäre von den Leuten zwischen Kom el-Samak und El-Tarif bemerkt worden, sie würden die Rassuls zur Teilhabe erpressen.

Zehn Jahre hütete der Abd er-Rassul-Clan sein Geheimnis. Während dieses Dezenniums blieb die Quelle der Kostbarkeiten verborgen, erst der gefürchtete Da'ud Pascha begann, den Schwur der Bande zu brechen. Er hatte Muhamed vor der Verhandlung 500 Pfund Sterling gegeben und Straffreiheit zugesagt, wenn er nur alle Tatsachen auf den Tisch lege.

Der „Chef" packte aus.

Zehn Jahre hatten sich die Brüder auf den Diebstahl kleiner Objekte beschränkt, die sie in unregelmäßigen Abständen über ausgesucht „zuverlässige" Hehler und Händler auf den Markt brachten. Einige Stücke kamen nach Europa, 1884 tauchte Ware im Pariser Kunsthandel auf. Vieles verschwand in privatem Besitz.

Cleverster Helfer der Rassuls war der 1887 in Luxor verstorbene Mustafa Agha Ayat, Konsularagent für Rußland, Belgien und Britannien. Unter dem Deckmantel seines diplomatischen Dienstes ehrenhalber schaffte er aus seinem Wohnnest in den Ruinen von Luxor wichtige Altertümer nach Europa. Seinen vielen Gästen war er hilfreich zu Diensten, besonders wenn die Herrschaften sichere Wege für den Export heißer Ware suchten.

Agha Ayat wurde im Rassul-Verfahren verhört. Zwar wußten alle von seiner Vermarktung der Rassul-Lieferungen, doch ihn schützte sein Diplomatenamt ebenso wie seine blütenweiß gefärbte Weste. Muhamed Rassul, sonst sehr mitteilsam, schwor, daß er dem „Habicht unter den Krähen" nur bedeutungslose Stücke als Souvenirs für durchreisende Gäste überließ. Da'ud Paschas Augen fixierten Agha Ayat, ihm war — wie auch den Behörden in Kairo und Luxor — bekannt, was für eine dubiose Figur dieser „Ehrenmann" war, aber es fehlten Beweise, und Agha Ayat zog ungeschoren von dannen.

Seit über acht Jahren bin ich mit den Enkeln Muhameds — Ali und Yemeni Abd er-Rassul — fast befreundet. Sie erinnern sich gut an den in hohem Alter 1926 in Qurna verstorbenen Großvater. Sie vertrauten mir an, daß das ergiebige Grab von Shaak el-Tablyah von ihrer Familie schon vor 1871 entdeckt wurde. 14 Jahre lang hüteten die Brüder das Geheimnis. — Muhamed Rassul kassierte die 500 vom Pascha versprochenen Pfund. Der Ägyptologe Georg Ebers (1837—1898), der Muhamed kennenlernte, schrieb:

„... und der frühere Dieb ist, wie wir zu unserer Freude erfahren, zu einem brauchbaren Polizeimanne geworden!"

Zu jener Zeit war Muhamed Wächter der westthebanischen Nekropole. Erlag er den Verlockungen des alten Jagdgebietes?

Victor Loret (1859—1946) war ein Schüler Masperos, 1898 entdeckte er im Tal der Könige das Grab Amenophis' II. Zusammen mit der Mumie dieses Pharaos, die im Originalsarkophag lag, fand Loret in der inneren Kammer der Grabanlage neun weitere Mumien, darunter die Überreste von Thutmosis IV. Auf Anweisung Lorets verblieb Amenophis an Ort und Stelle im Sarg, während die anderen Mumien nach Kairo gebracht wurden. — Die Amenophis-Grabanlage wurde mit einem Eisengatter und Vorhängeschlössern gesichert und von zwei Wächtern bewacht.

Knapp drei Jahre später, am frühen Morgen des 24. November 1901, hetzte einer der beiden Wächter nach Luxor, um den Chefinspektor aus dem Bett zu rufen. Dieser junge Chefinspektor war Engländer und hieß Howard Carter (1874—1939), der zwei Jahrzehnte später zu Weltruhm kam, als er das Grab des Tut-ench-Amun entdeckte.

Der Wächter berichtete ihm, daß er und seine Leute in der vergangenen Nacht von bewaffneten Banditen überfallen und gefesselt wurden und das Amenophis-Grab ausgeraubt wurde. Carter eilte zum Tatort.

Die Mumie des Pharaos lag neben dem Sarkophag, sie war nicht beschädigt. Sofort war Carter klar, daß hier Fachleute am Werk waren: Sie hatten an bestimmten Stellen die Bandagen der Mumie aufgeschnitten, an denen sie Amulette und Schmuck vermuteten. Es ergaben sich keine Anzeichen, daß die Diebe wirklich Juwelen gefunden hatten.

Merkwürdig war, daß die Vorhängeschlösser unversehrt schienen. Erst bei genauer Untersuchung ergab sich, daß sie erbrochen, aber sorgfältig wieder verschlossen worden waren.

Howard Carter zweifelte nicht, daß man die Wächter bestochen hatte, um in aller Ruhe „arbeiten" zu können.

Sofort fiel der Verdacht auf die Rassul-Brüder aus Schech Abd el-Qurna, denen man einiges an Raffinesse zutraute. Man stellte die alte Lehmburg der Brüder auf den Kopf, durchwühlte das winkelreiche Gehöft, ohne fündig zu werden. Carter hatte sogar Fußabdrücke im Grab sichern lassen, doch Muhamed Rassul beeindruckte es nicht, daß zwei Abdrücke seiner Schuhgröße entsprachen. Er schwieg, und die Fußabdrücke reichten nicht zum Beweis seiner Mittäterschaft aus. Der alte Fuchs lächelte: „Bei Allah, mein Herr Inspektor! Du findest bei uns hundert Füße, die so groß sind wie meine!"

Es ist wahr: Der Großvater meines Freundes Ali Abd er-Rassul war ein großer Schatzräuber, einer von Format. Heute residiert mein Freund Ali im Hotel MARSAM, einem ockerfarbenen Haus gegenüber der Altertümerverwaltung in Qurna. Einfallenden Touristen zeigt er sich als zahnloses Unikum. Ich konnte mich der Faszination des imposanten Alten nie entziehen. Vielleicht ist es auch ein bißchen der dunkle Ruf seiner Sippe, der gefangennimmt. Im Orient weiß man das nie genau.

Ali Abd er-Rassul: Der König der West-Bank

Die vor Hitze dampfenden Touristen werfen Sack und Pack und schließlich sich selbst auf die im Hof stehenden Betten der romantisch-karg-verluderten Oase. Soliman, der steinalte Nubierkoch des ersten und einzigen Hauses am Platze, erhebt sich beim Anblick der hereinbrechenden fremdländischen Hoteleroberer. Die mit dem höchsten Insignium der Reiseleiter ausgezeichnete Hosteß, die Trillerpfeife an einer Kordel um den geröteten Hals, verschwindet im Haus, um das Ortsmögliche aus dem Innern des Etablissements auf die Tische zu applizieren. Bier und Cola, durstfördernde Getränke um diese tropisch-heiße Tageszeit, werden in orientalischer Eile herbeigeschleppt. Der struppige Haushund, alt wie sein Herr, döst, unbeeindruckt vom Trubel, weiter unter einem hageren Jasminbusch. Alltäglich um diese Stunde füllt sich der Hof des Hotels MARSAM, Qurnas einziger Karawanserei unweit des Totentempels des Merenptah aus der 19. Dynastie (1306–1186 v. Chr.). Dann erscheint auch mit trägen Schritten der Chef des Hauses im Rundbogen des Hauseingangs: Ali Abd er-Rassul, Enkel des Muhamed Abd er-Rassul, Sohn des Hasan Abd er-Rassul, der König der West-Bank, eine eindrucksvolle Gestalt.

Scheich — was im Arabischen gerade in seinem Fall rechtens „der Alte" oder „der Greis" heißt — Scheich Ali Rassul blinzelt seinen Gästen zu und durchschreitet (er *geht* nicht!) mit gemurmeltem „Oho! Aha! Welcome!" die schmalen Gänge zwischen den Tischen, ein würdevoller Maître d'hôtel. Der Hüne von siebzig Jahren sieht mit wachen Augen, die man unter den tief herabhängenden Lidern nicht vermutet, Kronkorken auf den mit Wachstuch bespannten Tischen und sammelt sie in die weiten Taschen seiner schmuddeligen Gellabejah ein. Er müht sich nicht, den Raucherhusten, der ihn seit Jahren plagt, zu unterdrücken.

Er hustet. Der Höhlenfürst verzieht keine Miene. Wer in Gesichtern zu lesen vermag, ahnt in den gegerbten Furchen seiner braunen Haut das Abenteuer des Jägers im Tal der Könige, sieht in den listig-braunen Augen die Aufforderung an seine Gäste: „Trinkt! Eßt! Und verschwindet!“ — Scheich Ali Rassul ist ein Unikum, das unter Denkmalschutz gehört: Lügner und Wahrsager, redlicher Freund und Rächer für falsche Händel, mit einem Gedächtnis wie ein Elefant und von der Kraft eines Gladiators, der mit Leichtigkeit einen Anderthalbzentnermann vom Boden hebt — König der West-Bank und ein lebendiges Stück Nekropolengeschichte.

Leute, die in dem stoppelbärtigen Greis einen vergreisten Tölpel vermuten, sind auf einem wackligen Holzweg. Man muß mit diesem urigen Qurnawi in kühlen Nachtstunden plaudern, mit ihm über den Abraum der Hügel von Shaak el-Tablyah gehen, ihm zuhören, wenn er mühelos Daten, Personen und Ereignisse aus dem Gedächtnis sprudeln läßt, um zu wissen, das ist einer von der großkalibrigen Sorte.

Er trägt den buntschillernden Mantel des Rufs seiner uralten Räubersippe mit Würde und Stolz. Ali Abd er-Rassul war stets zweierlei, Räuber von Format und in Theben respektierte Persönlichkeit. Er wird in Luxor geachtet wie in den sonnenverdörrten Strecken zwischen Kom el-Samak und El-Tarif. Ali weiß alles, Ali sieht alles. Ohne moderne technische Hilfsmittel fließen ihm Nachrichten zu.

Ich habe es erlebt.

Als ich ihn einmal besuchte, nachdem ich zwei Stunden in Luxor war, wußte er mir schon zu erzählen, daß ich in Kairo den Händler El-Shaer aufgesucht hatte. Meine Anreise dauerte zwei Tage; woher er von meinen Kairoer Unternehmungen wußte, ahne ich nicht, es wäre auch unklug, ihn danach zu fragen. Das MARSAM und sein Besitzer sind Treffpunkt scheeler Schergen, stiller Privatgelehrter, schlitzohriger Trunkenbolde wie einer blaustrümpfigen, wissensdurstigen Realschullehrerin aus Kopenhagen. Das MARSAM, Ende der fünfziger Jahre erbaut, soll Treffpunkt auch der internationalen Mafia der Kunsträuber sein; ich weiß nicht, ob an dem schlechten Ruf (gegen den Ali nichts tut) was dran ist, sicher aber hat die kurze Geschichte dieser Wüstenoase viele bunte Seiten.

Kurz nach Fertigstellung kamen Studenten der Kairoer Kunstakademie, um ihre Malblöcke im und um das MARSAM mit reizvollen Motiven zu füllen. Cecil B. De Mille, Hollywoods Zubereiter von Monsterschinken, nahm mit seinen bildgierigen Augen den Reiz der Oaserei wahr und nutzte sie für ein Orientspektakel. Im schattigen und trotzdem immer vor Hitze glasigen Hof des MARSAM aßen bekannte Kunsthändler gebratene Tauben und machten, derweil sie die kleinen Knochen abnagten, große Geschäfte.

Mit wem?

Ali wird es niemandem sagen.

Verschwiegen, ist er unter lauter Orientalen ein „Preuße": Wer eine Verabredung nicht pünktlich einhält, hat es für immer mit ihm verdorben wie Arrogante, die seine „barocke" Gastfreundschaft nicht zu akzeptieren bereit sind; die traktiert er mit bösen, doppelbödigen Anspielungen, sie werden sich nicht trauen, sein Haus je wieder zu betreten. Touristen machen ihm Spaß, er foppt sie gern, zieht ihnen für schlechte Imitationen von Uschetbis Geld aus der Tasche. Der Fuchs weiß genau, daß sie alle „vom letzten Grabräuber" ein Souvenir mitnehmen wollen. Gute Freunde dagegen beschenkt er gern mit gutem Kunsthandwerk, und je nach dem Grad seiner Zuneigung ist sogar manchmal ein kleines echtes Stück dabei.

Gern beweist der Siebziger seine Bärenkraft im Fingerhakeln oder beim Armdrücken. Merkt er, daß ihn wer gewinnen läßt, setzt es harte Ohrfeigen als bitteren Nachtisch. Er hat das Ehrgefühl eines Indianers und psychologische „Durchblicke", wie sie unsere Topmanager erst auf teuren Seminaren erwerben müssen. Ali hat Rasse! Hat Charakter und Stil! Er übersieht den FN Browning 140, den der Luxorer Geheimdienstmann EL-Kaschien unterm Pullover trägt. Ali tangiert es nicht, er ist ja längst kein Räuber mehr.

Man spricht heute nur noch vom Charme des Siebzigjährigen, von seiner smarten Räuberseele. Dabei, das ist gewiß, hatte Ali Rassul seine Finger, nicht seine Person, in vielen zwielichtigen Geschäften, und seine Finger trugen immer so gute Polster, daß kein Fahnder sie je ergreifen konnte. Ich möchte Ali nicht ins Verhör nehmen müssen. Wer seine Zunge nicht mit überlegenem Verstand spitzt, wird sich allemal die Zungenspitze abbeißen.

Ali Rassuls große Zeit liegt nun schon fast zwanzig Jahre zurück, genau datiert sie in den Oktober 1960. Damals entschloß sich die Ägyptische Altertümerverwaltung, einem Mann zu trauen, der es wissen könnte. „Es“, das war der unentdeckte Schatz des Königs Sethos I. (1303—1290 v. Chr.). Sein Grab entdeckte der Italiener Giovanni Battista Belzoni (1778—1823) Anno 1817 wie auch den Eingang zur Chefrenpyramide.

Alis Urgroßvater assistierte Belzoni bei seinen Grabungen im Tal der Könige. Damals schon genoß dieser Ahnherr der Rassul-Sippe das Renommee, Baum, Strauch und Stein zu kennen, wo unter der Erde Kostbares verborgen war. Belzoni hatte den untrüglichen Blick für fundträchtige Bodenflächen. Nahe dem Eingang zum Grab des Ramses I. waren für ihn diverse Gesteinsabräume sichere Hinweise für die Nützlichkeit weiteren Grabens. Er ließ seine Männer in dem Boden wühlen. In sechs Meter Tiefe stießen sie auf den zugemauerten Eingang eines Pharaonengrabes. Urahn Rassul war zur Stelle und stieg mit dem Italiener ins hundert Meter tief in den Fels geschlagene Grab. Außer einem goldgelb schimmernden Alabastersarg war die Grabstätte leer. Die Mumie von Sethos I. wurde erst 1871 im Grab der Inhapi entdeckt, als man die „königliche Caschette“ auftat mit Ramses III., Amosis, Amenophis I. und anderen Königsmumien und Grabbeigaben.

Das Grab des Sethos I. war aufgeräumt leer, es wurde bereits im Altertum geplündert. Grabräuber waren zu jeder Epoche unterwegs.

Im Hausarchiv der Rassuls gibt es heute noch einen schriftlichen Bericht des Urgroßvaters. Darin wird der besessene Versuch Belzonis geschildert, die Schlußwand der Totenkammer aufzugraben, zu durchbrechen, aber auch die Ansicht des Urahns übermittelt, der die Arbeit für völlig sinnlos hielt. Mein Freund Ali Rassul zitiert aus dem Nachlaß:

„Mein Urgroßvater beobachtete Belzoni und sah, daß die Front des Schachtes mit Steinen verbaut war. Immer wieder sagte er Belzoni, der dreißig Meter tief im Schacht arbeitete, es gäbe nichts zu finden.“

Und nun folgte eine Passage, die mich die Ohren spitzen ließ, wie sie wohl auch zu Kenntnis der Altertümerverwaltung kam:

„Mein Urgroßvater hat meinem Großvater gesagt: ‚Dort, genau

dort, ist der Sethos-Schatz. Ich weiß es, ich habe Belzoni überlistet, damit er nicht weitergräbt.‘ Dies und die Bezeichnung der Lage hat mir mein Vater vor seinem Tode anvertraut.“

Vier Generationen lang trugen die Rassuls ihr Wissen schweigsam mit sich herum, bis mein Freund Ali in Kairo vorstellig wurde und die Altertümerverwaltung zu einer Suche in der Grabkammer von Sethos I. im Tal der Könige überredete. Als echter Unternehmer, der er immer auch gewesen war, beteiligte Ali sich zunächst mit 600 ägyptischen Pfund, das war 1960 noch eine Menge Geld, an dem Unternehmen und schoß später, ohne zu zögern, nach. Die Suche nach dem Schatz des Sethos begann, und Alis große Zeit war gekommen.

Unter fachkundiger Betreuung des damaligen Chefinspektors der Altertümerverwaltung, Abd el-Hafez, und unter Verfolgung von Ali Rassuls Grabungsplan rückten hundert Männer aus der West-Bank zur Arbeit an. Im Spätherbst 1960 gerieten die ersten Schlagzeilen in die Weltpresse. Am 2. November berichtete FRANCE-SOIR:

„Bei 65 Grad arbeiten 65 Arbeiter vollkommen nackt in 200 m Tiefe, um den Schatz des Königs Sethos I. zu suchen. Ein 50jähriger Araber finanziert die Arbeiten.“

Ein knappes halbes Jahr später, am 14. März 1961, hatte die Kolonne tief unten im Grab einen 141 m langen, schräg abwärts führenden Stollen von nur 80 cm Höhe und 1,50 m Breite freigelegt. Der Tunnel führte hinter den Platz, an dem der Alabastersarg gestanden hatte, und an den Belzoni-Grabungen vorbei in den Felsen. Körbeweise wuchteten Arbeiter in einer Kette von Mann zu Mann den Aushub ins Freie. Extreme Temperaturen im Schacht, zusammen mit Sauerstoffmangel, bereiteten den Männern derartige körperliche Strapazen, daß die Arbeit eingestellt werden mußte. Chefinspektor Abd el-Hafez forderte einen Kompressor an, der nun mit seinem Getöse die Grabungsstelle völlig zu einer lärmenden Großbaustelle machte. Es erreichte den langen tiefen Stollen ein schwacher Luftzug, doch blieb es für die Männer eine Kraftleistung, die manchen umkippen ließ. Mattleuchtende Lampen gaben den Gestalten in den Kriechgängen unheimliche Konturen, lange Schatten irrten über die Felswände.

Im Frühjahr 1961 war der Gang über 200 m lang. Vierzig Treppenstufen, vor Jahrtausenden ins Gestein geschlagen, hatten die

Qurnawis freigeschlagen. Da stießen sie plötzlich auf einen in die Wand eingefügten Steinblock, der durch drei in den Boden gerammte Quaderblöcke gestützt wurde.

Hier endete die Suche nach dem Sethos-Schatz.

Warum?

Ali Rassul sagte mir, seine Geldmittel seien erschöpft gewesen, und die Regierung hätte kein Pfund für die Weiterarbeit bewilligt.

Professor Abd el-Kader erklärte mir in Kairo:

„Wie es genau war und wann, ich weiß es nicht mehr, aber abenteuerlich war es, sehr abenteuerlich."

Chefkurator el-Nawawy warf zwei Fragen auf:

Hatten die Arbeiter, die die Nekropole anlegten, den Auftrag gehabt, mit dem Steinblock eine vermutete Grabkammer zu verschließen?

Und:

War der Tunnel als Depot für die Kostbarkeiten des Grabes benutzt worden, die den Räubern des Sethos-Grabes in die Hände fielen?

Mir schien es logisch, daß beide Fragen hätten beantwortet werden können, wenn die Grabungen fortgesetzt worden wären. Im Herbst 1978 sagte mir Herr el-Nawawy dazu:

„Wir hatten andere Sorgen!" — Sicher ist das so gewesen, sicher ist auch, daß eine bedeutende Möglichkeit vertan wurde.

Nach langem Sträuben erklärte sich der Rassul-Patriarch im Oktober 1978 bereit, mein Fernsehteam an seine alte Arbeitsstätte im Tal der Könige zu führen. Ich trieb das beste Taxi auf, das es auf der West-Bank gibt, um Ali nach 18 Jahren so komfortabel wie möglich zu transportieren. Er legte seine beste Gellabejah aus schwarzem Tuch an. Als er ins Auto stieg, applaudierten die Leute vom MARSAM: Der Chef ging auf eine ihm gemäße Tour! Es war am späten Nachmittag, die Touristen aalten sich längst in ihren Hotels. Chefgafir Hamed öffnete das eiserne Tor zum Tal der Könige.

Wir stiegen die Holzstufen zum Grab hinunter, unsere Schritte verhallten im totenstillen Talkessel.

In der Grabkammer, hundert Meter unter der Erde, hockte Ali sich auf den Boden. Er erzählte die Geschichte des Sethos-Schatzes und sagte mit geschlossenen Augen:

„Der Schatz ist hier! Eines Tages wird unser Präsident befehlen, daß man ihn hebt. Der Schatz ist groß, viel größer als der Schatz des Tut-ench-Amun. Viel größer!“

Bei dieser Prophetie meinten wir, der alte Sethos würde uns sein Geheimnis anvertrauen.

„Der Schatz des Sethos, glaubt mir, hätte unsere Familie unsterblich gemacht!“

Und reich! Denn die Regierung hatte Ali Rassul ein Viertel der Funde zugesichert. In bare ägyptische Pfunde gewechselt — der Erlös hätte vortrefflich auf die Konten der Rassuls gepaßt.

In dieser Nacht, nach unserer Rückkehr ins MARSAM, war Ali sogar auf Grabräubereien ansprechbar, ein Thema, bei dem er sonst in die Luft geht. Früher einmal las ich ihm eine Zeitungsnotiz vor, in der er als „König der Grabräuber“ bezeichnet wurde. Vor Wut zerschlug er einen Stuhl, nahm mich bei der Brust und verlangte von mir, daß ich diesen Zeitungslügner erwürgen solle.

In dieser Nacht, da war er ganz anders. Wir sprachen und phantasierten wie arabische Märchenerzähler. Mit allen Einzelheiten malten wir aus, wie der Raub des Tut-ench-Amun-Sarkophags zu bewerkstelligen wäre. Alis Zutaten basierten auf der profunden Kenntnis alter Grabräubertradition, meine Anregungen für „unseren Coup“ resultierten aus der Lektüre widerspruchsvoller, ungenauer Schilderungen der Grabentdeckung. Mich ritt der Teufel, ich sagte:

„Ali, ich glaube, der echte Sarkophag steht längst irgendwo in einer Privatsammlung in den USA! Im Grab ist nur eine gute Replik!“

Ali schlug sich auf seine Schenkel, sprang auf und schüttelte mich bei den Schultern:

„Du alter Hund hast ihn gestohlen!“

Nicht ganz im Ernst, doch aber im Rahmen der unbegrenzten Möglichkeiten einer internationalen Kunstraub-GmbH schließe ich nicht völlig aus, daß ein solcher Coup möglich ist.

Ihr treuen Wächter von Biban el-Moluk, bleibt auch nach Feierabend wachsam!

Ali Abd er-Rassul: Scheich Ali und die Polizei

Wie sich die Bilder gleichen!

Am 20. und 21. Oktober 1817 brauchten Hamed Agha, Mudir der Distriktverwaltung in Qena, und seine sattelfesten Begleiter für die 75 Kilometer von Qena zum Tal der Könige einen 36-Stunden-Ritt. Hamed Agha war dem Italiener Belzoni auf den Fersen, von dem das Gerücht umging, er habe im Tal der Könige einen ungeheuren Goldfund gemacht, den es für die Regierung zu beschlagnahmen galt. Am Tatort angekommen, konnte der Mudir lediglich feststellen, daß das Grab des Königs Sethos I. keine Unze, kein Gramm Gold barg.

Im März 1977 legte Major Sharabi in einem russischen Geländewagen die Strecke nach Qurna in einer Viertelstunde zurück. Der Chef der Luxorer Polizei wollte Ali Abd er-Rassul in flagranti ertappen: Ein Spitzel hatte zugetragen, in Rassuls Haus lägen illegal erworbene Antiquitäten. Er ging wie sein Mudir selig mit fast leeren Händen heim.

Dabei ging Sharabi mit seinen beutehungrigen Männern so schneidig vor! Sie stürmten das Haus des Dorfnotablen Ali Rassul. Die Hundearmee von Qurna heulte und bellte. Im nur einen Steinwurf weit entfernten Haus der Antikenverwaltung erwachte Madame Higazy aus dem Schlaf und verriegelte die Türen, denn der Hausherr Elsayed Aly Higazy war abwesend.

Sharabi und seine Beamten trafen Scheich Ali mit seinem Freund Mohamed Housein und drei anderen Männern im Hof des Hauses an, wo sie nach der Tageshitze den brennenden Durst stillten und in harmlose Gespräche vertieft waren. Die Qurnawis blieben vom nächtlichen Polizeibesuch unbeeindruckt, doch diese Ruhe war wie weggefegt, als Major Sharabi mit einer Hausdurchsuchung drohte, falls Ali Rassul nicht freiwillig die antike Ware herausrücke.

Das fanden die nächtlichen Plauderer nicht mehr komisch. Einem Derwisch gleich fegte Rassul, einen Knüppel schwingend, auf die Polizisten zu, bellte sie heiser als üble Lügner und Verleumder an, die er der frechen Anschuldigungen wegen vors Luxorer Stadtgericht bringen wolle. — Major Sharabi konnte sich nur mit Mühe des Zweimetermannes Housein erwehren, der, sonst das Phlegma in Person, nach dem Genuß eines halben Kastens Bier jedwede Gemütlichkeit der Dicken verloren hatte und in seinem aufgebrachten Zustand weder Tod noch Polizei fürchtete.

Die Polizisten keiften nicht weniger als die gestörten Nachtschwärmer. Zwei entfesselte Meuten gingen aufeinander los. Erst als ein Polizist den Sicherungsbügel des Karabiners knacken ließ, trat eine spontane Ernüchterung ein. Die Qurnawis schüttelten sich vor Lachen.

Unter grollender Zustimmung Alis fand die Hausdurchsuchung statt. Die Beute war gleich Null. Die polizeilichen Eroberer sammelten zwei Kartons mit Alabastervasen ein, die als Produkte einer Werkstatt in El-Gineina gekennzeichnet waren, einige Beutel mit Uschebti-Figürchen, die aus einem Familienbetrieb in El-Tarif stammten — ausnahmslos Souvenirs, wie sie am Fließband für Touristen landauf, landab hergestellt werden. Major Sharabi gab seinem Handstreich die fadenscheinige Tünche eines Erfolgs mit der Beschlagnahme eines Schmuckstücks, hergestellt von einem Luxorer Goldschmied, das Ali vor einigen Jahren für seine junge Frau bar bezahlt hatte.

Für den nächsten Tag wurde Ali Rassul zur Polizeibehörde an der Sharia Lokanda in Luxor bestellt. Major Sharabi ließ Ali — und daran erkennt man, was für ein Narr das ist! — für einige Stunden einsitzen. Als hätte ein Privatsender diese Ungeheuerlichkeit mitgeteilt, sprach sich diese Frechheit herum, einflußreiche Freunde Alis kreuzten auf und schlugen Alarm. Rechtsanwalt El-Rahman A. Abouzeed ließ auf dem Revier eine Suada an Beschimpfungen über den polizeilichen Mißgriff niederprasseln, wie sie sich nur ein einflußreicher Mann leisten konnte. Wenn man sich nicht mit der ganzen Stadt anlegen wollte, mußte man Ali Rassul sofort freilassen.

Oberägypten ist wie Korsika: Wer hier einem Mädchen nachpfeift, wird bald die Rache wachsamer Brüder spüren, wer die

Ehre eines angesehenen Bürgers antastet, wird seiner Tage nicht mehr froh. Die Tarnung von Sharabis Fehlleistung als einen harmlosen Zwischenfall, als eine Kontrolle von Weinausschank ohne Lizenz, hielt nicht lange. Sharabi war den Luxorern vom Tage seines Dienstantritts an ein Dorn im Auge, mit der Attacke auf Ali Rassul lief das Nilometer ihrer Geduld über. Sharabi wurde durch Major Auad aus Assuan abgelöst. In Luxor und Qurna war man zufrieden. Auad ehrte Rassul auf landesübliche Weise, indem er eine Kanne Tee mit ihm trank. So wollen es hier die Bräuche.

Wie die Distanz zum Tatort die Vorgänge verfälscht, belegt eine ap-Meldung vom 13. März 1977 aus Kairo:
„Mumien geschmuggelt! Ägyptens ‚König der Antiquitätenschmuggler' sitzt! Ali Abd er-Rassul, genannt ‚der Kaiser', wird von den Behörden verdächtigt, mehrere Mumien aus Ägypten herausgeschmuggelt und an europäische Museen geliefert zu haben. Höchststrafe für dieses Verbrechen: Sechs Monate Gefängnis."

Als ich Ali Rassul diese Meldung vorlas, bekam er einen Tobsuchtsanfall.

Major Sharabi traf ich in Luxor, als er vom Ende seiner Karriere in dieser Stadt noch nichts ahnte. Er war von bestrickender Liebenswürdigkeit und von solcher Sorge um mich erfüllt, daß er den Geheimdienstmann El-Kaschien meinem Schatten folgen ließ.

Er wußte nicht, daß ich mit El-Kaschien seit Jahren befreundet bin.

Ali Abd er-Rassul: Wie der Samson aus Qurna um ein Haar seine Locken verloren hätte

Für nicht bibelfeste Leser sei in Erinnerung gerufen, daß Samson ein mit übermenschlichen Kräften ausgestatteter Einzelkämpfer des israelitischen Stammes Dan war, der gegen die Philister kämpfte und siegte und siegte und siegte, bis seine Geliebte Delila, eine Philisterin, ihm durch Scheren seines Haupthaares die Kraft nahm, so daß die Philister ihn besiegen konnten.

In dieser Geschichte nimmt mein Freund Ali Rassul den Platz des Samson ein: ein Einzelkämpfer mit schier übermenschlicher Kraft und gesundem männlichen Sinn für weibliche Reize.

„Es wurde mir berichtet“ — so beginnen arabische Märchenerzähler ihre Geschichten. Dies ist kein Märchen, denn was da in Qurna vorging, übermittelte mir der Rechtsanwalt Abd el-Rahman A. Abouzeed aus Luxor, mit dem mich die gemeinsame Freundschaft zu Ali Rassul verbindet.

Es wurde mir also berichtet, daß — alle Jahre wieder — ins Hotel MARSAM eine Reisende aus dem erheblich kühleren Dänemark einfiel, um unter Ali Rassuls friedlichem Dach zwei Monate ägyptische Ferien zu machen. Diese Dame, zwar nicht mehr von jugendlichem Leichtsinn, doch, um mit Thomas Mann zu sprechen, „von beträchtlichem Liebreiz“, kam seit zehn Jahren in die Wüstenoase, ja, und sie hatte das Herz des alten Räuberhauptmanns gewonnen. Was sonst in Luxusherbergen die Herren in der Rezeption notieren, merkte Ali Rassul in seinem bärigen Schädel vor: Der Dame wurde stets das beste Zimmer reserviert. Um dieses Topzimmer schürzte sich der Knoten dramatischer Verwicklung.

In einem Wintermonat Anno 1973 stieg eine amerikanische

Lady ohne Begleitung im MARSAM ab. Anfänglich wollte sie nur kurz Station machen, doch als sie des Supermannes Ali ansichtig geworden war, explodierte in ihr der Entschluß, längere Zeit im Hause des urarabischen Charmeurs zu verweilen. Sehr emanzipiert, strebte sie ihrem Ziel, der Eroberung des Hünen, zu. — Ali taxierte wohl mehr die Dollarbündel denn die Hand, die sie reichte, und wies der Lady das Topzimmer seines Etablissements an.

Wochen gingen ins Land, da fiel die Dame aus Dänemark ein, ließ ihr Reisegepäck, das vornehmlich aus einer großen Bücherkiste bestand, abladen und wies an, es ins angestammte Zimmer zu expedieren.

Obwohl Ali als Muslim durchaus mehrere Weiber zustehen, orientierte er sich ganz einseitig, vielleicht, weil es sein Geschmack war, vielleicht, weil er mit den Kräften haushielt. Jedenfalls wies er der Lady aus den USA ein anderes Zimmer an, damit seine Liebe aus Dänemark den Blick auf das gewohnte Exterieur werfen konnte.

Die Lady fühlte sich, und sie irrte sich nicht, verschmäht und sann auf teuflische Rache. Rassul, im Winter seines Lebens stehend, sollte noch einmal die wilden Herbststürme zu spüren bekommen. Da stand Böses ins Haus. Ali merkte es nicht.

Die Lady ging auf die Pirsch. In Schech Abd el-Qurna, gegenüber dem Ramesseum auf dem Westufer von Theben, stocherte sie in der Brache aufgeworfener Grashöhlen herum, um eines Stückes Menschengebeins habhaft zu werden. Ach Gott, das ist hier nicht schwer, weil von Kindern und Hunden verschleppte Knochenreste herumliegen. Die Lady fand einen mumifizierten Menschenarm und steckte ihn in eine Plastiktasche, ging zurück ins MARSAM und wartete auf ihre Stunde.

Die kam, als der Liebling des Hauses, die liebreizende Dänin, zu einem Flug, einem Ausflug, von Luxor nach Assuan aufbrach.

Jetzt schlug die Lady zu! So kräftig, daß Ali eine leichte Blessur davontrug. Sie heilte zwar schnell, aber immerhin . . .

Die Lady aus den Staaten, Grabräuberin im Vorbeigehen, verbarg heimlich den mumifizierten Knochenrest im kleinen Reisegepäck der Dänin und machte die Touristenpolizei des Flughafens auf den Schmuggel aufmerksam. Danach verschwand sie aus Qurna.

Gleich beim Eintreffen wurde Alis Dänin von zwei Beamten der Geheimpolizei diskret festgenommen. Die Maschine startete ohne sie gen Assuan. Die Ahnungslose fiel aus den bekannten Wolken, als sie des makabren Knochens in ihrem Pyjama ansichtig wurde. Bald saß sie im Revier der Luxor-Polizei, die flugs ermittelt hatte, wo sie urlaubend residierte . . . bei Ali Rassul.

Polizei ratterte im Jeep nach Qurna und weckte mit Respekt und behutsam den auf seinem Hofbett schnarchenden Scheich Ali. Hellwach, war sich Ali sofort seiner Stärke — er drückte dem Polizisten das Koppelschloß in die Magengrube, daß er jaulte — wie seiner Unschuld bewußt. Ali kehrte zwar nach seiner Einvernahme zurück und postierte sich zornvoll neben den summenden Kühlschrank, um den Touristen das kühle Bier wegzutrinken, eine subtile Art allgemeiner Rache an den unguten Westlern, freigesprochen war er noch nicht!

Rechtsanwalt Abouzeed mußte seine ganze advokatische Eloquenz aufwenden, um eine Anzeige seines Mandanten wegen Mumienschmuggels zu unterbinden. Das gelang ihm auch, weil jedermann in Luxor, auch die Polizei, wußte, daß ein Mann wie Ali Rassul seiner Geliebten zwar vielleicht einen der Memnonkolosse gestohlen und geschenkt, sie nicht aber mit einem menschlichen Unterarm bedacht hätte.

Die reizende Dame aus dem europäischen Norden wurde nie wieder in Qurna gesehen. Aus Alis letztem Herbst war endgültig Winter geworden.

„Malesch", sagt der Ägypter, wenn der Tag ihn beutelte, um dann doch dankbar die Kühle der Nacht auf der Haut zu spüren und die alles heilende Wasserpfeife leise gurgeln zu lassen. „Malesch", sagte auch Ali Rassul, als er zwei Damen verlor, aber sein struppiges Haupthaar gerettet hatte.

Dr. Giuseppe Ferlini, der Mann, der Pyramiden abtragen ließ

Der in Bologna geborene Dr. med. Giuseppe Ferlini (1800–1876) hatte als Stabsarzt an dem Feldzug teilgenommen, den der ägyptische Khedive Mehmed Ali mit 4000 Mann führte, um die öden Provinzen Nubiens seinem Land zu unterwerfen. Dank europäischer Entwicklungshilfe mittels moderner Feldhaubitzen wurde das Ziel bald erreicht. Als Rache für seinen von Nubiern ermordeten Sohn ließ Mehmed Ali 22000 Nubier umbringen, das eroberte Land im Tiefschlaf dahindämmern.

Es war nicht das Leben, das der abenteuerlustige italienische Feldscher erwartet hatte; er drehte Däumchen in der Kaserne und sann nach, wie er seinen Tagen wieder eine rechte Würze geben könnte. Der Zufall brachte ihn mit dem in Khartum, der Stadt am Zusammenfluß des Weißen und des Blauen Nils, lebenden albanischen Kaufmann und Geldverleiher Antonio Stefani (gest. 1835) zusammen. Schlechtgehende Geschäfte ließen auch Stefani nach einer lukrativen Beschäftigung Ausschau halten: Er witterte sie in der Schatzsuche. Daß er längst sein Kapital bei Schürfarbeiten an historischen Plätzen des alten Äthiopenreiches vertan hatte, hinderte ihn nicht, seine Passion fortzusetzen. Er fand in Ferlini einen Bundesgenossen gleicher Couleur. Schnell befreundet, gaben sich fortan Ferlini und Stefani der Leidenschaft hin, im Sand zu graben und zu suchen.

Den beiden Abenteuerräubern kam zugute, daß die nubischen Provinzen einen fast jungfräulichen Boden feilboten; bis dahin hatten nur wenige Reisende einen Vorstoß über den zweiten Nilkatarakt hinaus Richtung Wadi Halfa gewagt, weil dieser Gegend zwischen dem 16. und 21. Breitengrad ein unheilvoller Ruf anhaftete: Anschläge pfeilbewaffneter Wegelagerer und das mörderische Fieber der Wüste. Grabräuber von Geblüt scheuen solche Gefahren nicht! Ferlini hinterließ Aufzeichnungen, die die Suche nach Goldschätzen in Meroe schildern.

Die erste Attacke der beiden Männer richtete sich gegen die Ruinenfelder um die Tempelbauten von Wad Ben Naga, Mussauwarat und Naga, die sich unweit Khartum herausfordernd anboten. Nach wochenlanger ergebnisloser Buddelei entschlossen sie sich, nilabwärts zu ziehen, um ihre Zelte in Schendi, nördlich von Khartum, aufzuschlagen. Hier, am sagenumwobenen Platz der alten Stadt Meroe, seit dem 6. Jahrhundert v. Chr. Residenz des Äthiopienreiches, wollte Ferlini sein Glück machen:

„Ich war entschlossen, ohne eine Münze oder mit unvorstellbaren Schätzen beladen heimzukehren."

Obwohl Stefani schon erfolglos an den Stadtruinen und Pyramiden nahe dem Dorf Begerawije gegraben hatte, ließ Ferlini sich nicht davon abbringen, noch mal seine Nase wundzustoßen: Sich selbst ungeduldig an die Spitze der angeworbenen Helfer setzend, wurden die Ruinen von unterst zuoberst gekehrt. Die wenigen kümmerlichen Funde deckten nicht einmal die aufgewandten Kosten. Die beiden Glückssucher wandten sich den Pyramiden von Meroe zu, die, kleiner und steiler als ihre großen Brüder in Ägypten, doch die ehemalige Bedeutung der alten Hauptstadt anzeigten.

Falls Ferlini als Feldarzt ähnlich barbarische Methoden angewandt hatte, wie er sie nunmehr praktizierte, dürfte kaum ein Verwundeter lebend aus seiner Behandlung gekommen sein. Ferlini ließ eine Pyramide nach der anderen abtragen!

„Ich hatte nicht mehr Glück als der Gefährte, wobei ich dazu gekommen bin, die vierte Pyramide abzureißen, ohne etwas Wertvolles gefunden zu haben!"

Ausgräber neigen allemal nur zu gern dazu, Märchen zu glauben, die Einheimische über angeblich verborgene Schätze erzählen. Ferlini inhalierte förmlich alle Nachrichten, die von ungeheuren Schätzen — alten Büchern zufolge — zu berichten wußten. Erst nachdem er Wochen damit verbracht hatte, Ruinen zu zerstören, kam ihm zu Ohren, daß die Nubier ihn mit solchen Botschaften gefüttert hatten, um möglichst lange bei Ferlini Lohn zu empfangen. Fraglos hätte der italienische Medicus keinen Stein auf dem anderen gelassen, wenn er nicht eines Tages fündig geworden wäre. Im nördlichen Teil der Pyramidengruppe von Meroe stand die Pyramide der Königin Amanischahete, guterhalten und unbekannt. 28 Meter hoch und mit einer Basisbreite von 42 Metern, war die Spitze über 64 Stufen von je einem Viertelmeter Höhe zu erreichen. An der Ostseite gab es den Kultraum, dessen steinernes Tonnengewölbe von zwei Tortürmen flankiert wurde. Oben, an der Pyramidenspitze, befand sich in gleicher Richtung ein blindes Fenster.

Ein lockendes Ziel!

Mit vier Arbeitern erklomm Ferlini die brüchige Spitze, die binnen kurzer Zeit abgetragen werden konnte:

„Einmal mit nur vier Arbeitern auf dem Gipfel, um mit dem Werk zu beginnen, stellte ich fest, daß die Spitze, schon hinfällig, in kurzer Zeit abgetragen werden könnte, und wenn der erste Stein abgehoben ist, entsteht auch Platz für die anderen Arbeiter."

Mit zehn Arbeitern ging die Demontage von der Spitze her zügig voran. Die aberwitzige Hitze machte Ferlini und Stefani erheblich zu schaffen, sie zogen sich in den Schatten zurück. Die braunen nubischen Gesellen waren in der Höhe des blinden Fensters angelangt, da rief ein ergebener Diener den Chef lauthals herbei. Als Ferlini und Stefani die Arbeitsstelle erklommen hatten, lag der treue Diener bäuchlings auf dem Plateau, um mit seinem Körper eine Öffnung abzudecken. Mit glasig-gierigen Blicken umstanden ihn die Arbeiter. Goldrausch! Ferlini und Stefani griffen zu ihren Pistolen und befahlen den Männern, die Plattform sofort zu verlassen. Widerwillig, doch durch die Pistolenmündungen verängstigt, kletterten sie flink die Pyramide hinab.

Allein in der luftigen Höhe, fingen die Schatzsucher mit ihren beiden treuergebenen Dienern an, die Steinblöcke vor der Öffnung aus der Verankerung zu lösen. Es öffnete sich der Blick in eine Art von Zelle, deren Wände parallel zu den Seitenflächen der Pyramide verliefen. Die Größe: etwa zweieinhalb Meter hoch und drei bis dreieinhalb Meter lang. Ferlini kroch in den Raum und stand vor einem Block, der mit einem fast weißen Tuch aus Wollgewebe bedeckt war. Bei nur leiser Berührung zerfiel das Tuch in Staub. Was darunter zum Vorschein kam, war ein Ruhebett, einer Bahre gleich. Ferlini zog einen bronzenen Napf hervor, in dem kleine Tuchknäuel lagen. Im Licht einer Kerze fand er noch einige aus Holz gedrechselte Büchsen, Reste eines Halsschmucks, Steine und Glasperlen. An den Wänden entlang konnte Ferlini noch Amulette, Götterstatuetten, eine Säge, ein Skalpell und ein Besteck aus Metall einsammeln.

Bei einem Blick nach oben sah Ferlini, daß sich einige Nubier am Einstieg versammelt hatten und ihn neugierig anstarrten. Er zog sich in eine Ecke, die uneinsehbar war, zurück und verstaute seinen Fund im Lederbeutel. Von einer raunenden Menge verfolgt, kletterten die beiden Männer von der Pyramide herab:

Am Fuße der Pyramide bildeten sie einen Kreis, gierig, die gefundenen Gegenstände zu sehen. Aber ich befahl ihnen, mit der Waffe in der Hand und mit einem wilden Gesicht, wieder an die Arbeit zu gehen."

Erst in später Nacht untersuchten Ferlini und Stefani im Zelt den Inhalt des Bronzetopfes. Sie hatten einen Goldfund gemacht! Aus den Knäueln fielen die kostbaren Grabbeigaben der Amanischahete:

„Die Goldarbeiten fand ich wunderbar. Beim Feststellen der Menge merkte ich, daß sie bei weitem all das in den Museen Europas Verstreute übertreffen mußten. Ich konnte des Bewunderns der feinen Kameenarbeit* und der Steine, die den wertvollen Werken der Griechen nicht nur gleichen, sondern sie übertreffen, nicht genug haben!"

Stefani wohnte lange genug in Nubien, um zu wissen, daß sie beide durch den Goldschatz aufs höchste gefährdet waren; er riet seinem Freund, zu fliehen, um den Fund in Sicherheit zu bringen, um aber auch seine Familie in Khartum keiner Gefahr auszusetzen. Ferlini war kaum weniger als die verscheuchten Nubier vom Goldrausch gepackt:

„Aber ich, von fast fünf Jahren Krieg gegen sie daran gewöhnt und ihre Feigheit kennend, verlor kein bißchen den Mut, und gierig auf neue Entdeckungen, wollte ich bleiben."

Zu Stefanis Beruhigung gruben sie ein tiefes Loch in den Wüstenboden und deponierten ihre Schätze.

Als die Sonne aufging, umstanden fünfhundert Nubier die Pyramide. Die Nachricht vom Goldschatzfund war wie ein Lauffeuer noch in der Nacht durch die Siedlungen gegangen, nun standen sie da, um ihren Anteil zu erhalten. Ferlini erkannte die Ge-

* Kameen: geschnittene Steine mit erhaben gearbeiteten Darstellungen.

fahr, schickte keinen der Männer fort, lenkte vielmehr den Troß zu einer kleineren, noch nicht untersuchten Pyramide. Wirklich wie im Rausch trugen die Nubier die Pyramide in wenigen Tagen bis auf den Grund ab. Zurück blieb ein Trümmerfeld. Enttäuscht zogen sich die braunen Gesellen zurück.

Ferlini und Stefani machten sich mit wenigen Getreuen an die Arbeit, um weitere Schätze der Amanischahete aufzutun. Am fünfzehnten Arbeitstag stieß man auf eine zweite Kammer, die wie eine Nische ins Mauerwerk eingelassen war. Wieder fanden sich einige Tuchbündel, in zweien waren schöne Bronzetöpfe.

„Mich erfüllte neue Freude wegen der Erwartung neuer goldener Edelstücke. Wurde diese meine Erwartung nach Gold getäuscht, so wurde dies doch wegen der Entdeckung zweier Gefäße ausgeglichen."

Tatsächlich ließen die beiden Gefäße alle Anstrengungen lohnend erscheinen, so lohnend, daß Ferlini das ganze Denkmal auseinandernehmen ließ. 20 Tage brauchten die Arbeiter, um die Pyramide dem Erdboden gleichzumachen, deren Basis aus schwarzen Steinplatten bestand. Der Medicus war von dem Gedanken wie besessen, doch noch das Grab des Pyramideninhabers zu finden.

Während Arbeiter von der Vorkammer des Kultraumes aus einen Gang gruben, der plötzlich in einen in früheren Zeiten angelegten Tunnel überging, ließ Ferlini sich aus dem Kultraum ein Reliefstück aus der Wand schlagen:

„Für den Nutzen der Archäologie und der Geschichte hätte ich mir gewünscht, alle diese Felsstücke abzutragen. Da ich sie wegen des Umfangs des Gewichts jedoch nicht durch die Wüste hätte tragen können, trennte ich einen Teil ab, der mir am interessantesten erschien, denn darin ist eine Schrift gemeißelt."

Am Ende angekommen, schienen Felsblöcke den Eindringlingen irgend etwas zu signalisieren. Nun wollte Ferlini es genau wissen, und um keine neugierigen Augen dabeizuhaben, wollte er alle Arbeiter bis auf eine kleine Crew wegschicken, aber sie ließen sich nicht verscheuchen. Tag für Tag erschienen sie mit ihren schweren Wurflanzen und beobachteten stumm und argwöhnisch die fremden Herren. Täglich wurde die Arbeit gefährlicher.

Ferlini gab auf, als ihm ein ergebener Sklave verriet, daß seine nubischen Landsleute einen Überfall planten, um sich in den Besitz der Beute zu bringen:

„Ich dachte auch, wenn etwas Ernsthaftes passiert und dies der Regierung berichtet wird, das Gerücht meiner Entdeckung in die Welt gesetzt wird, gehe ich eine Gefahr ein, den Schatz zu verlieren. Deshalb entschloß ich mich, mich durch Flucht während der Nacht der Gefahr zu entziehen.“ Es ist anzunehmen, daß dies eine kluge Entscheidung war.

Dr. Ferlini trug seine Schätze am Leib versteckt und reiste auf kürzestem Weg nach Kairo; von dort aus schiffte er sich nach Italien ein.

1837. In Rom veröffentlicht Ferlini einen Katalog, mit dem er seine in Meroe gefundenen Schätze offerierte. Er war großer Hoffnung, aus den Verkäufen guten Gewinn zu machen. Er erlebte eine bittere Enttäuschung.

Zweifler meldeten sich zu Wort, die sowohl an der Herkunft wie am Wert des Schmucks skeptische Bedenken anmeldeten. Samuel Birch, Kurator der ägyptischen Sammlung des Britischen Museums in London, vermutete 1838 in den Gegenständen Imitationen von der Hand späterer ägyptischer Goldschmiede. Auch Ferlinis Landsmann Niccolo Baldessare Rosellini (1800—1843), Professor für orientalische Sprachen in Pisa, mochte nicht so recht an die Echtheit des Fundes glauben:

„Die Herkunft und Echtheit des Fundes wird nur bewiesen durch die Aussage Ferlinis und seine gemachten Notizen!“

Karl Richard Lepsius (1810–1884) erkannte als erster Bedeutung und Echtheit der Ferlinischen Funde. Lepsius war Ägyptologe und Sprachforscher, leitete Expeditionen durch das Niltal und bis tief in den Sudan hinein. Er konnte die Schriften in den Steinreliefs von Meroe entziffern. Vor seinem Aufbruch zur Preußisch-Wissenschaftlichen Expedition fand er beim Londoner Agenten Ferlinis den größten Teil des Fundes vor und konnte ihn mit Unterstützung des preußischen Botschafters Christian Karl Josias von Bunsen fürs Berliner Museum ankaufen. Ferlinis „Ware“ hatte durch die Gerüchte so sehr gelitten, daß sie für ganze 700 Pfund Sterling nach Berlin kam. Dies war sicherlich nur ein Bruchteil ihres wirklichen Wertes!

Lepsius traf 1844 in Schendi einen Wächter, der Ferlini bei der Grabung in der Pyramide assistiert hatte. Dieser Mann führte den preußischen Gelehrten an den Ort der Funde. Alles, was Ferlini geschrieben hatte, entsprach den Tatsachen. Lepsius notierte:

„Der Fund von Ferlini steckt hier allen Leuten noch im Kopfe und hat seitdem schon mancher Pyramide den Ruin gebracht! In Khartum war man auch voll davon und — mehr als ein Europäer — der Pascha selbst — dachten, dort noch Schätze zu finden.“

Nur mit großer Mühe überzeugte Lepsius den ägyptischen Provinzgouverneur davon, daß Ferlinis Fund purer Zufall gewesen war, weil die Juwelen aus irgendeiner Laune des Besitzers im Mauerwerk der Pyramide versteckt wurden, statt sie der Mumie in der Grabkammer beizugeben. Seiner Meinung nach würde man keine weiteren Stücke finden.

5000 Mann seines Heeres, das auf dem Rückmarsch nach Khartum war, plante der Gouverneur auf die Pyramiden anzusetzen. Losgelassen, hätten sie die Reste der großen Vergangenheit des äthiopischen Reiches sozusagen im Handstreich vernichtet. Lepsius verhinderte es.

Enttäuscht starb Dr. Giuseppe Ferlini. Seine Schätze hatten ihm nicht den erträumten Gewinn gebracht. Viele der in seinem Katalog aufgeführten Stücke sind spurlos verschwunden. Ferlini verkaufte mal hier, mal dort ein Stück, verschenkte sogar einige Objekte. 1904 besaßen seine Erben — außer seinem schriftlichen Nachlaß — nur noch vier goldene Ringe.

Unter der Katalognummer 1639 führt das Ägyptische Museum in West-Berlin ein 3,9 cm hohes Armband der Königin Amanischahete auf. Es hat eine Odyssee hinter sich. Während des Krieges im Bunker am Bahnhof Zoo in Kisten verpackt, wurden alle Bestände 1945 amerikanischen Truppen übergeben. Seit dem Sommer 1945 bis zum Frühjahr 1964 war der königliche Armreif verschwunden, dann tauchte er in einer Offerte des Hauses Spinks & Son Ltd. in Londons Kings Street SW 1 wieder auf. Der damalige Direktor des Berliner Museums, Professor Kaiser, erfuhr auf Anfrage, daß das Stück im Auftrage eines Privatmannes für 300 Pfund zu haben sei. Der Besitzer war Mr. Louis Dups.

Daß die Offerte an den ursprünglichen Besitzer gelangte, entspricht britischer Tradition, Verkäufe solcher Art, sofern ein Besitzer bekannt ist, zunächst diesem anzubieten. Es dauerte mehr als ein Jahr, bis das Armband „heimkehrte“. Mr. Dups bekam seine 300 Pfund, das Berliner Museum den Schmuckreifen der Amanischahete.

Diese letzte Reise eines Ferlini-Fundes ist eine Story wert, aber sie ist so umwegreich und kompliziert, daß ich sie mir verkneifen muß. Immerhin beweist das Gerangel, daß Ferlini mit kostbaren Schätzen heimkehrte. Er ist einer von den vielen Grabräubern, die nicht in den Genuß ihrer verwegenen Unternehmungen gekommen sind.

Souvenirjäger

Rasch gehandelt und nicht bedacht —
das gibt dem Herzen große Macht!

Unter diesem perfiden Slogan traten im Dezember 1882 Mitglieder des Wissenschaftlichen Clubs, Wien, eine Gesellschaftsreise an den Nil an.

Aus demselben Jahr — 1882 — existiert ein ÄGYPTISCHES TAGEBUCH, dessen Verfasser unbekannt ist. Aus seinen Aufzeichnungen ist zu entnehmen, daß er mit der THALIA des Österreichischen-Ungarischen Lloyd in Alexandria eintraf. Unter dem 28. Februar 1883 notierte der liebenswerte Unbekannte:

„Cairo

Mich fror es trotz meines Überziehers empfindlich, obgleich das Thermometer 17 Grad Réaumur im Schatten anzeigte. In Cairo regnete es fast heftig, und ich, verwöhnt von der Wärme Oberägyptens, saß, heißen Tee trinkend, in der Bude eines Kodschah, eines Händlers in der Muskih.

Er verbarg in einem Sack mit Kümmel einige schöne antike Figuren, von denen ich zwei erwerben mußte.

Mich des türkischen Zollbeamten in Alexandria erinnernd, nahm ich am Ende nur eine.

Ne quid nimis! Allzuviel ist ungesund."

Der unbekannte Herr Niemand war und ist eine Rarität unter den Touristen, die ins Land der Pharaonen strömten.

Es gibt kein zweites Land unter der Sonne, das wie Ägypten Fluch und Segen der Touristik über sich ergehen lassen mußte. Das Land bietet sich in einer verteufelt reizvollen Kombination als Ziel für Bildungshungrige wie für Genesungsuchende an.

Man müßte eine Chronik vom Umfang des New Yorker Telefonbuchs schreiben, wollte man von den Anfängen an den Flurschaden schildern, den Reisende, die ins Land der Götter kamen, anrichteten. Wie mit dem Big-Bang, dem Urknall im Universum, explodierte ab der zweiten Hälfte des 19. Jahrhunderts der Massentourismus — leidlich gehemmt durch Reisekosten und langsame Beförderungsmittel, die in unserem Jahrhundert zusammenschnurrten, beziehungsweise den Weekendtrip ermöglichen.

Während vom Katheder der Gelehrten Klassizismus und Romantik des 19. Jahrhunderts gepredigt wurden, machten sich Vertreter der einschlägigen Fakultäten auf, um die Stätten der Antike umzuwühlen, setzten sich Privatiers in Bewegung, um *à jour* zu sein. Seit Kapitän Rogers mit der SAVANNAH in zwanzig Tagen von New York nach Liverpool reiste, waren die Linien von Übersee Richtung Orient gezogen. Von Liverpool nach Alexandria brauchte man nur sechs Tage. Keine Zeit für jemanden, der sich einen „schnellen" Europatrip leisten konnte.

Mit der Wissenschaft, mit den im doppelten Sinne dem Sonnenkult ergebenen Privatleuten wurden in die Gesandtschaften, Botschaften und Konsulate Attachés delegiert, die ihr wachsames Auge auf preiswerte Eroberungen fixierten. Handelskontoren folgten blasse europäische Tuberkulöse, die in der trockenen, heilkräftigen Luft Genesung suchten, trafen Engländer zur „Saison in Kairo" ein, um ihren von der feuchten Inselluft angeschlagenen Bewegungsapparat im Reich des Sonnengottes Aton, in dem die Sonne nie untergeht, austrocknen zu lassen.

Reduziert man die Gründe für die Aktivitäten des Tourismus in der Moderne, dann sind sie in der Anziehungskraft der Pyramiden zu erkennen . . . und in der in Europa grassierenden Lungentuberkulose, der erst der Berliner Bakteriologe Robert Koch (1843—1910) mit der Entdeckung des tödlichen Bazillus erfolgreich zu Leibe rückte. Ohne Ägyptens Sonne. Aber da war der Strom schon angeschwollen, das Sonnenland nicht mehr zu retten.

Seit dem 18. Jahrhundert residierten in Alexandria und Kairo die Agenturen großer Handelshäuser, in denen zwielichtige *residents* ihre ohnehin schon üppigen Salärs durch trübe Geschäfte mit Antiken aufzubessern trachteten. Abenteuerliche Existenzen mischten den Kreis auf, wohnten in Villen, die durch Ziergärten vom gemeinen Volk abgeschirmt waren, oder — wenn sie ihren Job begannen — vorübergehend auch in ramponierten Lehmbauten.

Im Schatten der von hageren Dienern gehaltenen Schirme ließen sich blasse Damen durch die Straßen kutschieren, gelegentlich sogar zu den Pyramiden von Giseh. In Fischbeinkorsetts eingezwängt, von langen Gewändern behindert, erkletterten sie Grabkammern der Pyramiden, um sofort ihre lavendelgetränkten Taschentücher vor die edlen Nasen zu halten: „O Gott! Was für ein Gestank!" — Nach diesen Abenteuern in der Wüste kehrten sie in die recht abenteuerlichen Stadtquartiere zurück. Noch waren die prächtigen Hoteloasen nicht gebaut, noch schluchzte kein Stehgeiger SOMBRE DIMANCHE. In zu späterem Pomp vergleichsweise bescheidenen Aufenthaltsräumen fächelten sich erhitzte Ladys, von ersten Makarts-Sträußen dekorativ umgeben, mit Palmblättern frische Luft zu. Dieses Ägypten — ein Traum!

Wenn es darum geht, viel Geld für wenig Mühe zu ergattern, sind die Eingeborenen flink wie die Teufel. Als Kinder im Land des frühesten internationalen Handels erstklassig in der Wahrnehmung geringster Chancen geschult, hatten sie die Zeichen der Zeit begriffen. Sie nahmen ins Sortiment, das bis dahin redlich mit Kamelhaarwolle, Zimt, Spezereien und dem Allroundtherapeutikum MUMIA bestückt war, willfährig *ANTIKA* auf. Egal, was gefragt wurde, wenn nur die Kasse stimmte. Limonen und Safransäcke wurden beiseite geräumt. Sollten die feinen Damen und Herren doch den Plunder kaufen! Alte Steine, geheimnisvolle Statuetten und Amulette — was war das schon? Man kann heute noch die „Kinder", die wie in biblischen Zeiten auf Eseln oder Kamelrücken ihre heißen Wege zogen, die Büffel um die Brunnenpumpe trieben, durchaus verstehen. Ein neuer Markt verhieß Segen. Und Allah ist groß. Und weit weg.

Wer einen guten Esel und kräftige Söhne hatte, diente sich den Fremden als Dragoman an, jener geschäftstüchtigen Mischung von Dolmetscher (mit einem Vokabular, das sich an den Fingern der Hände abzählen läßt) und Alleswisser. Ganz geriebene Burschen boten sich vor den Hotels als Kenner und Schatzsucher an, und die, die wirklich über einige Kenntnisse verfügten, wurden von den Wissenschaftlern wie Wünschelrutengänger ins Land der unbegrenzten Schätze engagiert.

Genährt wurde die uneingeschränkte Hilfsbereitschaft der Ägypter aus der ererbten Gastfreundschaft und der oft irrigen Annahme, jeder Ausländer schwimme in Geld. Wissenschaft und Touristik nutzten beide Schwächen skrupellos aus.

Der Italiener Antonio Castellari war einer der ersten Europäer, der sich die Leidenschaft, Souvenirs heimzubringen, bereits Anfang des 19. Jahrhunderts in großem Stil zunutze machte. Er hatte sich in einer brüchigen Lehmhütte auf dem Dach des Amontempels in Luxor eingenistet. Von dort aus nahm er seine Zubringer von der westlichen Nilseite wie Marionetten an lange Fäden. Castellari hatte begriffen, wie man mit den argwöhnischen Herren der Totenstadt umgehen mußte, um an das Raubgut heranzukommen: Er handelte hart, aber korrekt mit ihnen. Er war sogar verhältnismäßig wählerisch und nahm nicht alles, was man ihm zutrug. Auch dieses Verhalten estimierten die alten Räuber, meinten sie doch in dem Händler einen Fachmann zu erkennen, und mit so einem zu tun zu haben, hob ihr Selbstbewußtsein. Was Castellari erwarb, verkaufte er mit saftigen Gewinnspannen an Reisende weiter. Solcher Handel machte keine große Mühe, denn Privatleute stießen damals wie heute kaum und nur in seltenen Glücksfällen zu den Dealern in den Nekropolen vor.

Castellari besaß eine reiche Sammlung schöner Papyri und als Prunkstück die Mumie der Prinzessin Ahmose-Henutempet aus der 17. Dynastie (1650—1544 v. Chr.). Der Pionier des Andenkenhandels starb 1848, doch mit ihm starb die Zunft bei weitem nicht aus.

Die Nachfrage sorgte für Nachwuchs in der Branche. Wissenschaftler, Agenten bedeutender Museen und reiche Reisende warben um die Gunst der Verkäufer.

Archibald Edmonstone (1795—1871) reiste für sein Leben gern und ließ seine Reisen auf Papier Niederschlag finden. Der Schotte nannte sich Schriftsteller. Er ließ seine auf der Insel feucht gewordene Muskulatur in der Sonne trocknen, erforschte Oasen in Ägyptens Wüste und trat seine Rückreise jeweils mit antiken Funden an. Die Burschen aus den Nekropolen werden mit dem Schotten keinen leichten Handel gehabt haben!

Der ehrenwerte Thomas Coats (1775—1828) war einer von der mutigen Art: Er wagte sich mit seinem Reisebegleiter gar in die Höhle der alten Räuberbanden, ins Nekropolenstädtchen Qurna in Westtheben. Für ein Bündel bester Banknoten erjagte er eine guterhaltene Mumie. Die guterhaltene Leiche nahm er auf die Schulter und stolperte mit ihr über Stock und Stein in sein Hotel.

Im Tal der Könige von Sammelleidenschaft der Sinne beraubt, scheint dieses makabre Souvenir nicht in sein Londoner Haus gepaßt zu haben. Er schenkte die adlige Mumie 1821 der Newcastle-Literary. Man kann sie heute im Hancock-Museum in Newcastle besichtigen.

Mr. Coats war einer von denen, die sich „vor Ort“ nicht mehr fragen, ob ihr Beutezug irgendeinen Sinn hat. Das Etikett ANTIK macht sie blind und kaufgierig.

Verständlich, daß mumifizierte Leichenreste die Wissenschaft faszinieren, unverständlich, daß die verdorrten Toten auch normale Sterbliche an den Nerven kitzeln. Ob sie das Gefühl einer Kapitalanlage in einer nichtvermehrbaren Ware stimulierte? Ob es pure Angabe war, zu Hause Reiseerzählungen mit so eindrucksvollen Requisiten illustrieren zu können?

Auch Benjamin Clifton Henderson (1788—1881), Arzt bei der Ostindien-Company, konnte der betörenden Versuchung nicht widerstehen, während eines Ferienaufenthalts zwei Mumien aus Theben zu entführen. Warum nur? Dachte er an die genüßliche Stunde, da er in der heimischen Bibliothek im flackernden Schein des Kaminfeuers seinen Sherry trank, seine Dunhill schmauchte und den Blick auf einem verdörrten toten Ägypter ruhen lassen konnte?

Daß im Moment des Erwerbs partielle Gehirnfunktionen ausgeschaltet sind, geht aus den Schilderungen des armenischen Antikenjägers Giovanni d'Athanasi (1780—1857) hervor. Ein englischer Reisender — d'Athanasi nennt den Namen nicht — kaufte in Theben Sarkophag samt Mumie eines ptolemäischen Gouverneurs namens Soter Corneliou. Der Englishman wähnte offenbar kostbare Grabbeigaben aus Gold und Edelstein in dem Sarg; auf der Rückreise nach Kairo konnte er seine Neugier nicht im Zaume halten, öffnete den Schrein . . . und fand nichts Wertvolles, kein Gold, keinen Edelstein. Wütend schleuderte er die Mumie vom Segelboot aus in den Nil. Grimmig beobachtete er, wie die Reste von Soter Corneliou im trüben Nilwasser auf Grund gingen. Den Sarkophag wurde er beim königlich-britischen Generalkonsul Henry Salt (1780—1827) los, der alles kaufte, was ihm wertvoll schien. Die Totengötter schienen ihre lähmenden Kräfte verloren zu haben . . .

Einmal noch bewiesen sie ihre magische Kraft! Sven Fredrik Lidman (1784—1845), Kaplan des schwedischen Konsulats in Konstantinopel, hatte Ägypten durchquert und eine Menge Raubgut im Reisegepäck. Kaum in der türkischen Hauptstadt angekommen, versengte eine Feuersbrunst alle Souvenirs. Nach dieser letzten Anstrengung gaben es die heidnischen Götter auf, Grabfrevel auf so radikale Weise zu rächen. Die Götter sind müde geworden. Man kann sie verstehen.

Wer im ersten Drittel des 19. Jahrhunderts „*in*" sein wollte, buchte eine Schiffsreise nach Alexandria. Nur dreieinhalb Tage dauerte die Überfahrt von Marseille oder Venedig. Ab 1836 hatte der Österreichisch-Ungarische Lloyd Kreuzfahrten zwischen Alexandria, Konstantinopel, Smyrna und Venedig im Programm. Wöchentlich steuerten die Schiffe der „Messageries Maritimes" von Marseille nach Alexandria. Radschaufler der „Oriental Steam Navigation Company" schipperten von Southampton über Malta an den Nil.

Ägypten war *in*!

Am 1. Mai 1821 präsentierte der italienische Ägypten-„Freund" Battista Belzoni (1778—1823), der meistens in England lebte, in der *Egyptian Hall*, dem mit einer ägyptischen Fassade lockenden Raritätenkabinett, seine in Gips nachmodellierten Fundstücke. Die Masse der Schaulustigen ließ den Neubau fast zusammenbrechen. Piccadilly hatte seine Sensation.

Wie in unseren Tagen die Welle der Pharaonenliteratur eine Ägyptenrenaissance in Gang setzte, wurden die Leser durch packende, dramatische Reisebeschreibungen animiert, selbst nach dem Rechten zu sehen. Der Schotte Mungo Park (1771—1806) bereiste beispielsweise den Sudan und schrieb seine Berichte: „*Travels in the interior of Africa.*" Reisebeschreibungen waren Bestseller, das Fernweh wurde geweckt. Elisha Kent, der amerikanische Polarreisende, beschrieb seine Erlebnisse „Arktische Expeditionen" in zwei Bänden, wer auf sich hielt, hatte sie gelesen.

Zum bürgerlichen Bildungsprogramm gehörten auch die fünf Bände des Hamburger Afrikareisenden Heinrich Barth (1821—1865) unter dem eher nüchternen Titel: „Reisen und Entdeckungen in Nord- und Zentralafrika." Das Terrain war bereitet, auf dem das nächstgelegene Abenteuer unter leidlich komfortablen Bedingungen gesucht werden konnte. Wem bisher der Schiefe Turm von Pisa unvergeßliche Eindrücke vermittelt hatte, der wollte nun die Pyramiden sehen.

Ein Hauch von Abenteuer überkam den Reisenden bereits während der Überfahrt. Gustave Flaubert notierte 1850 über seine Seereise (s. Lit.-Verz.):

„Morgens legte sich der Sturm, das Schiff ist in einem traurigen Zustand, der Kessel leckt, und die Maschinen stehen."

Flaubert wie alle Touristen empfing der Hafen von Alexandria mit dem quirlenden Lärm des Orients, mit dem Feilschen der Dragomane um die Eintreffenden, die sie in Quartiere lotsen wollten, die ihnen Bakschisch gaben.

Beschaulicher war die Reise auf Segelbooten, die gemächlich nilaufwärts fuhren, schon etwas schneller die Fahrt mit kleinen Radschauflern, wo man unter schattenspendenden Markisen biblisches Leben vorüberziehen sah. Wer nicht eine Dreimonatsreise Kairo—Assuan hin und zurück gebucht hatte, war Kurzurlauber, der die diwangepolsterten Barken an den Anlegestellen nur für Stunden verließ, um in einem Schnellkurs mitzunehmen, was die Nilufer präsentierten. — Dragomane arrangierten Eselskarawanen. Auf den Rücken der braven Grautiere „ritten" vornehm-blasse Ladies und hielten mit weißen Parapluies die Sonne fern, derweil schnauzbärtige Gentlemen mehr beflissen als begeistert an der Exkursion teilnahmen. Wo immer solche Karawanen vorbeikamen, stand die Garde der Antikenhändler bereit.

Besonders ärgerlich an Touristen im Land der aufgehenden Sonne ist, daß sie nicht nur mitnehmen, sondern auch zurücklassen . . . nämlich die in alte Steine geritzten Initialen ihrer wirklich unbedeutenden Namen.

Mendes Israel Cohen (gest. 1847) aus Baltimore war 1832 in Oberägypten, er gondelte sogar bis zum zweiten Nilkatarakt nach Wadi Halfa. Er verschleppte über 700 antike „Reiseandenken" über den großen Teich. Pompöser noch war sein Reisebericht, dem die staunende Familie entnehmen konnte, daß Vater seinen Namen in den Felsen von Abusir gehämmert hatte. Diese Steinmetzarbeit überlebte ihn. Sein Neffe verkaufte 1884 den größten Teil der Mitbringsel an die John-Hopkins-Universität.

Über die zeitlose Touristenunsitte, sich an Orten von Sehenswürdigkeiten an und in denselben zu verewigen, ärgerte sich auch Flaubert aus tiefstem Herzen:

„Man ärgert sich über die Namen der Dummköpfe, die überall angeschrieben sind."

Für ihr barbarisches Bemühen ist Touristen nicht mal ihre Zeit zu kostbar: Erfahrene Steinmetzen schätzen, daß manche Namenskrakeleien neben alten Hieroglyphen mindestens zwei Tage emsigen Hämmerns gebraucht haben. Freilich vergaßen die Schreibkundigen vom Niveau redlicher Analphabeten selten, das historische Datum ihres Verweilens am gerühmten Ort dem Stein „einzuimpfen". — *Men who run in packs, loose their sense of decency* — Menschen in Massen verlieren ihren Sinn für Anstand, schrieb John Galsworthy (1867—1933). Es muß wohl so sein, denn diese Unsitte vererbt sich über die Zeiten.

Der Horus-Tempel in Edfu muß von schier perverser Anziehungskraft gewesen sein. Dieser Tempelbau des Ptolemäus III. aus 327 v. Chr. diente allen Dörflern als Latrine. Trotzdem meißelten Damen und Herren der erstbesten Gesellschaft unter grauenvollem Gestank ihre Namen in den Pylon-Tempel aus der ägyptischen Spätzeit, schlugen Stücke aus dem Gestein, um sie daheim in die Vitrine oder aufs Vertiko zu legen.

Wenige Kilometer von Edfu entfernt wurden Anno 1852 Touristen im Tempel von Gebel Silsile überrascht, als sie Löcher in die Ruinen gruben, die Wände abklopften, um im *do-it-yourself*-Verfahren preiswert zu Antiken zu kommen.

Die Fellachen hatten die Fremden bald durchschaut, sie verdingten sich als Assistenten auf Zeit, führten ihre Arbeitgeber an ergiebige Orte oder flüsterten ihnen zu, welch ungeheure Funde in den Ruinen sie selbst gemacht hatten. Die prickelnde Luft des Orients drang in die Lungen und Portemonnaies der Fremden ein.

Andenkenjäger besonders feiner Art stellten Gräfin von Schlieffenberg mit Sohn dar. Beide kamen aus triftigem Grund her. Der junge, hochaufgeschossene, erst 25 Jahre alte Graf Schlieffen von Schlieffenberg litt an Schwindsucht, der seine Brüder bereits erlegen waren. Die resolute Mutter, eine Dame über sechzig, reiste auf Anraten der Ärzte mit dem noch verbliebenen Sproß des alten preußischen Adelsgeschlechtes der heilenden Sonne und trockenen Luft Ägyptens entgegen.

Obwohl Mutter und Sohn nicht gerade zu den kräftigsten Naturen gehörten, machte ihre passionierte Reiselust sie alsbald zu absolut unerschrockenen Touristen und Andenkenjägern. Weit über den zweiten Nilkatarakt reisten sie weit nach Nubien hinein, für die damalige Zeit auch für Kerngesunde ein rechtes Abenteuer in einer teuflischen Reiseecke. Extrem heißes Klima und primitivste Unterkünfte forderten sogar dem trainiertesten Mannsbild letzte Kraftreserven ab. Eine Weile galten Mutter und Sohn als verschollen. Als sie 1853 wieder in Kairo auftauchten, war der Kreis der Europäer hocherfreut und zutiefst überrascht und erstaunt, als sie erfuhren, was die Schlieffenbergs mitgebracht hatten.

Mutter und Sohn hatten in Ermangelung dienstbarer Geister höchstselbst eine zentnerschwere Steintafel von 1,63 m Höhe und 1,27 m Breite geschleppt. Wie sich später ergab, handelte es sich bei dem Monstersouvenir um eine Granitstele des äthiopischen Königs Nastasen, die auf 325 v. Chr. datiert wurde. Die alte Gräfin und der Juniorsproß hatten die Tafel hinter dem dritten Nilkatarakt in El-Orde aufgetrieben. Für die Wissenschaft, die Kenntnis davon nehmen durfte, war der nubische Text der Stele mit einem langen Regierungsbericht in ägyptischer Schrift ein „großes Fressen“. Diese Stele gehört zu den wichtigsten Zeugnissen der alten Kultur des Äthiopienreiches.

Als kurz vor Beginn der zweiten Hälfte des 19. Jahrhunderts die Ägyptomanie einen Salto schlug, erließ der Khedive auf Drängen Champollions und anderer namhafter Europäer ein erstes Gesetz zum Schutz der ägyptischen Kulturdenkmäler. Die beiden wichtigsten Paragraphen lauteten: 1. Die Ausfuhr von Altertümern ist verboten. 2. Alles, was an Antiquitäten gefunden wird, muß in Kairo abgeliefert werden.

Papier ist geduldig. Wenn die Behörden nicht die Kraft und Entschlossenheit zeigen, Gesetze auch durchzusetzen, lachen sich all jene ins Fäustchen, die es verstehen, kleine Maschen im Netz der Gesetze zu brauchbaren Schlupflöchern auszuweiten. Kunstschieber, aber auch Wissenschaftler lächelten nur müde über die Gesetzesinitiative.

Hehler und Händler streckten wie Kraken ihre Fangarme aus, um Souvenirjäger als schmackhafte Beute auszusaugen. Privatleute schmeckten ihnen am besten, weil sie unerfahren waren. Sie hatten das Geld locker in der Tasche und konnten nicht zwischen alt und neu, zwischen echt und gefälscht unterscheiden. Agenten europäischer Museen hingegen waren wenig beliebt. Sie galten als rechte Geizkragen. Außerdem verstanden sie entschieden zu viel von der angebotenen Ware. Außerdem schacherten sie, als ginge es um ihr eigenes Geld. Wider alle guten und ungeschriebenen Gesetze der Zunft der Dunkelmänner ging es, wenn die „Professori" im Streitfall den Mudir herbeizitierten. Da waren die Ladies und Gentlemen entschieden angenehmere Geschäftspartner.

Innerhalb der Gruppe der Souvenirjäger nahmen die Konsularagenten der fremden Mächte einen besonderen Rang ein. Es heißt, es gäbe keinen dieser unrühmlichen Beamten, der nicht am Ende seiner Dienstzeit ein reicher Mann gewesen wäre. Die großen Geschäfte tätigten sie für die offiziellen Aufkäufer der beim Khediven akkreditierten Staaten, die ertragreichen Kungeleien aber erledigten sie für die zu betreuenden ausländischen Privatleute. Für jene inszenierten sie bereits bei der Ankunft ein Spektakel: Segelte ein Boot dem Ziel entgegen, ließen sie seine abenteuerlustige Reisegesellschaft weit vor dem Anlegeplatz mit Gewehrsalven schußgewohnter Banditen begrüßen. Ein Franzose durchschaute das trickreiche Spielchen und schrieb auf:

„Ich möchte allen Reisenden anempfehlen, mit diesen Antiquitätenhändlern sehr auf der Hut zu sein. Als Konsul irgendeines Landes in Luxor lädt er einen reichen Ausländer, den er trifft, zu einem Dinner in echt arabischem Stil ein. Beim Dessert hört man es an der Pforte läuten, und die Diener melden, daß Eingeborene draußen stehen, die merkwürdige, soeben gefundene Antiquitäten anbieten. Sie werden hereingeführt, und der reiche Ausländer, der der Versuchung nicht widerstehen kann, kauft auf den Rat des Konsuls Dinge, die in Wirklichkeit dem Gastgeber selbst gehören."

Längst hatten die Schwarzhändler das Rezept erkannt, mit dem die fremden Reisenden zu behandeln waren. Um ihre drängende Liebe zu Antiquitäten mit einem Hauch von Abenteuer zu kombinieren, erwies es sich als vorteilhaft, Angebote mit einem gewissen Nervenkitzel zu servieren. Die Auslagen in den Schaufenstern brachten vergleichsweise wenig im Vergleich zum Verkauf im Dunkel oder Halbdunkel in Gassen und Hinterhöfen.

Das Parfüm von Raubgut mußte vom Angebot ausgehen, wenn es solenne Preise bringen sollte. *Shut up! Keep it in your mind! That's very dangerous!* Ruhe, nicht drüber sprechen, die Sache ist gefährlich! Diese Etiketten gaben dem Kauf die Weihe und den überhöhten Preis. Was für ein magenaufwühlendes Erlebnis, wenn die gestohlene Ware dann glücklich den Zoll in Alexandria passiert hatte! Wenn einer eine Reise tut, dann kann er was erzählen. Was hätte man erst erzählen können, wenn man die ganze Inszenierung gekannt hätte. Kehrte eine heiser jammernde Eselskarawane aus dem Tal der Könige zurück und drängte sich in den Schatten armseliger Palmenwedel, lehnten sich erschöpfte Damen und Herren auf ausgebreiteten Plaids auf ausgebreitete Kissen, dann tauchte im rechten Moment ein finsterer Geselle aus Qurna oder El-Cocha auf, um mit eindrucksvollen Gebärden und geflüsterten Ermunterungen den erregten Herrschaften antikes Beutegut unterzuschieben, das die Kerle wenige Stunden zuvor vom Konsularagenten abgeholt hatten.

Allgegenwärtig waren auch die Dragomane und die *Donkeyboys*, junge Burschen, die den Grautieren die Peitsche gaben, wenn allzu schwergewichtige Damen oder Herren durch die Wüste getragen werden mußten. Sie leiteten nicht nur die Transporte, sie mischten mit im Andenkenhandel. Während der „Abenteuer" im fremden Land stellten sie Kontakte her, die jedweden Handel erleichterten — Vertrauenssache! —, ja die sogar den Absatz erster Fälschungen unbemerkt in den Markt einführten.

Noch hatte die Hausse in groben Imitationen nicht begonnen, noch hatte man Echtes anzubieten, doch die Skarabäen, die beliebten Käferamulette, zeigten Nachschubprobleme. Die Fellachen ließen sie in Heimarbeit fälschen. Sie kannten alle die Kartusche Thutmosis' III. mit ihrer Inschrift auswendig. Also wurden die Imitationen mit immer demselben Text und den Insignien des Herrschers aus der 18. Dynastie versehen.

„Sie boten Specksteinskarabäen an. Die meisten trugen die allen Fellachen bekannte Kartusche Thutmosis' III. Die Preise sanken von 10 Shilling auf einen halben Piaster — 10 Pfennig...", berichtet ein Fremder, der 1860 Theben bereiste. Die flinken, munteren *Donkeyboys* mit ihren hellwachen Augen waren hervorragende Psychologen, die in die Tiefen der Begehrlichkeit der Damen loteten und Wünsche sozusagen aus dem Ärmel erfüllten. Bei den Ausflügen neben den Herrschaften einherlaufend, hörten sie aufmerksam zu; der Sprache nicht kundig, hatten sie doch ein wiederkehrendes Vokabular im Ohr, das Kaufwünsche signalisierte, und diese waren so üblich, daß die begehrten Artikel mühelos aus dem Familienfundus herbeigeschafft werden konnten. Die Damen, denen die Bürschchen mit ihren braungebrannten nackten Oberkörpern, ihren kahlgeschorenen Hinterköpfen und der verwegenen Locke in der Stirn ungemein gefielen, kauften aus den prallgefüllten Geldbörsen ihrer duftenden Pompadours. Wurden die Burschen zu aufdringlich, kriegten sie schon mal vom Ehegemahl einen Streich mit der Gerte übergezogen. Solche Lappalien nahmen sie wortwörtlich als Abschlagszahlung auf das gelungene Geschäft süß-sauer lächelnd entgegen.

Sie alle hatten ja auch eine Karriere im Sinn, wußten sie doch, daß aus ihren Reihen Herren gekommen waren und immer kamen, die es im Schwarzhandel mit Antiken zu beträchtlichem Wohlstand brachten.

Muhammed Bey Muhassib (1843—1928) war so ein Vorbild für die Jungen. Er hatte als *Donkeyboy* der englischen Schriftstellerin Lucie Duff-Gordon angefangen, die Lady lebte ab 1863 mehrere Jahre im „Französischen Haus" in Luxor. *Donkeyboy* Muhassib starb 1928 in Luxor als angesehener Bürger und gehörte zur Clique der großen Händler seines Jahrhunderts. Seine „Händel" mit europäischen und amerikanischen Sammlern und Museumsaufkäufern bewegten sich meistens in der Grauzone zwischen legalen und illegalen Tätigkeiten. Bei dem Export wichtiger alter ägyptischer Kunst ins Ausland hatte er eine Schlüsselrolle, für die er Stargagen einheimste.

Der französische Ägyptologe Auguste Mariette (1821—1881) hatte sich — wie bereits erwähnt — internationales Renommee verschafft, als er das Serapeum von Memphis, das Grabmal der Apis-Stiere, entdeckte. Vizekönig Said Pascha bestallte ihn sieben Jahre nach seinem spektakulären Erfolg zum Direktor des Ägyptischen Nationalmuseums, dessen Gründer Mariette war. Das Nationalmuseum, zugleich Zentrale der Altertümerverwaltung, schickte sich unter Mariettes engagierter Leitung an, den Attakken „halbbarbarischer Touristen“ Einhalt zu gebieten. Vom damaligen Bulak-Museum ging diese Verordnung an die Zollämter:

„Der Export von Antiquitäten ist verboten. Alles Gepäck, welches Ägypten verläßt, alles Frachtgut, wird zur Controlle geöffnet, und etwa gefundene Antiquitäten werden confisziert, wenn sie nicht mit der Ausfuhrerlaubnis des Bulak-Museums begleitet sind.“

Einreisende wurden in Alexandria mit dem Verbot bekanntgemacht, doch weder sie — ob Privatsammler oder Agenten von Museen — noch die Heerscharen der Touristen in Reiseclubs nahmen davon ernsthaft Notiz. Man wußte, daß auch in Behörden nur Menschen nisten, die gegen eine angemessene Bestechungssumme willfährig die müden Lider ihrer Augen vollends herunterklappten. Kam freilich hinzu, daß die offiziellen Aufkäufer von Kulturbewahranstalten Leute von Rang und Namen hinter sich wußten, oft dubiose Figuren, die nicht nur beim Verbringen hilfreich waren, die sogar beim Händler, Hehler oder Dieb ihr kräftiges Bakschisch bezogen.

Was für die Offiziellen die Creme von Regierungsbeamten zur vollen Zufriedenheit erledigte, das besorgten für die Touristen die Dragomane, die kleinklein Ware herbeizauberten, die aber auch wie das Kaninchen aus dem Zylinder zur Stelle waren, sobald ein *boleece*, ein Zöllner, allzu eifrig im Gepäck stöberte. Dann gingen Scheine so blitzschnell von Hand zu Hand, daß niemand hätte beschwören können, soeben sei eine unstatthafte Handlung geschehen.

Insgesamt spielte (und spielt!) die Psychologie im grauschwarzen Antikenhandel eine bedeutende Rolle. Je sicherer sich die Ausländer dem Zöllner gegenüber darstellten, um so weniger wagte der Gesetzeshüter, seine Vorschriften anzuwenden. Daß daneben auch die verlockenden Rundungen der Brieftaschen einem Sesam-öffne-dich gleichkamen, ist nur am Rande zu erwähnen. Touristen machten sich einen Jux daraus, die Zöllner samt ihren Gesetzen zu düpieren, ja, die halbe Stunde vor der Zollschranke brachte den letzten, fast erotischen Nervenkitzel: Wird man's schaffen? Wird man die Souvenirs durchbringen?

Ein Teilnehmer der englischen Reisegesellschaft, die Thomas Cook & Sons 1880 durch die Lande am Nil transportierte, berichtet über den „Zollhandstreich“ seines abreisenden Vereins:

„Das Gepäck, nicht nur voller Jagdwaffen, sondern randvoll mit antiken Fundstücken, wollten die Reisenden der Gepäckrevision durch einen türkischen Zollbeamten in Alexandria entziehen. Mit reichlich Bakschisch versah man den Kontrolleur, vergaß aber dessen Kollegen.

Dieser Beamte fühlte sich nun schwer hintergangen und machte unverzüglich Meldung beim Zoll-Major.

Den deutschen Hallodris, die die Reise aus der Kasse ihres Männergesangvereins finanziert hatten, war klar, daß jetzt kein gutes Geld ausreichen würde, um einer scharfen Zollkontrolle zu entgehen.

Der informierte Zollmajor wies einen dritten Beamten an, die Bagage der Ausländer scharf zu kontrollieren, doch dieser Herr Kontrolleur war auch vom Stamme NIMM! Er ließ sich von den Reisenden zu folgendem Trick verleiten:

Alle Reisenden stellten sich im dichten Kreis um ihre Gepäckinsel, der Zöllner mittenmang. Nun wurde dreißigmal ein Koffer, der ein besonders laut klackendes Schloß hatte, geöffnet, während jedesmal ein anderer ungeöffneter Koffer aus dem Kreis herausgegeben wurde!

Der Cooksche Dragoman war während dieser Zeit damit beschäftigt, den Obersten der Zollbehörde mit allerlei frischen Histörchen über das heiße Blut der fremden Damen — oh!, dies war zur damaligen Zeit in Ägypten ständig am Wallen! — zu unterhalten.

Auf diese Weise gelang es dem Gesangverein KEIN SCHÖNER LAND IN DIESER ZEIT, dem Zoll von Alexandria fein eins auszuwischen."

Touristen, weniger erfahren als die Dauerreisenden in Sachen Antiken, wurden gleichwohl häufig bei Exportvergehen erwischt. Sie verkrochen sich in die schützende Zahl der Herde und fühlten sich in der Masse stark genug, ihrer Sammelleidenschaft zu frönen.

Diese Reisegruppen legten die ordentliche Zollkontrolle nahezu lahm. Die Zöllner waren froh, wenn sie sich im Gewühl der Abfertigung mit leidlichem Anstand überhaupt bewegen konnten. So kamen sie denn auch nicht auf den Trick, der heute keinen Erfolg mehr verspricht: Damen hüllten antike Waren in zarte Dessous ein, setzten Skarabäen in ihre duftenden Puderdosen, während zerbrechliche Souvenirs zwischen Fischbeinkorsetts verstaut wurden. Der schlichte Fellachen-Zöllner errötete und klappte den Kofferdeckel zu. Die dazugehörigen Ehemänner wählten ihre beinlangen Unterhosen und Baumwollstrümpfe als Tarnmaterial. Wo bei den Damen schickliche Rücksichtnahme das Durchfilzen versagte, mutete man den männlich-herben Kleidungsstücken keine Kleinodien ägyptischer Größe zu. Körpervisitationen, so ein korrekter Zöllner sie denn überhaupt wagte, endeten an den Oberflächen der festverschnürten Damen, die bei der leichtesten Berührung ihr hysterisches: „No, no, Sir!" erkreischen ließen. Finger weg, Söhne der Sonne!

Damals wie heute hat spontaner Einfallsreichtum im Moment der Begegnung mit dem Zoll und seinen scharfäugigen Vertretern seine Wirkung. Erschien 1897 ein waschechter Pariser mit einer großen Holzstatuette vorm Nadelöhr des Zolls in Alexandria. Weil er keine Ausfuhrgenehmigung vorweisen konnte, erinnerte er sich der Leidenschaft der Orientalen fürs Märchenerzählen. Mit halber Stimme, in die er seine ganze Leidenschaft fließen ließ, gestand er dem Zöllner, der sofort seine Ohren der Erzählung öffnete, daß er unvorstellbar abergläubisch sei und eine unsagbare Angst vor der Überfahrt nach Marseille schon jetzt seine Knie erzittern lasse. Daran habe er gerade gedacht, als ihm ein einfacher Bauer, der in großer Not gewesen sei, diese Statuette offeriert habe. Dachte er, erzählte der Franzose, das sei ein Wink seines Schicksals, er müsse sofort dem armen Mann helfen, die Statuette kaufen und sich fürderhin nicht einen Augenblick mehr von seinem Talisman trennen. Ohne seinen Glücksbringer, dessen sei er sicher, würde sein Schiff untergehen. Der Schnurrbart des Parisers à la Louis Philippe, dem Bürgerkönig, zitterte, seine Augen waren angsterfüllt. Der Zöllner betrachtete den Mann in seiner Not. Sollte er das Schicksal herausfordern, den Kindern ihren Vater rauben? Sich mit der Schiffahrts-Linie Messageries Maritimes anlegen? Er ließ den Ängstlichen mit der großen Statuette passieren. *Agabi 'tak maßr!* Gefällt Ihnen Ägypten? Adieu!

Wie Landesgesetze Schall und Rauch waren, fruchteten auch die Hinweise in den ersten Reisehandbüchern — im Bestseller *Cook's Handbook* oder dem 1887 frisch auf den Markt gekommenen *Bae-*

deker für Unterägypten – nichts, mit denen Touristen angehalten wurden, die Zollbestimmungen des Gastlandes zu beachten.

Der Italiener Giovanni Dattari (gest. 1923), qualifizierter Mitarbeiter von *Cook & Sons*, sammelte leidenschaftlich Antiken und zeigte außerordentliches Verständnis für die einschlägigen Wünsche der ihm anvertrauten Schäflein. Nahm ein Resident der Reisegesellschaft die Prospektmahnungen nicht ernst, wie dann der Tourist?

Zudem stand die verlockende Ware in allen Auslagen! In Kairos und Alexandrias noblen Geschäften, in den schummrigen Hinterzimmern der Basarhändler, in den Wohnungen der Hehler, die ihre „Schlepper" in die Gassen und vor die Hotels schickten. In den Nobelherbergen luden heimelige Ecken zu einem stillen, noblen Handel ein. Es konnte nicht so ernst gemeint sein mit den Ausfuhrgesetzen ...

Irgendwann kamen sie alle, Offizielle und Privatramscher, ins Hotel du NILE, das im 19. Jahrhundert einer der Treffpunkte internationaler Kunstverschieber, bleicher Hehler und feister Händler war. Die Zirkel wurden aufs bunteste aufgemischt durch Erholungsuchende, die nur einen scheuen Blick ins stadtbekannte Sündenbabel warfen, durch schneidige Lords und Kolonialoffiziere, die am Nil konsequent auf Kraniche und Antiquitäten schossen. Und über allem lagen die Wohlgerüche Arabiens, die das Unrechtmäßige des Tuns auf vertrackte Weise nicht zum Bewußtsein kommen ließen. Irgendwo hier in der Gegend *muß* das Paradies gelegen haben ...

Unter schweren Draperien wurden 1867 auf dem Marsfeld der Pariser Weltausstellung erste „Totenkisten aus dem Land der Pharaonen" gezeigt. Im Mai 1873 prunkte auf der Wiener Weltausstellung eine Riesenlandkarte Ägyptens, auf der jüngste Errungenschaften wie Telegraphenverbindungen und erweiterte Eisenbahnlinien mit roten Schnüren abgesteckt waren. Herbst/Winter 1870 standen stolze 300 Bürger in den Listen nordamerikanischer Konsulate, die einen Trip an den Nil machten. Die Reiselustigen Europas wurden nirgends gezählt, aber sie zählten ein Vielfaches amerikanischer Besucher, nicht gerechnet die großen Gruppen, die, um Wissenschaftler geschart, auf ihre Weise nach Souvenirs buddelten.

1900 waren Kairos Hotelpaläste überbucht. Mr. Charles Baehler, der vornehme Chef des noch vornehmeren SHEPHEARD'S, fühlte sich in seiner Ehre getroffen, als er die ersten Reisenden in der Hotelhalle nächtigen lassen mußte, auf weichen Diwans und von Paravents umstellt. — Ausgediente Schlafwagen aus George Stephensons (1781—1848) erstem Eisenbahnzug wurden zu Logierboxen umfunktioniert. Und *Cook & Sons* hatten kein Erbarmen: Ihre Expreßboote schaufelten immer mehr anglo-amerikanische Touristen nach Oberägypten.

Mit diesem rasanten Boom wurden, man kann's verstehen, manche Antiquitäten knapp. Sethos' I. Söhne wußten sich wie immer Rat: In Kairo wurden aus Eselshäuten die ersten falschen Mumien produziert. Die Jagdpassion nach echten Souvenirs ist nicht auszurotten, drum nahm man Falsifikate glücklich mit auf die Heimreise.

Souvenirjäger haben zu allen Zeiten keine Nachwuchsprobleme. 1890 tauchte in Luxor Mr. Albert Gallantin auf. Er legte systematisch den Grundstock zu einer exquisiten Ägyptica-Sammlung. Mr. Gallantin, geboren am 8. Januar 1880, war zu dieser Zeit ganze zehn Jahre alt. Schiller: „Früh übt sich, was ein Meister werden will."

Schrecklich sind die irreparablen Spuren, die Souvenirjäger auf eigenmächtiger Pirsch hinterlassen. 1976 operierten drei deutsche Touristen in den westlichen Bergen von El-Mahamid, 85 km von Luxor entfernt. In den Grabanlagen des Mittleren und Neuen Reiches hatten sie „Passendes" nach ihrem Geschmack gefunden: Sie waren dabei, ein Stück aus dem Felsen zu sägen, als die Wüstenpolizei auftauchte und den drei Germanen blaurote Andenken ins Fell gerbte.

Im Februar 1978 nahmen Tourist-Police-Officers den Franzosen Jejit fest. Unter Wäsche versteckt, fanden die wachsamen Beamten eine Sandsteinstatuette, die Jejit in Westtheben illegal erwerben konnte. Wohl, weil er die Absicht hatte, an den Ort der Tat zurückzukehren, irgendwann, gab der Franzose den Verkäufer der Antike nicht preis. Sie wurde beschlagnahmt, Monsieur Jejit konnte nach Kairo reisen, aber er wird, wie mir Polizeimajor Auad sagte, seit dem 13. 2. 1978 in der schwarzen Liste geführt. Jejit muß auf der Hut sein.

Im Herbst 1978 beobachtete ich, wie der Dealer Rafay aus Dra Abu El-Naga für 80 ägyptische Pfund einem Belgier einen mumifizierten Menschenfuß anbot, der Handel fand im Hof des Hotels MARSAM statt. Dem Belgier war der trockene Plattfuß zu teuer, er ließ sich eine dicke reliefierte Steintafel im Format von 24 x 18 cm andrehen. Rafay verlangte und bekam 50 Pfund dafür, viel zuviel für eine plumpe Fälschung aus Gips und Schamotte nach einem Vorbild aus der Amarnazeit. Rafay hatte diese 3,5 cm dikken Fälschungen abrufbereit am Lager, ich sah ihn dieses Souvenir zweimal an den Mann bringen. Man beobachtet derartige Geschäfte mit einem ingrimmigen Vergnügen. Betrogene Betrüger!

Lächelnd wurden wir im Sommer 1978 zum verlängerten Arm der Gafire der Altertümerverwaltung, das kam so: Wir waren auf der westlichen Nilseite Thebens in Medinet Habu am Totentempel Ramses III., diesem letzten Zeugnis ägyptischer Monumentalarchitektur, bei der Filmarbeit, als wir plötzlich von einem Schwarm japanischer Touristen eingeschnürt wurden. Im allgemeinen zeichnen sich die reiselustigen Japaner unter Touristen aller Provenienz durch gute Erziehung, nicht lautstarke Gespräche und Disziplin aus. „Unsere" Japaner umgingen in Ehrfurcht den Amon geweihten Tempel, so, wie es Japanern geziemt. Sie schlenderten durch die große Säulenhalle des Tempelgevierts. Nicht weit davon entfernt lagen in verschiedenen Kammern Relieffragmente, durch Gitter gesichert. Vor der Halle lag Bauschutt herum, der für die Restauratoren offensichtlich ohne Bedeutung war. Was anderswo als Schutt unbeachtet ist, weckt allemal in den Landen am Nil die Aufmerksamkeit der Fremden. Vielleicht hat sich doch ein uraltes Souvenir unter dem Schutt versteckt? Die kleinen Damen und Herren legten ihren bis dahin zur Schau getragenen buddhistischen Gleichmut ab . . . und verwandelten sich im Nu in einen Ameisenhaufen, der aus den Steinhaufen Stückchen um Stückchen klaubte, als gelte es, preiswertes Baumaterial nach Osaka zu bringen. Schmunzelnd beobachteten wir, welche Mengen wertloser Steine und Steinchen in blauen Kunststofftaschen verschwanden. Harmlos.

Um diese Mittagsstunde pflegen Gafire sich in den Schatten zurückzuziehen, um große Mengen Tee zu schlürfen. Kein Ordnungshüter störte. Einer der Kleinen vergaß alle Schintogötter seiner Heimat und stocherte mit dem Griff seines gelben Sonnenschirms durch die Gitterstäbe, um eines der Steinfragmente heranzuangeln. Sich seiner Untat bewußt, ließ er seine Augen kreisen und sah uns, die wir durch unsere Körpergröße wie Warntürme in der Halle standen. Wir wiegten warnend, doch lächelnd unsere Köpfe. Der Schirm wurde wieder bei Fuß genommen. Geniert nahmen die Japaner den Unhold in ihre Mitte und verschwanden lautlos. Sie verzogen, wieder ganz asiatisch, keine Miene. Ob sie unter ihrem Teint erröteten, war nicht zu erkennen.

Rot vor Zorn schwoll 1977 einem Schweizer der Kamm an. Er ging einem ganz simplen Trick auf den Leim. Mein Freund, Rechtsanwalt Abouzeed aus Luxor, hat mir lachend diese herrliche Geschichte erzählt.

Für alle, die die ägyptische Szene nicht kennen, vor allem für jene, die einen Trip in den Orient im Urlaubsprogramm haben, sei angemerkt, daß der Andenkenmarkt mit Fälschungen der Güteklassen I (sehr gut) über II (gediegen) bis III (plump) gepflastert ist. Neulinge mögen sich damit trösten, daß selbst Spezialisten des internationalen Kunsthandels auf Stücke der Güteklasse I hereinfallen, allerdings nicht auf den Falsifikaten (wie der Andenkensammler) sitzenbleiben. Sie reagieren den Zorn ihres Reinfalls ab, indem sie die Stücke für vierstellige Summen in die blankgeputzten Auslagen stellen. Und freilich auch loswerden. Seit eh und je sind Ägyptens Handwerker erstklassig . . . und gewitzt.

Der Schweizer wurde das Opfer des kleinen Trickbetrügers Abdall aus Schech Abd el-Qurna, der uneinnehmbaren Zitadelle der großen Räuber.

Während der Schweizer andächtig den Terrassentempel der mutigen Königin Hatschepsut umschritt, den er schon in Cecil B. DeMilles Filmspektakel „Die zehn Gebote" bestaunt hatte, zog Abdall aus el-Qurna den Eidgenossen sowohl ins Vertrauen wie in eine stille Ecke. Die kleine Relieftafel, die er aus den Tiefen seiner Gellabejah hervorholte, war genauso falsch wie seine Behauptung, er habe sie von einem guten Freund bekommen, der sie erst vor kurzem hier, genau hier, aus der Wand gebrochen habe. Der Schweizer konnte nur einen Lidschlag lang das Objekt wahrnehmen, dann war es wieder in Abdalls Kleideruntiefen verschwunden. Aber, und das ist wirklich ein feiner Trick, Abdall zerrte den Schweizer hinter sich her, um ihm an den Wänden des Hatschepsut-Tempels kleine kahle Stellen zu zeigen. Sehen Sie! Dort saß kürzlich noch diese Tafel in der Wand!

Dem Schweizer lief ein prickelnder Schauer über den Rücken, er hatte es wohl mit einem echten Grabräuber zu tun. Was für ein seltener, glücklicher Zufall! Abdall trieb seine Verkaufsstrategie auf die Spitze. Gafire vorm Eingang, ein deutscher Professor mit einer Studentengruppe, Touristen en masse. „Psst!" flüsterte Abdall. „Me Kalabusch (Gefängnis)!"

Längst war der Eidgenosse entschlossen, das seltene Stück an Ort und Stelle und für 150 ägyptische Pfund zu kaufen. Abdall, mit den Wassern einer Nilschwemme getauft, gebadet und gewaschen, bestand darauf, den Kauf erst am Abend über einen Vermittler abzuwickeln. Abdall hatte einen besonderen Sinn für die spannende Dramaturgie seines Tricks.

Abends brachte ein Droschkenkutscher die Tafel zum Hotel SAVOY, in dem der Schweizer mit seinen Landsleuten Quartier genommen hatte. Der Rosselenker übergab das Handelsobjekt einem Etagenkellner, der es dem begehrlichen Gast sozusagen servierte. Diskret nahm der Kellner gebündeltes Bares entgegen. Das Geschäft war gelaufen.

Reiseleiter, neuerdings zu recht Animatoren genannt, sind für unterhaltsame Arrangements ihrer Gruppe verantwortlich, wie sie auch Beichtväter für „intime" Anliegen der ihnen Anvertrauten sind. Die ägyptenkundige Dame aus Bern betrachtete die Relieftafel mit flüchtigem Blick, als ihr eidgenössischer Landsmann sie um Hilfe beim Export bat. Seltsamerweise beruhigte sie den Schmuggler und arrangierte für den nächsten Tag eine Sondertour auf die westliche Nilseite nach El-Gineina. Die Hosteß war nicht zum erstenmal in der kleinen Alabasterfabrik, in der dann ihrem Landsmann der Unterkiefer herunterklappte, es ihm wie Schuppen von den Augen fiel.

Das war ein Familienbetrieb nach Art des Hauses. Angehörige aller Generationen arbeiteten auf dem großen Hof ihres Anwesens, nur die Säuglinge nuckelten an den Brüsten ihrer alabasterschmirgelnden Mütter. Drillbohrer quietschten. Burschen hämmerten auf Steine gewünschter Sorten ein. Von der Reisegruppe nahmen die Leute kaum Notiz. Vielleicht arbeiteten sie im Akkord.

Ganz von ferne kam dem Käufer eine leise Ahnung, die wenige

Minuten später zur teuren Gewißheit wurde: Im kleinen Ausstellungsraum sah er gleich mehrere, zum Verwechseln gleiche Täfelchen wie das von Abdall — mit dem erheblichen Unterschied: Hier war es für 15 Pfund am hellen Tag zu kaufen! Rhajab hieß der Bursche mit den geschickten Fingern, der die fein gestichelten Relieftafeln mit einem einzigen Werkzeug herstellte — mit einem Linolschneidemesser. Hatte Rhajab ein Stück fertig, gab er es an seinen vierjährigen Bruder weiter, der mit farblosem Bohnerwachs und einer trockenen Bürste dem Stein die unerläßliche Patina besorgte. Was hier in der Alabasterfabrik serienweise verfertigt wurde, war erlaubtes Kunstgewerbe.

Ob man den Abdall aus Der el-Bahari kenne, wollte der Schweizer wissen. Nein, den kannte man nicht, die fleißigen Heimhandwerker schmunzelten und schnitzten weiter.

Mein Rat an Neulinge auf dem ägyptischen Andenkenmarkt: Vorsicht beim Kauf „echter" Ware! Es gibt viele Werkstätten wie die in El-Gineina, und es gibt viele Abdalls, die ihr Raubgut dort, im Dutzend billiger, beziehen . . .

Der Handel mit gefälschten Antiken aus zweiter Hand blüht. Das Echte ist rar geworden. Neulinge erwischen es nicht, es ist von hartgesottenen Geschäftemachern mit Beschlag belegt.

Geblieben ist die uralte Passion der Antikensammler, die greifbare, wenn möglich kostbare Mitbringsel außer Landes tragen möchten. Wer dem Land am Nil wohlgesonnen ist, wünscht dem Heer der Fälscher und Trickbetrüger gute Geschäfte. Solange sie ihren Ramsch loswerden, bleiben die Baudenkmäler vor barbarischem Raub gefeit.

1870 verbuchte das amerikanische Konsulat 300 Reisende.

1970 waren es 4,574 Millionen Übernachtungen.

Allein im September 1978 zählte das National-Museum in Kairo an einem eizigen Tag 18 000 Besucher. Bis 1982 plant Ägypten 6500 neue Hotelbetten, will es 19 500 Übernachtungsmöglichkeiten in Villen und Zeltstädten organisieren und 30 000 möblierte Ferienwohnungen schaffen.

Nicht auszudenken, was passieren würde, wenn jeder Reisende auch nur eine Winzigkeit an Echtem mitnähme! Gesegnet seien die Fälscher! Gesegnet sei ihre Kunst, zum Verwechseln ähnliche „echte" Ware herzustellen!

Im Mai 1979 teilte mir ein süddeutscher Kunsthändler schmunzelnd seine Zukunftsvision mit:

„Wissen Sie, wenn die Ägyptenwelle so weiterrollt, gibt es für uns die Möglichkeit, den Bestand an Ägyptica wieder ins Ursprungsland zu schaffen. Wir könnten unsere Objekte dort hervorragend absetzen, denn es kommen ja ganz neue Generationen an Touristen, und jeder von ihnen ist ein neuer Kunde. Es ist keine phantastische Annahme, daß man dort, wo alle um jeden Preis kaufen wollen, Ausnahmepreise erzielen kann. Wir wären wieder mit einem Vorsprung im Geschäft."

Dem Gedanken liegt, ich gebe es zu, eine gewisse Logik zugrunde, wenn auch der Umweg der ägyptischen Antiken ins Ursprungsland etwas Phantastisches an sich hat. Die realisierte „Vision" des Kunsthändlers würde den geschundenen ägyptischen Boden nur noch schmutziger machen. Aber dort gelten rauhe Gesetze, und kein Geschäft ist zu schmutzig, als daß es nicht gemacht würde. Hier gilt das *Non plus ultra* — Nicht mehr weiter, es ist erreicht! — nicht. Ägypten bleibt im vielfachen Sinne des Wortes das Land der Entdeckungen.

„Abu Arra'wus" — der Vater der Schädel:

Die erste Reise des Sir Budge nach Ägypten

Sir Francis Wallace Grenfell war Kommandierender General der in Ägypten stationierten britischen Truppen. Sir Francis legte gern den mit hohen Orden geschmückten Uniformrock ab, um seinem Hobby — jeder Brite hat mindestens eins! — nachzugehen: Seit dem Frühjahr 1886 buddelte er am Hang des Gräberberges von Assuan. In den im Alten und Mittleren Reich angelegten Ruhestätten von Gaufürsten und Prominenten der alten Festungsstadt Elephantine hatte er feine Funde gemacht. Wie ein Goldgräber hatte Sir Francis das Felsenkap der westlichen Wüstenberge hoch über dem Nil mit Beschlag belegt. In ergreifender britischer Selbstverständlichkeit ließ er sein Terrain abstecken: „*He claimed a share!*"

Sir Francis, passionierter Gräber, erkannte, daß er an einem Punkt der Ausbeutung angelangt war, der nunmehr archäologisches *Knowhow* eines Fachmannes brauchte. Er reiste auf die Insel, um in London einen solchen Mann ausfindig zu machen.

Mit richtiger Witterung stieß er auf den stellvertretenden Kustos, den wissenschaftlichen Sachbearbeiter für assyrische und ägyptische Altertümer des Britischen Museums. Der Mann erfreute sich seiner Vornamen und ahnte nicht, daß er je geadelt werden würde. Er hieß: Ernest Alfred Thompson Wallis *Budge*. Sir Francis scheute als rechter General Umwege, ging also auf den Hauptbibliothekar Edward A. Bond zu und versprach, alle Reichtümer aus dem von ihm beschlagnahmten Terrain bei Assuan dem Britischen Museum zu übereignen, sofern der Museumsvorstand ihm Mr. Wallis Budge zur Weiterarbeit attachieren würde. Die für die Mehrung der Exponate Verantwortlichen erkannten die außerordentliche Chance und verständigten das Außenministerium, damit von dort aus dem britischen Generalkonsul in Ägypten, Sir Evelyn Baring, Weisung zur Unterstützung des emsigen Generals gegeben würde.

Sir Evelyn Baring hatte Bedenken. Nur zu oft war er gezwungen gewesen, Mißhelligkeiten zu bereinigen, die durch oft rücksichtsloses Verhalten seiner Landsleute, Archäologen und Aufkäufer, die guten Beziehungen zur Regierung in Kairo getrübt hatten. So war er auch hier zunächst mißtrauisch.

General Grenfell ging zum Angriff über. Ob er denn nicht wisse, fragte er den Generalkonsul, daß die Vertreter deutscher, russischer und französischer Museen eifrig dabei seien, Ägyptens Kostbarkeiten für ihre heimischen Museen zu erwerben. Es sei ein reiner Glücksfall und schier die letzte Chance, mit Hilfe britischer Soldaten in Assuan zu graben und das Empire um die gehobenen Schätze zu bereichern.

Noch ehe der Generalkonsul neuerliche Bedenken aus Kairo depeschieren konnte, war die Sache zugunsten des Generals entschieden. Das Anliegen ging über den Schreibtisch von Außenminister Robert A.T. Salisbury (1830—1903), und das war genau der richtige Mann: Er betrieb urbritische imperialistische Außenpolitik, hatte bereits für die Unterwerfung des ägyptischen Sudan gesorgt und mischte beim Burenaufstand mit. *British first!* Salisbury wies die Staatskasse zur Zahlung von 150 Pfund für die „Exkursion Assuan“ an, dagegen konnte auch der Generalkonsul nicht opponieren. Das Britische Museum stellte seinen Mr. Budge für vier Monate von seinen Amtspflichten frei. Er konnte auf seine erste Ägyptenreise gehen.

Noch ehe der Dampfer PEKIN in Port Said anlegte, erreichte Budge ein Telegramm des Vizekanzlers der Universität Cambridge.

Dort hatte man 100 Pfund gesammelt für Ankäufe, die Budge fürs Fitzwilliam-Museum tätigen sollte. Als die PEKIN in den Hafen einlief, hatte er 250 Pfund in der Tasche und einige gewitzte Informationen.

Mit an Bord war Pastor W.J. Loftie, ein leidenschaftlicher Freizeitarchäologe, der schon einige Male die Ägypter durch seine urkorrekte britische Kleidung in bestem Tweed und sein Gehabe eines zuckerrohrkauenden Fellachen erheitert hatte. Loftie weihte Budge in die Geheimnisse des Antikenhandels ein, den er als eifriger Skarabäensammler durchschaut hatte. Loftie verkaufte an die 200 Käferamulette ans Britische Museum. In dem Neuling Budge regte sich eine Naturbegabung: Er hörte aufmerksam zu und war willens, diese Kenntnisse anzuwenden.

Am 30. November in Kairo angekommen, nahm Budge im Hause des Generals Grenfell Quartier, der den Beginn der „Aktion Assuan" auf den 4. Dezember angesetzt hatte. Zu Portwein und erstklassigen Havannazigarren waren hohe Militärs versammelt, um der britischen Wissenschaft ihre Reverenz zu erweisen. Der listig lächelnde Zivilist beobachtete und hörte zu. Als Budge dem Generalkonsul Baring seine Aufwartung machte, umwehte ihn ein kühleres Windchen. Der Diplomat schärfte seinem greenhornigen Landsmann ein, daß England als Besatzungsmacht nicht das Recht habe, ohne Genehmigung des Khediven die ägyptische Kulturlandschaft auszubeuten, jeder Verstoß könne zu beträchtlichen politischen Komplikationen führen, die zu unterbinden er entschlossen sei. Budge hörte sich die Belehrungen unbeeindruckt an und meinte, wenn es keinen offiziellen Weg zum Ziel gebe, müsse man eben inoffizielle Umwege suchen. „Höflich, aber im Inneren eiskalt, bat mich Sir Baring, den Raum zu verlassen", notierte Budge über die kurze Unterredung.

Daß die Warnungen ihn wirklich nicht berührt hatten, bewies Budge am gleichen Abend. Begleitet von Pfarrer Loftie, suchte er das Hotel DU NILE auf, den internationalen Treffpunkt der Aufkäufer, Händler und Hehler. Keinen Tag seiner vier Monate wollte Budge ungenutzt verstreichen lassen. Hier konnte und wollte er erste Kontakte knüpfen. Er fand eine Runde namhafter Männer wie Henry Wallis, Walter Myers und Greville John Chester vor, die den Neuling in ihren fröhlichen Umtrunk einbezogen. „Am Ende dieses langen Abends wußte ich, daß ich über die Politik des Antiquitätenankaufs eine ganze Menge gelernt hatte! Die generösen Informationen dieser ‚Company' waren mir auch später noch von großem Nutzen." *Business as usual.*

Wie man's macht, demonstrierte Greville Chester seinem Landsmann auf einer Einkaufstour durch Fustat, das alte Kairo. Dort kannte Chester mehr als ein Dutzend Häuser, in denen sich Fundstücke zuhauf türmten, Bronzestatuen alter Götter, Uschebtis, Amulette. Entzückt nahm Budge Grabstelen wahr, die als

Schwellen in die Haustüren eingefügt waren — Glücksbringer für alle, die ins Haus eintraten. Mr. Budge orderte später solche kostbaren Stelen an den Fundstellen für gutes Geld . . . und schickte sie auf die Insel.

Der Generalstabsplan von Sir Francis wurde eingehalten. Eine ausgesuchte Militärmannschaft besteigt in Kairo den Zug nach Assiut, der schönen Provinzhauptstadt mit ihren schlanken Minaretts und Palmenalleen. Dort erwartet die Gräber eine besondere Attraktion: Sie gehen an Bord des neuen Radschauflers PRINZ ABBAS der Thomas Cook & Sons, und da Cook jr. mit von der Partie ist, wird die Jungfernfahrt auf Wunsch von Grenfell und Budge in Akhmim unterbrochen. Beim Landgang von ein paar Stunden verhandelt Budge am Platz des alten Panopolis mit einheimischen Händlern über junge Fundstücke griechisch-römischer und koptischer Antiken. Er nimmt eine neue Erfahrung mit aufs Schiff: „Die Händler empfingen mich äußerst freundlich, und sie versicherten mir, für England wären sie bereit, auf eine sofortige Zahlung zu verzichten. Dieses Angebot erstaunte mich sehr.“ Wen nicht?

Luxor wurde am Abend erreicht. General Grenfells Sekretär, Milhem Sakur, machte Budge mit den Honorablen bekannt, darunter mit Reverend Chauncey Murch, dem ausgefuchsten amerikanischen Missionar, der sich in der Bibel kaum besser auskennen konnte als in den Geschäftspraktiken und Tricks und Lagern der Antikenhändler. Reverend Murch öffnete Budge die verborgenen Türen zu den Magazinen der Luxorer Händler: „Die Häuser der Händler waren gefüllt mit Antiken aller Epochen. Ihre Magazine enthielten die besten Särge aus den letzten Funden von Akhmim und eine Menge hervorragender Objekte aus Kus.“ (Ich vermute, daß die Händler damals schon über Warenmangel geklagt haben!) Budge war innerhalb nur einer Woche zu unschätzbaren Informationen gekommen.

Vom General angesetzt, begann Budge am 11. Dezember 1886 die „Aktion Assuan“. Der Musterzivilist war von lauter Militärs begleitet. Ehe die Crew selbst an die Arbeit ging, hatte sie eine Enttäuschung zu verdauen: Die überwiegende Zahl der von Grenfell gemachten Funde hatte sich in Luft aufgelöst, war nicht mehr aufzutreiben. Lakonisch teilte der Vertreter des Bulak-Museums, Kairo, mit, die Fundstücke seien an den Direktor der

Ägyptischen Altertümerverwaltung, Gaston Maspero, gesandt worden. Aus Budges Aufzeichnungen: „Der ganze Ärger war ... ich fand keine Antiquitäten, die für das Britische Museum übernommen werden sollten."

Später erfuhr Budge in einem Gespräch mit Maspero, daß er nie ein einziges Stück bekommen hatte. Maspero lächelte: „Ich habe nur gehört, daß interessante Objekte aus Assuan, von wem, weiß ich nicht, an britische Persönlichkeiten vergeben wurden. Als Bakschisch, mein Lieber!"

Mehrere Jahre später fand Budge im Besitz des ehemaligen britischen Generalkonsuls Sir Edward Malet eine Statue des Heq-ab, dessen Grab in Assuan er bei seiner Ankunft ausgeplündert vorfand. Waren auch die ältesten Felsengräber total ausgeräumt, waren die Gräber der 12. Dynastie unberührt. Sie wurden zu Budges Arbeitsstätte.

Drei Tage schufteten die Arbeitstrupps der 11. Kompanie Royal Engineers, um mehrere hundert Tonnen Sand und Abraum wegzuschaffen, die Zugänge zu den Grabanlagen freizulegen. In rechteckigen Felsenkammern wurden Sarkophage der 26. Dynastie (664—525 v. Chr.) und lange Mumienreihen aus der griechisch-römischen Periode gefunden, die so zerfallen waren, daß sie nicht geborgen werden konnten.

In einer siebenwöchigen Grabungsaktion wurden mehr als zwei Dutzend Gräber geöffnet. Die Ausbeute war, außer daß man Erfahrungen machte, kümmerlich. Alles, was Budge nach England schaffen konnte, waren Fragmente der Statue der Sa-Renput aus der 12. Dynastie.

„But one swallow does not make a summer", notierte Budge. Eine Schwalbe macht noch keinen Sommer ... Budge war der angelsächsische Humor, das liebenswürdige Understatement, durch den mageren Ertrag des ersten Unternehmens nicht vergangen. Er beschloß, an anderer Stelle zu graben, um fündig zu werden.

Auf dem Arbeitstisch im Zelt lag ein Telegramm. Absender: Professor Alexander Macalister von der Universität Cambridge. Budge wußte, daß der Human-Anthropologe an einer Abstammungslehre des alten ägyptischen Volkes arbeitete. Darum überraschte ihn der Wunsch nicht, einige Schädel zu Studienzwecken zu übersenden. Um *einige* Schädel bat Macalister.

Von Cambridge unterstützt, war es für Budge eine Selbstverständlichkeit, den Wunsch sofort zu erfüllen. Er ließ auf der Insel Elephantine ein Grab öffnen, von dem bekannt war, daß darin Priester beigesetzt worden waren, die in den Tempelbauten der „Stadt inmitten der Fluten" ihren Göttern gedient hatten. Achthundert — etwas mehr als „einige" — Schädel wurden zuhauf getürmt. Teilweise hatten sich die schlecht bandagierten Mumien schon von den Köpfen gelöst. Die Schädel wurden ins Camp der Engländer auf der East-Bank gebracht. Es gab zuwenig Holz, um sofort Versandkisten in der nötigen Menge zimmern zu können. Budge ließ die Schädel in seiner Unterkunft zu einer Pyramide auftürmen. — Nach einer Woche wurde bemerkt, daß einige Schädel abhanden gekommen waren. Weil das Camp unzureichend gesichert war, tippte man auf einheimische Diebe. „Einheimische" waren es schon, doch keine Fellachen, sondern streunende Schakale:

„Es war eigenartig. Solange wir die Knochen unverpackt im Camp lagerten, hatten wir Schakale in der Nähe. Sie lauerten unten am Flußufer. Ich habe selbst zwei- oder dreimal beobachten können, wie sie hechelnd, verbissen in einen Streifen der Bandage, mit dem Schädel über die Hügel hetzten. Eines Nachts wachte ich durch ein lautes Gepolter auf. Schakale jagten aus meiner Hütte, jeder einen Schädel im Maul."

Der Versand der makabren Fracht wurde für Budge zu einem Schlüsselerlebnis.

Ein Gesetz verbot die Ausfuhr von Mumien und menschlichen „Überresten". Die Kisten mit Menschenschädeln mußten also durchs Nadelöhr des Zolls zu Alexandria. Beamte verlangten, einige Kisten zu öffnen: Lauter Schädel starrten die Zöllner an. Budge erläuterte den Zweck der Sendung. Der Ägypter wog bedächtig seinen Kopf hin und her. Auf der Zollerklärung stand: Mumienköpfe. Die durften nicht ausgeführt werden. Wortlos schob der Zöllner ein neues Formular über den Tisch und schlug vor, die Fracht als Knochendünger zu deklarieren. „Dieses tat ich unverzüglich", schrieb Budge in sein Tagebuch, zahlte einen Cent je Kopf, und die Kisten traten problemlos ihre Reise nach Cambridge an. Budge resümierte: „Beim Umgang mit den Zollbeamten habe ich gelernt, daß es im Leben immer auf die richtige Bezeichnung ankommt!"

Bei den Fellachen hatte Budge seinen Spitznamen weg, sie nannten ihn fortan „Abu Arra'wus", „Vater der Schädel".

Budge waren die Götter auf eine merkwürdige Art wohlgesinnt. Was anderen zum Nachteil geraten wäre, brachte ihm Vorteil. Eines frühen Morgens erschienen mehrere Ägypter im Camp und stellten Mr. Budge neugierige Fragen. Der clevere Brite hatte schnell heraus, daß einer der Fragesteller vom Bulak-Museum in Kairo kam und angesetzt war, ihm auf die Finger zu sehen. Seine einträglichen Kontakte mit Einheimischen waren der Altertümerverwaltung nicht verborgen geblieben. Der Museumsagent verbreitete in Oberägypten die offiziöse Drohung, man solle sich von dem skrupellosen Geschäftemacher aus England fernhalten und dem Mann, der zwar beträchtliche Gelder zahlen könne, sonst aber fragwürdig sei, keinerlei Antiken anbieten.

Fellachen mit ihren Fliegenaugen und dem Gehör einer Grasmücke bekamen Wind von diesem Besuch, erzählten Dealern und Gräbern davon . . . und Budges Geschäft begann zu blühen. Kleine und große Händler kreuzten bei ihm auf, sie machten lieber ein gutes Geschäft mit einem skrupellosen Reichen als ein schlechtes mit einer ehrlichen, aber armen Haut. Zu nächtlicher Stunde boten sie ihre Ware auf ihren Booten am Nilufer feil oder schlichen sich ins Camp der Briten.

In einem Punkt war Budge brutal ehrlich: Er versicherte den Zubringern, daß er so gut wie kein Geld in der Tasche habe, aber die Schwarzhändler zwangen ihm ihre Fundstücke förmlich auf. Damals profitierten auch britische Museen noch vom tadellosen Ruf der Bank von England und waren den Dealern für jeden Kredit gut. Budge begriff die „Gnade der Stunde" und kaufte.

Unter vielen Käufen befand sich auch eine sehr wichtige Steintafel mit dem in griechischer Schrift verfaßten Dekret des Ptolemaios X. (116–80 v. Chr.). Zum Lachen oder zum Weinen: Dieser Stein diente jahrelang als Fußabstreifer vor der Hütte eines Fellachen. Budge tat ein gutes Werk, als er ihn erwarb.

„Eine Glückssträhne ist länger als die Elle eines Tuchhändlers", behauptet ein arabisches Sprichwort. Mag sein fröhlicher Optimismus Grenzen haben, für Budge galt er unbeschränkt.

Über Assuan prasselte tropischer Regen nieder, Stadtteile wurden von gelbbraunen Sturzbächen überschwemmt, der alte arabische Friedhof nahe den antiken Granitsteinbrüchen mit seinen frühen mohammedanischen Grabanlagen aus der Zeit um 600 n. Chr. durch Wassermassen unterspült und zerstört.

Budge, der unter den Stadtnotabeln den Ruf des Kenners genoß, wurde gebeten, das Desaster zu begutachten. Budge stand einer Katastrophenlandschaft gegenüber: Gräber, die von „Kubbas", von weißgetünchten Lehmkuppeln, überhöht wurden, hatten durch die Fluten Teile des Mauerwerks verloren, aus Sandstein geschlagene Grabtafeln mit kufischer Schrift* waren aus der Verankerung gerissen.

Das Abgründige in Mr. Budge feierte spontan fröhliche Urständ: Den Arabern ging es darum, zu verhindern, daß die Grabsteine gestohlen und als Baumaterial verkauft würden — Budge schaltete fix und versicherte den Stadtoberen, daß er einen absolut sicheren Aufbewahrungsort für die Grabsteine wisse, der allerdings außerhalb Ägyptens läge, doch die Gewißheit böte, daß die antiken Kostbarkeiten dort in alle Ewigkeit geehrt würden. In die zerknitterten und besorgten Arabergesichter geriet eine erlösende Heiterkeit, sie dankten dem uneigennützigen Fremden und stimmten der Verbringung zu.

Noch in der Nacht des gleichen Tages ritt Budge mit einem englischen Offizier in strömendem Regen zum arabischen Friedhof, um schon einen Teil der Grabsteine einzusammeln und auf den mitgeführten Kamelen zu vertäuen. Budge wußte um die Wankelmütigkeit der von Allah eingegebenen Entschlüsse, drum fuhr er in die Scheuern ein, was vor Tagesanbruch einzubringen war.

Was so geölt zu laufen schien, wurde vom Agenten des Kairoer Museums gebremst: Er verlangte die Rückgabe der Grabsteine. Budge war die falsche Andresse für ein solches Ansinnen. Hartnäckig verteidigte er die ihm gemachte Schenkung. Der Agent — o Witz! — bot dem Engländer eine gute, runde Summe für den Rückerwerb der Steine. Geld hatte Budge selbst, er wollte „seine" Steine!

Die Entwicklung der Geschichte bestätigt Bernard Shaws Psychogramm der Engländer:

Kufische Schrift, nach der Stadt Kufa, ist die Monumentalform der arabischen Schrift, wie sie in Steinschriften verwendet wurde.

„Die Welt ist so voll von Dummköpfen wie ein Baum von Blättern. Der Engländer macht es nun wie die Raupe. Instinktiv gibt er sich das Ansehen eines Dummkopfes und frißt alle wirklichen Dummköpfe nach Gefallen auf."

Budge verschlang die Dummköpfe!

Der Museumsagent hetzte die Bevölkerung gegen Budge auf, marschierte zum Ma'amur, dem örtlichen Gouverneur, und beschwerte sich über die unmöglichen Anmaßungen des Ausländers. Budges Glückssträhne war viel, viel länger als die Elle des Tuchhändlers!

Am nächsten Tag erschien der Gouverneur im Camp, versicherte Mr. Budge seines Wohlwollens und pries das Glück, die Grabsteine in der Obhut des Briten zu wissen, da er sie in Assuan nicht schützen könne. Ganz nebenbei erwähnte er sechs Grabsteine, die in der Nähe seines Hauses lägen und die er gern für einen angemessenen Preis in die Aufbewahrung des Engländers geben würde. Budge begriff und griff zu. Er trennte sich in bestem Einvernehmen vom Ma'amur.

Derweil sann der Museumsagent auf Rache. Bei der Altertümerverwaltung in Kairo bestand er darauf, Befehl zu geben, demzufolge alle Kufi-Steine unverzüglich eingesammelt und nach Kairo transportiert würden. Ehe aus Kairo Order kam, versammelte der Agent Assuaner um sich und ließ sie alle wertvollen Steine einsammeln. Die Fellachen kannten keinen Pardon. Sie plünderten auch Grabanlagen erst jüngst Verstorbener und schleppten, unter Tränen und Jammerrufen, frisch aufgestellte Grabmale auf einen kleinen Dampfer der Altertümerverwaltung am Nil. Übervoll beladen setzte sich das Schifflein Richtung Kairo in Bewegung, lief aber nilabwärts bei Kom Ombo auf eine Sandbank. Den ganzen Sommer lang saß der Raddampfer auf der Sandbank fest — zum Vergnügen von Mr. Budge, der sich aus geziemender Entfernung ansah, wie sich die verzweifelte Schiffsmannschaft die Zeit mit dem Anpflanzen von Wassermelonen vertrieb. Die Fellachen nahmen die Havarie als Rache der Götter für den Frevel an jungen Gräbern. Wieder hatte Budge Glück:

Nicht er war der Auftraggeber zur Massenplünderung gewesen.

Bis Februar 1887 ging die „Aktion Assuan" weiter. Budge besuchte in Wadi Halfa am zweiten Nilkatarakt den Landsmann Captain Handcock, der mit einer kleinen Pioniereinheit auf der

Insel Philae, der „Perle Ägyptens", gründlich aufräumte. Budge konnte seine Sammlung um schöne Objekte bereichern.

Die Aktion wurde mit einer Bestandsaufnahme abgeschlossen: Nicht unbedeutende Mengen an Kleinstobjekten der Förderung am Gräberberg waren abhanden gekommen. Die Fahndung hatte kein Ergebnis. Ein ägyptischer Zuträger informierte Budge, daß ein unbekannter Europäer die Bewohner von Assuan angehalten hatte, den Engländern Antiken zu entwenden. Wer dieser Unbekannte war, konnte nie ermittelt werden, nur stellte sich zweifelsfrei heraus, daß er nicht „im Auftrag" handelte — eines Sammlers oder eines Museums, denn die Fellachen verkauften das Diebesgut an durchreisende Touristen.

Es geschahen recht seltsame Dinge. So wurde vom Boot auch eine schwergewichtige Steintafel mit beiderseitigen griechischen Inschriften entwendet. Budge hatte das Glück gepachtet! Nur Wochen später wurde die Tafel auf einem Ruinenfeld bei Kom Ombo, 50 km nilabwärts von Assuan, wiedergefunden.

Während General Montmorency mit seinen Pionieren Budges Beute, in Kisten vernagelt, auf ein Militärschiff bringen und nach Alexandria schaffen ließ, bekam Budge kurz vorm Aufbruch Nachrichten aus Luxor, daß dort außergewöhnliche Antiken aus thebanischen Gräbern gesichtet wurden. Solche Botschaften brachten Budge stets in Bewegung, doch er zeigte sich — er hatte die Psyche der Geschäftspartner bis auf den Grund durchschaut — nicht zu eilig. Eile hätte nur die Preise hochgetrieben. Also nahm er an der Reiseroute die Orte Kom Ombo, Esna, Edfu und Armant „mit", um einige Stücke zu kaufen, die die Händler nach Luxor schickten.

Budge war pleite. Was er in Luxor aus der thebanischen Nekropole zu sehen bekam, ließ ihm die Augen übergehen: „Die Preise dafür waren im Vergleich zu ihrem Handelswert in England äußerst günstig. Die Antiquitäten waren vorzüglich, doch da war kein Geld mehr!"

Im britischen Konsularagenten in Luxor, Mustafa Agha Ayat, begegnete Budge neuerlich ein Glücksbote. Nicht nur, daß der alte Agha „zufällig" selbst eine Reihe feiner Kunstschätze besaß, nicht nur, daß er Budge mit Geld unter die Arme griff, erwies sich dieser Mann als ein England-Fan: „Dieser Mann wünschte, daß unser Britisches Museum zum größten der Welt würde!"

Agha Ayat sandte Boten auf die westliche Nilseite, rief Diebe und Hehler in sein Haus, machte den *englishman* mit den feinsten Mitgliedern der Räuber-GmbH bekannt. Einen Tag später nahm Budge in Qurna im Hause der Abd er-Rassul-Sippe nicht nur Tee ein.

Mit sich und seiner „Unternehmung Assuan" rundherum zufrieden, ging Budge an Bord des Postbootes nach Kairo. Unter den Kesseln loderte bereits das Feuer, als sich ein Händler gestikulierend dem Schiffchen näherte. Wenige Tage zuvor hatten Fellachen aus Kus ein reich ausgestattetes römisches Grab entdeckt und ausgeplündert. Der Händler ruderte heran, um die Beute Mr. Budge anzudienen.

Schon ratterte die Ankerkette des Dampfschiffes, schon wurde die Gangway hochgezogen. Zu einem landesüblichen Geschäftsabschluß war keine Zeit mehr. Der Händler überschaute die desolate Situation des Herrn Budge und reichte die kostbaren Funde ohne zu zögern über die Reling: „Sende mir das Geld aus England, wenn du die Ware wünschst!" Budge blieb das Glück bis zur letzten Minute auf den Fersen.

Britisches Militär verfrachtete in Kairo Kistenberge auf ein Schiff, das durch den Mahmudiyah-Kanal nach Alexandria fuhr. Die Altertümerverwaltung protestierte. Generalkonsul Sir Evelyn Baring versuchte, den Export zu verhindern. Doch: Es war eine „rein militärische Mission", niemand konnte ihr etwas anhaben.

„Wir standen am Quai und sahen meine 24 Kisten den Hafen verlassen – unter der Obhut eines freundschaftlichen Offiziers aus Assuan", notierte Ernest Alfred Thompson Wallis Budge, als Anfang März 1887 der Handelsdampfer von der Mole in Alexandria ablegte. Der glückliche Gräber und Käufer selbst traf Ende des Monats in London ein. Am 2. April las er in einem Brief des Britischen Museums: „. . . vermitteln wir Ihnen unsere aufrichtige Anerkennung für ihre Intelligenz und Energie, mit der Sie die Ihnen übertragene Mission erfüllt haben!"

Die zweite Reise des Sir Budge nach Ägypten

> Alles, was in die Obhut eines britischen Museums gelangen kann, hat eine bessere Chance zum Erhalt als irgendein Kleinod, welches in einem ägyptischen Grab verbliebe, und sei es auch ein „königliches".
> *Sir Wallis Budge*

Im Sommer 1887 erteilte die türkische Regierung den britischen Archäologen, die seit 1850 in Mesopotamien gruben, eine neue Lizenz. Sie hatten bei Kujundschik und anderen Orten im Raume Ninive, der Hauptstadt des Assyrerreiches am linken Ufer des Tigris, Ruinen von Königspalästen, Tausende beschrifteter Tontäfelchen gefunden, Keilschrifttäfelchen, auf denen das Gilgamesch-Epos aufgeschrieben stand.

Mit dem Beginn neuer Grabungen hielt man Ausschau nach einem besonders fähigen Mann des Britischen Museums. Die Aufmerksamkeit galt Mr. Wallis Budge, der mit so großem Erfolg von seiner ägyptischen Einkaufstournee zurückgekehrt war.

Budge, der Blut geleckt hatte, bereitete sich in Abendkursen auf eine neuerliche Reise ins Land seiner Träume und Erfolge vor, lernte Arabisch und studierte die in der Literatur aufgezeichneten Besonderheiten seiner Reiseziele. Mit dem ehrenvollen Auftrag der Tätigkeit in Mesopotamien erreichte ihn eine vertrauliche Information aus Luxor: In West-Theben wurden Funde gemacht, die zu den besten zählen sollten, die in den letzten Jahren in Oberägypten zutage gefördert wurden. Am Rande wurde in der geheimen Botschaft erwähnt, daß eine Bäuerin in der Gegend von Tell el-Amarna zahllose Tontafeln gefunden habe, doch ob diese Tafeln von besonderem Wert seien, das wisse man nicht. Dies aber solle als abgemacht gelten: Falls Mr. Budge überhaupt Interesse an der Information habe, müsse er sofort nach Ägypten kommen.

Budge unterrichtete seine hohen Vorgesetzten im Britischen Museum, und die schalteten blitzschnell: Budge solle sofort nach

Luxor reisen, um dann von Alexandria aus seine Reise nach Bagdad fortzusetzen. Dem erst jüngst so Erfolgreichen standen Mittel aus einem Reptilienfonds, einem Geheimfonds, unbürokratisch zur Verfügung.

Am 16. Dezember traf Budge mit dem langsam fahrenden Passagier-Liner NIEMEN in Alexandria ein, an der Mole von seinem Schutzengel General Montmorency herzlich empfangen. Durch die verspätete Ankunft der NIEMEN verpaßte er den wöchentlichen Raddampfer nach Oberägypten, fast willkommener Anlaß, in Alexandria und Kairo Station zu machen, um mit dem Zug nach Assiut und dann mit dem Schiff nach Luxor weiterzureisen.

Wie es sich für einen königlich-britischen Beamten gehörte, suchte Mr. Budge gleich den Konsul Charles Cookson auf, der aus Kairo schon vorgewarnt worden war: Da komme ein Landsmann, der durch verwegene und nicht immer legitime Methoden Antiquitäten zu erwerben trachte. Budge hörte also von Cookson dasselbe, was Sir Baring ihm schon in Kairo bedeutet hatte, er solle nicht in Konflikt mit den Gesetzen geraten: „Reisen Sie, wohin Sie wollen. Genießen Sie das gesunde Klima, aber versuchen Sie nicht, die Denkmäler aus dem Lande zu schaffen, die der neuen Generation Ägyptens von einer glorreichen Vergangenheit Zeugnis geben!“ Als ob schon je ein Jäger in den Nekropolen vor solchen Warnungen zurückgeschreckt wäre! Damals nicht und heute nicht. Budge, nicht gewillt, sich von seinem Ziel abbringen zu lassen, berichtet:

„Als ich die väterlichen Ratschläge des Konsuls dem General erzählte, sagte er zu mir: ‚Machen Sie Ihren Job, für den Ihre Auftraggeber Sie ausgesandt haben! Wenn ich Ihnen helfen kann, dann kommen Sie zu mir!‘ — Montmorency war ein starker Turm!“

Wer wagt es, daran zu zweifeln?

„Niemals wird man einem Engländer beweisen können, daß er im Unrecht sei. Denn er tut alles aus Grundsätzen“, so G. B. Shaw, der seinen Landsmann Budge schier gekannt haben muß! Budge hatte einen Auftrag, und Aufträge sind unter jeder Bedingung zu erfüllen. „Der Engländer fühlt sich schon moralisch, wenn er sich nur ungemütlich fühlt.“ So Shaw. Aber: Budge fühlte sich nicht einmal ungemütlich. Während seines ersten großen Raubzuges hatte er erfahren, daß französische Kollegen nie zimperlich waren, wenn sie den Louvre mit neuer Ware bestückten. Vor allem aber beobachtete Budge, daß die Ägypter selbst mit Fleiß, Cleverness und Geldgier dabei waren, ihre Denkmäler in Trümmer zu zerlegen, um sie portionsweise an Käufer zu bringen. Budge hatte sein Motto: Rette, was zu retten ist! Derart war er frei von moralischen Anfechtungen.

Mit Montmorency ging er ins ROYAL in Kairo. Wie in einem Bienenhaus summte es von hinter der vorgehaltenen Hand zugeraunten Informationen, die sich Händler und Dealer zuflüsterten. Nicht nur Budge hatte Nachrichten über die neuen Funde bekommen, „ganz Europa" hatte sich in Bewegung gesetzt. Alle wollten bei der Verteilung des Beutefelles dabei sein und sich ein glänzendes Stück abschneiden. Gerüchte von einem Tontafelfund in Tell el-Amarna gingen um. Sie sollten sich bestätigen mit dem Fund der sogenannten Amarna-Briefe, die die Korrespondenz der Pharaonen Amenophis III., Echnaton und Tut-ench-Amun mit den Herrschern von Babylon, Assur, Mitanni und dem Hethiter Schuppiluliuma I. und zahlreichen westasiatischen Kleinkönigen und ägyptischen Statthaltern enthielten. Am 19. Dezember 1887 waren das nur Gerüchte. Andere wisperten sich zu, daß in Westtheben ein komplettes Königsgrab entdeckt wurde. Die Töpfe der Gerüchteküche kochten über.

Beunruhigt waren die Männer im ROYAL über den harten Besen, mit dem der neue Chef der Altertümerverwaltung, der französische Ägyptologe Eugène Grébaut (1846—1915), zu kehren begonnen hatte. Monsieur Grébaut war tollkühn entschlossen, die Altertümerverwaltung aus ihrem Tiefschlaf zu wecken. Er sammelte Informationen und ging ihnen in rigorosen Fahndungen nach, jedoch — und das war im Kreis der Männer im ROYAL schon wieder eine Beruhigung — ohne jegliches diplomatisches Geschick. Mit seinen rabaukigen Aktionen hatte er sich im Handumdrehen die Elite der Händler und Diebe zu Feinden gemacht, die nun auf der Lauer lagen, dem Störenfried eins auszuwischen.

Budge nahm alle Mitteilungen mit seinem *pokerface* zur Kenntnis, klopfte sein Innenleben ab und war mit sich im klaren, daß sein Auftauchen fraglos den Herrn Grébaut auf seine Fährte locken würde. Folge dieser Bestandsaufnahme war die Erkenntnis, daß er schnell handeln mußte, damit die Meute der Späher ihn aus dem Blick verlor.

Budge war beim Kofferpacken, als der neue Besen, Direktor Grébaut, höchstpersönlich im ROYAL aufkreuzte. In ganz unfeiner Weise, gar nicht *gentlemanlike*, drohte er Budge eine Gefängnisstrafe an, sofern er bei krummen Geschäften mit einheimischen Händlern ertappt würde. „Wir hatten eine aufschlußreiche Verhandlung", notierte Budge in seinem Logbuch, und der Satz verrät seine stoische Gelassenheit.

Monsieur Grébaut hatte gerade das ROYAL verlassen, als Budge seine Koffer ergriff, zum Bahnhof eilte, um den nächsten Zug nach Assiut zu erwischen. Man hängt keinen Engländer, man hätte ihn denn.

Grébaut allerdings zeigte seinen langen Arm. Kaum ratterte der Zug aus der Bahnhofshalle, als zwei Herren Budges Abteil aufsuchten. Es waren ein Franzose und ein Malteser, die zum Orden der Gräber und Händler gehörten. Sie berichteten Budge, daß Zivilbeamte der Polizei im Zug säßen, um den verehrten Freund zu observieren.

Es war was dran. In Deir Mawas, 80 km vor Assiut, verabschiedete sich der Franzose, weil er bei Tell el-Amarna nach Tontafeln forschen wollte. Budge und der Malteser beobachteten, wie zwei Zivilisten von den Trittbrettern des fahrenden Zuges absprangen, um dem Fremden zu folgen. Vorsicht!

Observanten scheinen zu allen Zeiten auch vom naivsten Zeitgenossen erkannt worden zu sein. Sie benehmen sich so signifikant unauffällig. Als Budge und der Malteser in Assiut den Dampfer nach Luxor bestiegen, beobachteten sie mit einem Augenzwinkern die beiden unauffälligen Herren, die auch auf dem Radschaufler Platz nahmen.

Budges vortreffliche Nerven gestatteten ihm, an den Halteplätzen des Schiffes links und rechts vom Nil an Land zu gehen, um blitzschnell Fundorte und Händlermagazine in Augenschein zu nehmen. Wie Schatten folgten ihm die Spürhunde Grébauts. Aber sie störten ihn nicht.

In Akhmim wurde Frachtgut aufgeladen, Zeit genug, einen Franzosen aufzusuchen, der neben einer Baumwollölmühle auch einen schwunghaften Handel mit antiken Kleinigkeiten betrieb. Gaston Maspero, der Vorgänger Grébauts in der Altertümerverwaltung, hatte aus dem verschwiegenen Depot eine umfangreiche Sammlung Papyri für den Louvre erworben, dabei aber seinen Landsmann so haarig übers Ohr gehauen, daß dieser in Zukunft aus purer Rache Geschäfte mit Engländern vorzog.

Der witzig-gewitzte Hausherr verschaffte seiner Verhandlung mit Budge die nötige Ruhe, indem er die vor der Haustür lungernden Geheimpolizisten einlud, ins Haus zu kommen; er ließ ihnen ein opulentes Nachtmahl servieren. Während in der Diele der Teekessel kreiste, verpackte Budge ungestört einen Packen koptischer Manuskripte. Man kann sie im Britischen Museum betrachten.

In Luxor schien es Budge vernünftig, seinen Reiseplan zu ändern. Er begab sich nach Assuan. Der Engländer, selbst mit zuverlässigen Nachrichten durch Vertrauensleute versorgt, wußte, daß Grébaut nach Oberägypten unterwegs war, doch noch weit genug entfernt. Er konnte sich den Abstecher in den Süden leisten.

Die Stunden bis zum Ablegen des Schiffes nutzte Budge aus, seinem Spießgesellen Reverend Chauncey Murch einen Besuch abzustatten. Der Missionar, den die Jagd in den ewigen Gründen des Tals der Könige ungleich mehr fesselte als der Drang, die braven Mohammedaner zu Presbyterianern zu bekehren, hatte ziemlich genaue Kenntnisse über den Fund in Theben und war bereit, seinem Komplizen zu assistieren.

Der Nilsteamer stampfte nach Assuan. Budges erstes Anliegen war, die zurückgelassenen Kufi-Steine Richtung London in Bewegung zu setzen. Er inspizierte die Grabanlagen des Berges: Das ganze Terrain lag wieder unter Schutt und Sand. Niemand hatte sich um die Pflege der Anlagen gekümmert.

Wieder in Luxor, kam Budge zur Sache. Im Schutze der Nacht setzte er mit zwei ägyptischen Gewährsleuten auf die West-Bank über. Sie schlichen zu einem Grab in der Nekropole, das massenhaft Funde enthielt: „Wir fanden ein reiches Lager vor."

Im flackernden Licht einer Kerze begann Budge, eine versiegelte Papyrusrolle zu öffnen: „Es kam mir wie ein Sakrileg vor, als ich das Siegel erbrach und die Verschnürung löste."

Behutsam rollte Budge nur einige Zentimeter des brüchigen Papyrus ab. Ohne die hieratischen Schriftzeichen, Hieroglyphen in einer kursiven Gebrauchsschrift, lesen zu können, erkannte er an den farbfrischen Darstellungen den Wert seines Fundes. –

Wie sich erst später herausstellte, hielt er in dieser Stunde ein Prachtexemplar eines ägyptischen Totenbuches in der Hand, eine jener Sammlungen von Beschwörungen und Hinweisen für das Totengericht, wie sie den Beigesetzten mit ins Grab gelegt wurden. Bei der sorgsamen Entzifferung in London zeigte sich, daß der Papyrus über zwanzig Meter lang war. Man hatte ihn einem „königlichen Schreiber Ani" mit auf die große Reise gegeben.

In der Wandnische der Totenkammer lagen Teile eines wesentlich älteren Totenbuches. Mögen die Aktivitäten des Mr. Budge auch nicht immer von der feinen britischen Art gewesen sein, hatte er doch eine ganz echte Passion für die Schätze der alten ägyptischen Welt. Wenn er in dieser Nacht bis zum Morgengrauen in der Grabkammer hockte, dominierte die Freude an dem großen Fund, und erst hinter diesem vibrierenden Vergnügen quirlten die Gedanken, wie er den Entdeckern die Beute auf bestmögliche, auf günstigste Weise abhandeln könnte.

Als Budge sich von dem Steinhocker erhob, zeigte er sein *pokerface*. Er mäkelte, Teil seiner Geschäftstaktik, an dem Gezeigten herum, heuchelte gekonnt Desinteresse und reduzierte so nach und nach die Erwartungen der Fellachen, die ihn umstanden und zuletzt dankbar waren, daß „Abu Arra'wus" überhaupt zu kaufen bereit war. Budge zog mit seiner preiswerten Beute ab.

Der eifrige Sammler vergaß keinen Moment, daß Direktor Grébaut ihm auf dem Fuße folgte. So war denn im Morgengrauen sein erstes Anliegen, im Basar bei einem Blechschneider Metallbehälter in Auftrag zu geben, in denen er die Papyrusrollen nicht nur vor Beschädigung sicher wußte, die ihm außerdem ruhige Gewißheit gaben, daß er die Blechkartuschen gut verstecken konnte.

Budge hatte eine weitere nächtliche Exkursion in den Grabhöhlen von El-Asasif und Abd el-Qurna hinter sich, als er ins Haus des Antikenhändlers Bey Muhammed Muhassib einkehrte, um den Tag mit einem kräftigen Frühstück zu beginnen. Die Herren ließen sich auf dem Dach des Hauses nieder, die ersten Sonnenstrahlen tauchten die Minarette in Gold, Kissenberge machten das Sitzen bequem, Kaffeedüfte durchzogen die linde Morgenluft.

In die idyllische Runde platzte Mursi, der kleine flinke Sohn des Hausherrn, mit der Nachricht, daß Polizei vor dem Hause postiert wäre. Budge, der alle Erfahrungen in sein Verhalten einbezog, hatte von General Montmorency übernommen, daß Angriff die beste Verteidigung ist. Er stieg die Treppen hinab, ging vors Haus und direkt auf den Chef der Truppe zu. Da erfuhr er, daß Herr Grébaut der Polizeitruppe in Luxor Befehl geben ließ, die Häuser der Antikenhändler zu besetzen, die Eigentümer — auch Mr. Budge! — unter Arrest zu stellen. Budge wollte die Legitimation für diesen unfreundlichen Akt sehen. Der Offizier konnte sie nicht vorweisen und erklärte, daß Grébaut nur noch 20 km von Luxor entfernt sei und einen Läufer mit dem mündlichen Befehl vorausgeschickt habe.

Budge und Bey Muhassib standen also unter Hausarrest, hatten aber noch das Vergnügen, dem atemlosen Läufer, der seine Hand aufhielt, Bakschisch für seine lungenstärkende Leistung zu geben. Dadurch wurde der ausgepumpte, keuchende Schnelläufer noch recht gesprächig: Nur weil der alte Dampfer auf eine Sandbank aufgelaufen sei und Herrn Grébaut festhalte, habe er sich so abhetzen müssen, bei Allah, das sei ein großes Pech, und der Herr Direktor zeige sehr schlechte Laune. Malesch! — Budge schmunzelte, war aber nun informiert, daß er an diesem Tage fraglos Unannehmlichkeiten von Grébaut zu erwarten hatte.

Bey Muhassib zeigte orientalischen Gleichmut, ließ den Frühstückstisch neu bestücken und lud die Polizisten zu einer morgendlichen Stärkung ein. Man aß *Ataijef,* das süße, in Öl gebratene Gebäck, *Baklawa,* die Köstlichkeit aus Nüssen, Mandeln, Ingwer und saftigem Honig. Man trank *Kahwa,* den schwarzen Mokka, von dem es heißt: „Schwarz wie die Nacht, heiß wie die Hölle, süß wie die Liebe."

Speisen und Wohlgerüche schufen die Ambiance, in der Budge dem Offizier die Erlaubnis zum freien Bewegen in Luxor abhandeln konnte.

Als den Polizisten die goldgelbe Büffelbutter aus den Mündern triefte, kräftige Rülpser meldeten, daß nichts mehr geschluckt werden konnte, bezogen sie wieder Posten ums Haus. Sie müssen wie ihre Kollegen mit ermüdenden Verdauungsschwierigkeiten beschäftigt gewesen sein, denn Mr. Budge konnte, ohne daß es bemerkt wurde, im Hause einen Zubringer aus Hajji Kandil, einem Dörfchen zwischen Deir Mawas und Tell el-Amarna, empfangen, der aus den weiten Taschen der Gellabejahs sechs Tontäfelchen hervorzauberte, die, jedes für sich, mit Hunderten winziger Keilschriftzeichen beschrieben waren. „Kadim?“ („Alt?“) fragte der Dörfler den Mr. Budge. Während der Engländer die Täfelchen unter die Lupe nahm, berichtete der Ägypter die Fundumstände:

Eine Bäuerin aus Tell el-Amarna hatte nach *Sebach** gegraben und stieß mit ihrer Hacke auf die Tontafeln. Die Frau hielt die „Scherben“ für wertlos, sammelte einige hundert in ihren Beutel und war überglücklich, als ihr Nachbar dafür 10 Piaster (40 Pfennig!) zahlte.

Der Käufer ging sofort nach Hajji Kandil zu Händlern, die kleine Fundstücke an die Fremden verkauften. Mit einem geradezu inflatorischen Zugewinn sackelte der Mann 10 Pfund (40 Mark) ein. Das Risiko dieser Investition gingen die Händler ein, wenn sie auch keine Ahnung vom Wert der „gemusterten Täfelchen“ hatten. Zwei von ihnen brachen nach Kairo auf.

Ein Provinzler in Kairo! Er hatte zwar Adressen einheimischer und europäischer Einkäufer, doch er war deren Tricks mit Haken und Ösen hoffnungslos unterlegen. Kam hinzu, daß die Einkäufer sich in der Beurteilung der Ware uneins waren. Schriftzeichen wie auf diesen Tontäfelchen hatte man bis dato in Ägypten noch nicht gesehen. Das Angebot schien nicht stubenrein. Andere gaben den Täfelchen das Gütezeichen der Echtheit, kauften aber dennoch nur wenige Stücke, und dafür zahlten sie ein Bakschisch, keinen ausgehandelten Preis. Wieder andere witterten den Coup einer ausgekochten Fälscherbande und hießen die beiden Sendboten, schnell wieder aufs Land zu verschwinden.

Die Mafia der Händler und Dealer sah den Markt gestört und beschloß, alle Tafeln als Fälschungen zu deklarieren. Nicht daß die Mafiosi von dieser Bewertung überzeugt gewesen wären! Sie nahmen durch ihre Kartellabsprache den Verkäufern die Möglichkeit, die Preise nach oben zu treiben. Wer verkaufen wollte, konnte nur mehr mit einem Handgeld rechnen.

Ali el-Haj, einer der cleversten Kairoer Händler, nahm 150 Tafeln seines oberägyptischen Landsmannes in Kommission.

Während die Polizei in Luxor alle einschlägigen Häuser be-

* Stickstoffhaltige Erde. Nilschlammziegel verfallen zu Sebach.

wachte, ließ Mr. Budge sich in größter Seelenruhe Tontäfelchen zeigen. Plötzlich stand ein zweiter Mann in der Tür, der auch aus Hajji Kandil stammte und nun dem erstaunten Budge 76 weitere Tafeln auf den Tisch „blätterte". Budge prüfte akribisch. Alle 82 Tafeln unterschieden sich in Material, Größe, Farbe und Schriftzeichen von jenen, die er in London und Paris gesehen hatte. Budge wählte zwei größere Objekte aus, deren Schriftzeichen besonders deutlich geprägt waren. In Akkadisch (der babylonisch-assyrischen Schrift) war in eine Tafel graviert:

ANA NIIBMUARIYA* SHAR MATU MI-ISSRI — „Niibmuariya — König des Landes Ägypten."

Es handelte sich um eine Botschaft an einen ägyptischen König!

Bis unter die Haut spürte Budge, daß ein Fund von größter Bedeutung vor ihm lag. Das Glück dieser Entdeckung hätte wahrscheinlich jeden anderen jubeln lassen, doch Budge verzog keine Miene. Mit einem feinen Sensorium spürte er, daß die gewitzten Dörfler seine Expertise hören wollten, bevor sie mit ihrer Sammlung an den Markt gingen. Budge ließ die Dörfler, die auf ein erlösendes Wort des Experten lauerten, schmoren. Tricky, wie er war, kungelte er zuerst einen Preis aus, bevor er sein Urteil preisgab; er bluffte sie mit dem Hinweis, daß sein Gutachten für sie kostenlos sei. Die Provinzler schlugen zu. Nun aber begehrte Budge, auch den Rest des Tell el-Amarna-Fundes zu bekommen, mußte aber erfahren, daß Tontäfelchen gleicher Art bereits in Kairo umliefen, eine Tatsache, von der Direktor Grébaut Kenntnis hatte. Immerhin: Budge erwarb an diesem aufregenden Vormittag 82 Tontafeln aus Tell-el-Amarna fürs Britische Museum!

Budge, der die Nase eines versierten Hehlers in den Wind stellte, beschäftigte von nun ab ausschließlich die Sorge, wie er seine Beute vor dem Zugriff der Polizei retten konnte.

In der Sharia el-Markaz gab es in der Häuserzeile ein schmales, unscheinbares Gebäude, das den Dunkelmännern in Luxor als Magazin diente. Es galt als sicherstes Lager in der Stadt. Hier hatte Budge seine Blechdosen, einen kostbaren Sarkophag, den er

*„*Niibmuariya" war die babylonische Form für den ägyptischen Namen Nebmaat-Re, den Thronnamen Amenophis III.*

Räubern in Akhmim abkaufte, und Behälter mit Schädeln für die Cambridger Anthropologen sowie Kisten voller sogenannter „günstiger Gelegenheiten“ sicher deponiert.

Das massierte Lager schwarzer Ware beunruhigte die nervenstarken Händler. Es ging gegen ihre Ehre, sich von der Polizei, die in den Straßen patrouillierte, überrumpeln zu lassen. Sie versuchten es mit der sonst wirksamen Methode, die uniformierten Landsleute beim Cognac in einem Kaffeehaus mit gutem Bakschisch einzukaufen. Diesmal zeigten sich die Gesetzeshüter unbestechlich. Sie waren sogar so unverfroren, anzudeuten, welches Haus ihre besondere Aufmerksamkeit genoß.

„Der Esel des Räubers tritt sicherer als das Pferd des Mudirs!“ Ob diese alte Regel auch diesmal gegolten hätte, ist die Frage. Sie galt, weil Mr. Budge ein Kabinettstück an Raffinesse inszenierte.

Hinter dem gefährdeten Magazin lag ein kleiner Hof, der an die Gartenmauer des Hotel LUXOR grenzte, in dem Budge Stammgast war. Er zog den Direktor des Etablissements ins Vertrauen. Dieser liebenswürdige europäische Maître d’hôtel, dem Allah längst ein ägyptisches Herz geschenkt hatte, verstand und war bereit, seinen Freunden aus der Klemme zu helfen.

Kaum waren die Rufe der Muezzins von den Minaretten über Stadt und Land verweht, die Sonne binnen Sekunden hinter dem Horizont untergetaucht, als auch schon die Gärtner des LUXOR begannen, ein Loch in die Lehmziegelwand der Gartenmauer zu schlagen, groß genug, um einen Mann hindurchkriechen zu lassen. Derart auf dem Hof des Magazins angelangt, war ein Einstieg ins Depot mit Hammer und Hacke freizulegen. Während all das in Lautlosigkeit passierte, saßen die durstigen Polizisten als Gäste des Maître d’hôtel auf der Terrasse und genossen die luxuriöse Tafel, die die Herberge zuzubereiten verstand. Budge: „Als alle schwatzend auf dem Boden vor dem riesigen Tablett saßen, wurde eine Schüssel heißes Hammelfett über den Reis gegossen. Während sie schmatzend aßen, diese hungrigen Kerle, krochen unsere Männer in den Hof des Hauses.“

Der Inhalt des Magazins wurde in alle Stadtteile verschleppt, nur Budges prächtiger Sarkophag blieb in den leeren Hallen stehen: „Ich wollte unseren britischen Autoritäten in Kairo Gelegenheit geben, die Taktik Grébauts zu studieren.“ Budge, der „König der Gauner“, dachte an alles.

Tags darauf machte Grébauts Schiff in Luxor fest. Der Direktor fühlte sich unwohl, schloß sich in seine Kabine ein. Nilaufwärts hatte er mehrfach anlegen lassen, die Schwarzhändler um ihre Waren erleichtert. Legte das Schiff ab, wünschten ihm die zornigen Händler alle *Dschinnis*, alle Geister der Hölle, an den Hals.

„Wenn die Wanze liebt, findet sie einen Weg unter die Gellabejah", sagen die Fellachen. In einem Sekretär des Kairoer Museums hatte Grébaut eine „Wanze" an Bord. Das Schiff war kaum ein paar Stunden vertäut, als schon ein Händler Budge Fundstücke aus Akhmim anbot. Budge kaufte sie und erfuhr, daß ein Luxorer Händler mit seinem Schiffchen längsseits des Dampfers gegangen war, auf dessen Vorderdeck Grébaut unter einer Markise genüßlich sein Mittagsmahl einnahm. Der Sekretär reichte Ware über Bord, die sein grimmiger Chef unterwegs konfisziert hatte und nach Kairo heimführen wollte.

Im Hotel LUXOR kreuzte ein Polizeioffizier auf, der Budge auf der Stelle verhaften wollte. In überlegener Ruhe erbat der Engländer Kenntnisnahme des schriftlichen Befehls, ohne den seine Verhaftung gesetzwidrig sei. Der Offizier hatte aber nur mündliche Order empfangen und verließ das Appartement mit der ärgerlichen Drohung: „Sie werden in Kairo noch von uns hören!"

Als Grébaut sich bei Kräften fühlte und anschickte, seine Recherchen aufzunehmen, hatte Budge längst die Koffer gepackt — darin die Blechdosen, mit den Papyrusrollen und mit 82 Amarna-Tafeln bestückt. Den Rest seiner Käufe hatte er in sicheren Schlupfwinkeln versteckt, er wollte sie später nach Kairo holen.

Um Mitternacht ging Budge an Bord. Seine Kumpane Bey Muhassib und Abd el-Majid wurden in Ketten an Deck geschleppt. Beamte hatten Auftrag, sie dem Polizeichef der Provinz in Qena vorzuführen. Budge bot den beiden Ägyptern seine Hilfe an, die sie — getreu der Tradition ihres Gewerbes — ablehnten: Jeder Dieb ist für sich selbst verantwortlich.

Nach Budges Abreise tobte sich Direktor Grébaut in Luxor aus. Wie von Sinnen ging er seinen Schergen tobend voran, zerschlug Möbel, ließ ganze Zimmer ausräumen, stellte Häuser vom Keller bis zum Dach auf den Kopf. Er wurde auch zum legendären Magazin geführt, doch er fand nur den von Budge zurückgelassenen Akhmim-Sarg. Der Anblick des Prunkstücks versetzte ihn derart in Rage, daß die Verhaftung aller Polizisten als Mithelfer der Diebe nur vom Polizeipräfekten verhindert werden konnte. Der Durchstieg in der Wand der Gartenmauer und zum Magazin war von dem Gärtner so hervorragend „auf antik" geflickt worden, daß das große Loch im Fahndungsnetz unentdeckt blieb.

Zwei Tage später kehrten Bey Muhassib und Abd el-Majid aus Qena zurück. Von der Anklage freigesprochen, verklagten sie Grébaut vor dem Gericht der Stadt Luxor wegen Eigenmächtigkeit und Rufschädigung.

Budges Zug traf mit Verspätung in Kairo ein, statt in den Abendstunden gegen den frühen Morgen. Die Stadt schlief noch. Budge ließ sich auf seinem Gepäck nieder und wartete auf eine Droschke. Zwei britische Offiziere ritten vorbei und erkannten in Budge sofort einen Landsmann, dem sie ihre Hilfe antrugen. Herbeigerufen, leisteten zwei ägyptische Polizisten Hilfe, schulterten die Koffer. Eskortiert von Offizieren hoch zu Roß, erreichte die Gruppe den Stadtzoll auf der Kasr-an-Nil-Brücke. Schon rappelten sich verschlafene Zöllner auf, das Gepäck zu visitieren. Budge wies mit einer leichten Kopfbewegung auf seine Landsleute, die Zöllner grüßten so zackig, wie es ihnen möglich war. Auf der anderen Seite der Brücke winkten die teekochenden Zöllner ab. „Als sie ihre Polizisten sahen, die mit Lasten auf den Rücken in die Stadt zogen, dachten sie, es würden Dinge für die englische Regierung transportiert. Wahrlich, es stimmte!" — Im entscheidenden Augenblick hatte Budge Glück. Immer.

Budges zweite Ägypten-Mission war beendet. Er reiste nach Bagdad weiter. Britische Royal Engineers verpackten alle Objekte und versahen sie mit dem Vermerk: REGIERUNGSEIGENTUM FÜR ENGLAND.

Sieben Jahre war Grébaut Direktor der ägyptischen Altertümerverwaltung. Als er 1892 den Posten verließ, hatte er jedes Mitglied des uralten Räuberclans mindestens einmal eingesperrt. Herren der Kairoer Verwaltung mokierten sich längst, Grébaut müsse für die Verköstigung seiner Häftlinge bald selber aufkommen, falls er seinen Tatendrang nicht einschränke. Aber: Er hatte in toto mehr Raubgut fürs Kairoer Museum beschlagnahmt als alle seine Vorgänger und Nachfolger. Sein Eifer hatte nur einen Nachteil: Er ließ seine Beute immer wieder durch Diebstähle dezimieren. 1892 bekam Grébaut einen Lehrstuhl an der Sorbonne.

Bey Muhammed Muhassib starb am 6. April 1928 in Luxor. Objekte, die durch seine Hand gingen, können heute in den Museen Europas und Amerikas bewundert werden.

Abd el-Majid verschwand spurlos.

Das britische Königshaus adelte Ernest Alfred Thompson Wallis Budge, 1934 starb er im Alter von 77 Jahren. Noch heute kommt ihm der Ruf eines der produktivsten Orientalisten zu. Er leistete sich in Ägypten Bravourstücke seiner Cleverness und Intelligenz. Er war in Ninive und im Irak nicht weniger tüchtig, aber auch diese Histörchen zu erzählen würde den Raum sprengen, in dem wir Tätern auf der Spur sind.

Was wurde aus den Amarna-Tontafeln?

160 Tontafeln kaufte der Wiener Teppichhändler Theodor Graf. Als er die Sammlung in Wien und Paris anbot, erklärte man die Stücke für Fälschungen. 1888 erwarb das Berliner Museum Grafs Sammlung. Durch drei weitere Käufe brachten die Berliner die Kollektion auf 202 Exemplare.

Der Rest, 183 Tafeln, ist über mehrere Museen verstreut, das Ägyptische Museum in Kairo rettete 50 Exemplare. Eine Tafel ist in Privatbesitz in Frankreich.

In archäologischen Nachschlagewerken ist über Amarna zu lesen:

„Wichtige Funde aus Amarna die Büste der Nofretete, besonders bedeutsam Hunderte von Tontafeln mit Keilschrift, die sogenannten Amarnabriefe mit der Korrespondenz der vorderasiatischen Könige und Vasallen. Sie enthalten die wichtigsten Quellen zur Geschichte Palästina-Syriens von der israelitischen Landnahme, sind Dokumente von größter Bedeutung für die Altertumskunde Vorderasiens und für die Bibel-Archäologie."

Die Verdienste des „Vaters der Schädel" wurden vergessen. Darum soll Sir Wallis aus der Vergessenheit zurückgeholt werden.

„Das ist ein gewaltiger Jäger vor dem Herrn, wie Nimrod."

1. Mose, 10, 9

„Verkauft hier jemand billig Perlen?"

Am 23. Mai 1892, dem ersten Sonnentag nach einem verregneten Inselfrühling, starb der 62jährige Greville John Chester an einem akuten Herzversagen. Trauer befiel nicht nur seine Freunde, auch die Londoner Museen flaggten an diesem schwarzen Tag sozusagen halbmast. Das Empire hatte einen seiner fähigsten und preiswertesten Lieferanten archäologischer Artikel en gros & en detail verloren, einen redlichen, wenn auch schlitzohrigen dazu.

Die Nachricht von Chesters Tod breitete sich erst Wochen später an den Ufern des Nil wie ein Lauffeuer aus. Der Dampfer des Österreichisch-Ungarischen Lloyd mit Zeitungen und Briefen an Bord hatte wieder mal mit beträchtlicher Verspätung an der Mole von Alexandria festgemacht. Als sie die traurige Botschaft gelesen hatten, trauerten Chesters Freunde in Kairo ebenso wie die vielen kleinen Antikenhändler. Sie alle empfanden großen Kummer ob des Todes ihres graubärtigen britischen Wohltäters.

Greville John war ein Sohn des Geistlichen William Chester aus Denton in Norfolk. Nach dem Studium am Balliol College in Oxford nahm Greville John die Stelle des zweiten Predigers in Crayke, Yorkshire, an, wechselte danach von einer unbegüterten Pfarrei zur anderen, stets um ein zum Leben ausreichendes Salär bemüht. Er war von einer Rastlosigkeit getrieben, die weit über das seiner Gesundheit bekömmliche Maß hinausging. Total erschöpft, mußte er 1865 sein Predigeramt im Kirchspiel Iwade, Kent, aufgeben. Sein Befinden verschlechterte sich so sehr, daß Ärzte ihm rieten, die naßkalten Wintermonate in südlichen Zonen zu verbringen. Nach längeren Reisen assistierte er Sir Walter Besant (1836–1901) und dem „Palestine Exploration Fund" in Syrien und Palästina. Seine Tüchtigkeit machte ihn bald zum inoffiziellen Kurator des Funds. Ab 1875 unternahm er eigene Forschungsreisen durch Syrien, Palästina und Ägypten.

Anfänglich sammelte Chester nur aus persönlichem Interesse antike Fundstücke, die er mit dem untrüglichen Instinkt des geborenen Antiquitätenhändlers aufspürte. Gelegentlich bot er einzelne Objekte den Kuratoren von Museen an, schenkte aber sogar dem Britischen Museum ein prachtvolles Stück seines Erwerbs. Schon von der ersten großen Reise nahm er koptische Handschriften und ägyptische Papyri mit nach London, wo die Museumsdirektoren gleich bereit waren, Posten seiner Importe zu kaufen. Sie kauften um so lieber, als Chester zu Preisen anbot, die gerade seine Ausgaben deckten. Sein honoriges Verhalten machte ihn alle Jahre wieder zum hochwillkommenen Gast bei den Verwaltern des Britischen Museums. Chesters zahme Preise schonten die Ankaufetats. Hinzu kam, daß der studierte Theologe, der sich theoretisch nie mit dem Studium der Archäologie und ihren kostbaren Hervorbringungen befaßt hatte, über eine ganz stupende Sachkenntnis verfügte und stets nur Ware der besten Handelsklasse im Gepäck heimführte.

Als die Leitung des Britischen Museums 1879/80 offizielle und inoffizielle Aufkäufer in den vorderasiatischen Raum ausschwärmen ließ, war Chester längst *die* Anlaufstation in Ägypten. Von ihm wurden weder die Aufkäufer noch die einheimischen Händler in den kleinen Magazinen der Städte übers Ohr gehauen.

Wenn Chester auf seinem Esel in die Fellachendörfer einritt, entboten die Landleute dem guten Bekannten mit dem freundlichen Wesen alle Zeichen ihrer Gastfreundschaft. Mehr schlecht als recht des Arabischen mächtig, begann Chester seine Suche mit der Frage: „Verkauft hier jemand billig Perlen?" — Er mochte nur freiwillige, nicht durch Feilschen zustande gekommene Angebote. Kam nichts zum Vorschein, setzte er sich trotzdem gern auf eine häusliche Binsenmatte, trank Tee mit den Dörflern oder rauchte eine Wasserpfeife mit ihnen.

Der freundliche Umgang mit den Fellachen Oberägyptens war nur eine Seite des Wesens des redlichen Mannes. Kam es bei Geschäften mit trickreichen Zwischenhändlern oder europäischen Konkurrenten zu Streitigkeiten, begegnete er seinen Widersachern noch verschlagener und blieb kühl bis zur Halskrause. Dieser Zähigkeit verdankte das Britische Museum beispielsweise eine Kollektion glasierter Ziegel und Kacheln aus dem Palast Ramses' III. in Tell el-Yahudiya.

Chester war ein Schreck für alle Zöllner an den Grenzen seiner Reiseländer. Dem Hochaufgeschossenen von bohemehaftem Habitus konnte, außer der britischen, keine noch so üppige Uniform imponieren. Fremden gegenüber zeigte er sich von unterkühlter, boshafter Arroganz. Mit theatralischem Gehabe schüchterte er die Zöllner derart ein, daß sie es nicht wagten, auch nur die Riemen seines schweinsledernen Gepäcks zu lösen.

Wo seine urbritisch überlegene Schau nicht wirkte, bestach er die Zöllner mit Bakschisch, mit gebündeltem Barem. Wurde ein Grenzhüter schwach, drehte er den Spieß um: Vertraut mit den gesetzlichen Regeln des Landes, redete er dem korrumpierten Mann ein schlechtes Gewissen ein. Einen Zöllner bluffte er mit der totalen Unkenntnis der Landessprache; schließlich war der Grenzhüter auch noch behilflich, die schwere Bagage mit Keramiken, Bronzestatuen und einer gewichtigen Stele aus Stein zu verfrachten, zumal der unansprechbare Reisende auch noch höflich bedeutete, daß er ausschließlich Dinge persönlichen Bedarfs mit sich führe. — Mit solchen Tricks brachte Chester Koffer und Kisten außer Landes, und die Zöllner atmeten auf, wenn der streitbare, merkwürdige Herr ihren Blicken entschwand.

Natürlich wußte der clevere Grenzgänger, daß er mehr als einmal die Gefängnistore streifte. Seinen Freunden erzählte er gern von seinen *happy fights*, auch von dem einen Fall, als es schiefging. Vor der Ausreise aus Syrien denunzierte ihn ein Grieche beim Zoll. Sein Gepäck wurde beschlagnahmt. Während man ihm noch verbotene Handelspraktiken vorwarf, breitete Chester arglos seine Beutestücke vor dem Mudir, dem Direktor der Zollbehörde, aus. Abends saß er im Gefängnis von Jabel, morgens wünschte ihm der Mudir gute Reise mit dem Dampfschiff. Chester hatte ihm die requirierten Kostbarkeiten abgekauft! — In Beirut sollte das Gepäck neuerlich untersucht werden. Kaltblütig gelang Chester in letzter Minute der Coup, einen Einheimischen zu „engagieren“, der den Gepäckberg als sein Eigentum deklarierte. Der Mudir ließ den Landsmann unbehelligt.

1881 begegnete Sir Flinders Petrie seinem Landsmann in Ägypten. Petrie berichtete, Greville John Chester wäre damals auf seiner achtunddreißigsten Reise in die Lande am Nil gewesen. Bis zu seinem Tode, zehn Jahre später, hatte Chester es auf mehr als ein halbes Hundert Einkaufsreisen in Antiken gebracht.

Mord bei Sakkara

Anfang 1975 wurde in der Nähe von Sakkara die Leiche des Kairoer Händlers Abraham S. aufgefunden. Sie lag auf dem Vordersitz eines Wagens, die Schüsse waren aus kurzer Entfernung abgegeben worden.

Sunday Telegraph vom 23. März meldete auf der ersten Seite in großer Aufmachung:
ÄGYPTISCHE POLIZEI FINDET EINEN GRABSCHATZ IM WERT VON EINER HALBEN MILLION PFUND!

Nach Ansicht des Autors John Tunstall, Historiker für Ägyptologie, stand der Sakkara-Mord in einem Zusammenhang mit dem Talbeya-Fund, den die ägyptische Polizei etwa zwei Monate nach Entdeckung des Mordes machte.

Die Hintergründe des Mordes sind mysteriös. Mitglieder der alten Kairoer Händlerfamilie, Personen, die es wissen müßten, schweigen sich natürlich aus.

Ein Mitarbeiter des Kairoer Museums, der sowohl mit dem Mordfall wie mit dem Talbeya-Fund befaßt war, gab mir seine Version: Der Händler S. sei von Geschäftspartnern getötet worden, die sich von ihm bei dem Geschäft übervorteilt fühlten. Bei dem Verkauf solle es sich um ein ägyptisches Totenbuch gehandelt haben, dessen Erlös sehr hoch war, den S. aber vereinnahmte, ohne seine Partner teilhaben zu lassen. Da so ein kostbares Objekt nirgendwo still und heimlich den Besitzer wechseln kann, berichteten die Mittelsmänner die Nachricht vom betrügerischen Handel an die Partner in Kairo, die, zart, wie Betrüger miteinander umgehen, den „Verräter" stellten und nach den Gesetzen der Mafia liquidierten.

Kann sein, daß es so war, es muß aber nicht so gewesen sein.

Nach Auffinden der Leiche des S. in der Wüste wurde sein Haus in Kairo durchsucht. Es fanden sich Anhaltspunkte dafür, daß alte Kunstschätze über Stationen im Libanon ins Ausland verbracht wurden. Es verdichtete sich auch die Vermutung, daß die Liquidierung des S. tatsächlich in Zusammenhang mit dem Talbeya-Fund stand, dessen Aufdeckung der Kairoer Polizei unter Generalmajor Ali Helmy gelungen war.

Der Mord machte die Polizei munter. Um die Hintergründe aufzudecken, um Täter und Helfer zu entlarven, tarnten sich Captain Omar Khaled und Colonel Abdel Helawy von der Giseh-Polizei als Antiquitätenaufkäufer und mauschelten unter den Bewohnern in der Nähe des Tatortes. Sie bekamen Verbindung zu einem Kreis von Dunkelmännern, die möglicherweise etwas vom Mord an S. wußten, die vielleicht sogar zum Täterkreis gehörten. In strenges Verhör genommen, gestanden die fünf Inhaftierten zunächst, daß sie am Tag der Tat mit S. zusammen waren, und dann, in die Enge getrieben, auch, daß sie ihn erschossen hatten.

Bei ihren weiteren Erkundungen auf behutsam begangenen Wegen kam die Polizei nach Talbeya, dem kleinen Dorf nahe Kairo. Das Netz wurde immer enger und zog sich schließlich um das Haus des Händlers Mohamed Ahmed Khatab zusammen. Mit einem Überraschungscoup drangen die Fahnder ins Haus ein und standen vor einem riesigen Lager illegal erworbener Kunstschätze. Es schien ein zentrales Depot der gesuchten Bande zu sein. In die Beschlagnahmelisten wurden Sarkophage, Sarkophagmasken, Bronze- und Holzstatuetten, Münzen und Juwelen aufgenommen. Drei schwere Lastwagen waren für den Abtransport nötig.

Bei genauer Prüfung durch den Kurator des Ägyptischen Museums stellte sich heraus, daß sich in den Särgen keine Mumien mehr befanden, wohl aber Schmuckstücke und andere Grabbeigaben. Augenscheinlich hatten die Diebe die Leichname am Fundort ausgeplündert und, weil sie sich von deren Verkauf nichts versprachen, zurückgelassen und eingebuddelt.

John Tunstalls Vermutung, die Funde könnten zu einer archäologischen Sensation werden, weil sie Hinweise auf unbekannte Königsgräber geben könnten, hat sich nicht bestätigt. Kurator el-Nawawy, dem ich den *Sunday Telegraph*-Artikel zeigte, wußte nichts von einem „sensationellen Fund"; er versicherte lediglich, daß einige Objekte aus Abusir el-Meleq stammten, und deutete an, daß es Querverbindungen zum Fall S. gäbe.

Es ist verblüffend, daß selbst über einen so spektakulären

Mordfall dichter Nebel ausgebreitet werden kann. So eine Händlerclique hat Möglichkeiten der Tarnung. Ein Mitglied der Familie ist in Deutschland ansässig und handelt mit — was sonst? — Antiquitäten.

1978 lernte ich in Kairo einen jungen Herrn aus der S.-Sippe kennen. Schon hoffte ich, Auskünfte zu bekommen, als er, wie aus einer Versenkung aufgetaucht, plötzlich von vier Herren umgeben war. Da sagte er dann (wenig überzeugend), daß er von nichts wisse. Vielleicht nisteten „Wanzen" verborgen in den Wänden. Wer weiß?

Im November 1978, als ich einen Blick in den Laden werfen wollte, war er geschlossen. Seit ihren Untersuchungen bezichtigte die Kairoer Verwaltung die am internationalen Kunstmarkt wohleingeführte Familie S., via Beirut illegale Geschäfte mit einem Schweizer Händler griechischer Herkunft betrieben zu haben; der Schweizer Händler zählt zu den bedeutendsten Verkäufern von Ägyptica.

Gewiß kann derzeit niemand genaue Angaben über das engmaschige Netz von Verbindungen des S.-Clans machen. Zu seinen Partnern gehören diskrete, bekannte Kunsthändler.

Da heutzutage ohne Public Relations nichts läuft, ist seit langem eine die Öffentlichkeit verwirrende Publizität in Gang, die einem die Augen übergehen läßt. Die ULS (Unknown Lying Subjects — Unbekannte lügende Subjekte) sind am Werk.

Abusir el-Meleq, Zentrum eines Massenraubes in unserer Zeit

Am 30. Mai 1978 ließ ich mir von der Zentrale der Deutschen Presse-Agentur den Wortlaut der Meldung 260/73 geben:

„*Kairo*

In sieben Monaten haben Grabräuber bei Abusir el-Meleq, nahe Beni Suef in Oberägypten, etwa 5000 Gräber aus pharaonischer Zeit ausgeraubt und verwüstet. Die Polizei entdeckte die von den Bewohnern organisierte Grabräuberei, nachdem sich Täter offenbar wegen ihrer Funde ein Feuergefecht geliefert hatten.

Einige der verwundeten Grabräuber lagen bei einer 20 m tiefen freigeschaufelten Gruft, als die Polizei eintraf. Nach einem in der Kairoer Zeitung AL AKHBAR veröffentlichten Bericht hatten die Dörfler den über einen Hektar großen pharaonischen Friedhof unter sich aufgeteilt. Zunächst arbeitete man geheim, bald aber brannten die Lichter der Grabräuber ganz offen, wenn sie nachts tätig waren.

Heute sieht es dort wie eine Baustelle aus. Eine Schießerei beim Streit um die Beute führte zur Entdeckung des größten Grabräuberskandals der letzten 18 Jahre."

Abusir el-Meleq liegt — zirka 100 Kilometer südlich von Kairo — am westlichen Nilufer nahe Beni Suef. Mit 46 kleinen Ortschaften hat das gesamte Gebiet um Abusir el-Meleq heute fast 22 000 Bewohner.

Mitte Juli 1978 legte ich auf der Polizeistation in Abusir el-Meleq Papiere vor, die in Kairo ausgestellt wurden. Sie erteilten unserer Vier-Mann-Crew die Erlaubnis für Fernsehaufnahmen.

Der Sergeant wies mir einen Schemel an und begann, aufmerksam die Papiere zu studieren. Ich döste vor mich hin, als ich durch einen Handschlag auf den Schreibtisch hellwach gemacht wurde. Mein Gegenüber rief arabische Worte im Kommandoton (der sich überall auf der Welt gleich anhört), und in Windeseile umstanden sechs Polizisten ihren Chef, der meine Dokumente reihum gehen ließ. Zwei Stunden, die ich dasaß, vergingen zäh wie ein ganzer Tag. Danach endlich betrat ein Herr den Raum, der Englisch sprach. Es war der Arzt Dr. Isaac Jakob Sayed, mein Schutzengel in einer ganz und gar ungöttlichen Umgebung. Ihm, seiner Frau Doreen, der Polizeipräfektur in El-Wasta und Herrn Balbusch von der Verwaltung der Altertümer in Abaasia verdanke ich, daß wir die dunklen und oft gefährlichen Spuren zu einer der größten Raubaktionen, die je in Ägypten stattfand, verfolgen konnten.

Behutsam gingen wir an unsere Recherchen heran. Die Dörfler waren nicht weniger mißtrauisch als die Polizei. Seit 1973 hatte es hier keinen Besuch aus dem Ausland gegeben.

Dschebel, Djebel, Jabal, Jebel und Gebel sind Namen für ein und dieselbe Sache — für Berg oder Gebirge, doch wäre es irrig, anzunehmen, daß jeder Ort, vor dem eine dieser Bezeichnungen steht, einen Berg oder gar ein Gebirge vorzuweisen hätte. Dschebel Abusir meint einen etwa 14 km langen und bis zu 4 km breiten Wüstenstreifen, der dem Eingang zur fruchtbaren Ackerbauprovinz Faijum in Unterägypten vorgelagert ist. Abusir el-Meleq ist auf dem Schutt früherer Siedlungen erbaut. Reste eines um 400 v. Chr. erbauten Tempels kamen 1905 zum Vorschein, als der Boden für einen Anbau der Dorfmoschee ausgehoben wurde.

Siebzehn Jahre früher, 1888, entdeckten Bauern, die Salz aus dem Boden kratzten, das nun 4500 Jahre alte Gräberfeld, das sich über vier Kilometer Länge in einer Breite zwischen 100 und 400 Meter ausdehnt.

Genaugenommen war ein Gewitter mit wolkenbruchartigen Regenfällen der eigentliche Entdecker; es spülte Sandschichten fort und legte die Außenmauer eines Grabschachtes frei. Die Fellachen vergaßen ihre Salzsuche, schaufelten die Grube aus und wurden fündig. Mit dem ererbten Instinkt alter Grabräuber wühlten sie das Gebiet um und stießen auf weitere Grabanlagen. Ein Grundbesitzer mit guter Nase für das sich hier entwickelnde Geschäft nahm sich der wie vom Goldrausch besessenen Genossenschaft an, brachte eine gewisse Marktstrategie in die Sache und betraute griechische Händler mit dem An- und Verkauf der Funde.

Das gutlaufende Geschäft wurde durch einen Unglücksfall beendet: Eine Abraumhalde sackte in den offenen Schacht zurück und begrub einen Bauern unter sich. Da neben dem Instinkt für lukrative Grabräubereien hier auch eine Portion Aberglaube mitspielt, geht seit diesem ersten Betriebsunfall (dem weitere folgten) in den Dörfern die Warnung um: „Paß auf! Der Dschebel holt dich!" Noch im Herbst 1978 machte mich ein kamelreitender Gafir, einer der Wächter auf den Grabfeldern, mit diesem Menetekel warnend vertraut.

Unter den Käufern von Funden in Abusir el-Meleq war auch Flinders Petrie (1853—1942), der Begründer der wissenschaftlichen Ausgrabungsmethoden in Ägypten; er erwarb Särge, die er mit eigenen Funden der Öffentlichkeit zugänglich machte. — Die Verwaltung der Antiken erfuhr von den Räubereien und illegalen Verkäufen und nahm das Gelände unter Aufsicht. Es war der tüchtige und argwöhnische Beduine Rizq Abdallah, der vorübergehend für Ruhe auf dem Friedhof sorgte.

Von 1902 bis 1908 ließ die Deutsch-Orientalische Gesellschaft bei Abusir graben; unterirdische Ruhestätten aus der Zeit zwischen 900 v. Chr. und 200 n. Chr., vereinzelt auch solche aus den Jahren um 1400 v. Chr. wurden freigelegt. Während dieser ersten wissenschaftlichen Erfassung konnte nachgewiesen werden, daß die bestatteten Toten schon bald nach ihrer Grablegung beraubt wurden. Leichen, denen man Köpfe oder Unterarme verdreht oder abgerissen hatte, ließen den Schluß zu, daß sie Räubereien zum Opfer fielen, als ihre Sehnen noch geschmeidig waren. Kostbarer Schmuck wurde abgestreift, abgerissen — Grabbeigaben von hohem Wert wurden gestohlen. — Bei aller aufgewandten Sorgfalt blieb eine geordnete Registrierung unmöglich: Räuber und nach Aas wühlende Tiere hatten das Gelände zu einem Trümmerfeld umgewühlt.

Das hügelige Gelände aus Kalkstein, Sanddünungen und Halden aufgetürmter Knochenreste ist unübersichtlich. Schächte und Grabhöhlen sind gefährliche Fallgruben. Esel und Kamele stürzten sich darin häufig zu Tode. Es ist möglich, daß die Sicherheitsmaßnahmen ab dem Anfang des 20. Jahrhunderts ähnlich spektakuläre Räubereien wie um 1888 verhinderten. Es ist möglich, doch die größte Raubattacke der letzten beiden Jahrzehnte beendete 1972 die trügerische Ruhe. Die Altertumsverwaltung in

Kairo wurde in Alarmzustand versetzt: Innerhalb von sieben Monaten konnten 5000 Gräber bei Abusir el-Meleq ausgeplündert werden, ohne daß Kairo Kenntnis davon erhielt! Es ist anzunehmen, daß die schlechtbezahlten Gafire mit im Geschäft waren.

Erste Einzelheiten über die ungeheuerlichen Grabräubereien unserer Tage erfuhr ich vom jetzigen Oberinspektor von Mittelägypten, Balbusch, die ich dann durch eigene Erkundungen in Abusir el-Meleq, Beni Suef, El Wasta und Kairo weiter ergänzen konnte.

Die jüngsten Massenplünderungen begannen im Juli 1972, initiiert durch einen Dörfler, der in einem bis dahin verborgen gebliebenen Grab fündig geworden war. Das sprach sich herum. Zuerst taten sich kleine Gruppen zusammen, dann organisierten sich Riesenkolonnen, die nur nachts „arbeiteten". Was die Gafire dabei für eine Rolle spielten, läßt sich nur vermuten; bei einem Streit mit den Räubern wurde ihr Chef getötet. Ob er gegen das nächtliche Treiben einschreiten oder seinen Anteil an der Beute haben wollte, blieb ebenso ungeklärt wie der Zeitpunkt dieses Vorfalls.

Unter die Ansässigen von Abusir mischten sich in der Nähe wohnende Sippenangehörige aus Maasaret Abo Syer, Wanna El Kess und Anfast. Bald wurde um gerechte Teilungen gestritten, es kam häufig zu Händeln, die mit Karabinern ausgetragen wurden. Der über einen Hektar große Friedhof wurde in Parzellen aufgeteilt. Nun schaufelte jede Gruppe im Akkord in ihrem *claim*, wie die Golddigger in Nordamerika und Australien ihren abgesteckten Raum nannten. Die Frauen betrieben ambulante Teeküchen, die sie — es klingt unglaublich — mit Knochenresten und zerhackten Sarggteilen befeuerten.

Mit taktischen Finessen wurden Fundstücke nach Kairo geschafft. Familienangehörige reisten per Bahn oder Taxi. Statuen lagen, unter Gemüse versteckt, auf dem Boden der Körbe, andere Beute wurde mit Tuchstreifen um den Körper bandagiert. Die Transporte blieben unentdeckt. Es kamen sogar große, sperrige Gegenstände unbemerkt ans Ziel. Nach eigener Aussage hat der Kairoer Händler Hasan S. mehrere Sarkophage aus Abusir el-Meleq zu Preisen zwischen 1000 und 8000 ägyptischen Pfund (1 ägypt. Pfund = DM 2,63) an den Mann gebracht. Im Laden seines Nachbarn K. stand im Oktober 1978 ein Sarkophag, der des besseren Transports wegen in zwei Teile zersägt wurde. Wir haben die Torsos gefilmt.

Auch Abdel R. S. in der Sharia Goumhouria besitzt außer Bronzen und Terrakotten einen guterhaltenen Sarkophag aus Abusir el-Meleq. Dort erschien lange Zeit allwöchentlich ein weißer Mercedes aus Kairo, dessen Besitzer jede Menge antiker Beute aufkaufte. Anfang 1975 fiel ägyptischer Polizei im Hause eines Dealers in Talbeya ein Antiquitätenschatz im Schätzwert von 500 000 englischen Pfund in die Hände. Auch darunter befanden sich Objekte aus Abusir el-Meleq.

Die Plünderungen waren für die Fellachen eine so üppig sprudelnde Einnahmequelle, daß sie sich mit Transistorradios und tragbaren Fernsehgeräten ausrüsteten oder wochenlang überhaupt nichts taten. Dann griffen sie wieder zu Spitzhacke und Spaten, um für Nachschub zu sorgen.

Immer in Furcht, ertappt zu werden, scheuten sie bei so einträglichen Gewinnen auch die Gefahren bei der Arbeit nicht und vergaßen die Warnung: „Paß auf! Der Dschebel holt dich!" — Mein Schutzengel Dr. Sayed erzählt, daß während einer nächtlichen Grabungskampagne 14 Arbeiter von herabstürzenden Schuttmassen zugedeckt wurden; einer der Leute erstickte. Ja, die Plünderer arbeiteten gefährlich. Sie ließen sich an Seilen in die Schächte hinab, suchten in der Tiefe nach seitwärts führenden Tunnels, krochen in Gänge hinein, um an immer neue Fundplätze zu gelangen. Nie waren Wände und Decken bergmännisch gesichert, oft brachen sie über ihnen zusammen.

1973 fand die räuberische Schatzsuche nach antiker Hinterlassenschaft ein jähes Ende. Während einer nächtlichen Schießerei unter Abusir-Leuten wurde einer so schwer verletzt, daß er starb. Aus Beni Suef und El Wasta alarmierte Polizei beendete mit scharfem Gewehrfeuer die blindwütige Knallerei. Auf ihrem „Arbeitsfeld" lagen verletzte Plünderer. Der Versuch einer Aufhellung der großen Grabplünderung schien möglich und konnte von jetzt an ihren Anfang nehmen.

Fast 3000 Beteiligte wurden von der Polizei ins Verhör genommen, 144 auf der Stelle arrestiert. Nachforschungen ergaben, daß der Kaffeehausbesitzer Bachays aus der Provinzhauptstadt Fayum, der zugleich Chef der Fischer am Jussufkanal war, in den Handel mit Diebesgut aus Abusir el-Meleq verstrickt war.

Uschebtis, kleine Figuren, die die Ägypter um 2000 bis 1650 v. Chr. ihren Toten ins Grab legten, Amulette und größere Fundstücke wurden im Kaffeehaus sichergestellt. — In der Polizeipräfektur El Wasta ist eine Wand mit 60 paßbildgroßen Fotos von männlichen und weiblichen Kriminellen und mutmaßlichen Mittätern beklebt, nach denen gefahndet wird.

„Eine Räubergegend!" sagte Polizeichef Karem Nageb lachend und ordnete an, daß wir uns unter dem Begleitschutz von zwei Polizisten, deren russische MPs über dem Sattelknauf ihrer Pferde baumelten, zu bewegen hätten. Mir waren diese Vorkehrungen ebenso unsympathisch, wie ich sie für unnötig hielt, doch bei nächtlichen Filmarbeiten auf den Raubstätten von Abusir el-Meleq kam es zu unerfreulichen Ereignissen.

Wie so etwas geschieht, erfährt man nicht, tatsächlich aber hatte es sich wie ein Lauffeuer herumgesprochen, daß ich am Tage mit einem Augenzeugen der Schießereien von 1973 gesprochen hatte, und das machte die Leute mißtrauisch. Eine Meute kläffender Hunde war uns auf den Fersen. Einige hundert Dörfler versuchten, uns bei der Arbeit zu stören. Gewitzten unter ihnen war unser Begleitschutz nicht entgangen; sie trieben ihre eigenen Leute mit Stockschlägen auseinander. Bei dem Handgemenge bekam nicht nur unser Wagen neue Beulen ab.

Nach dieser Nacht verlangte ein Dorflehrer von der Polizeipräfektur, daß man uns verhafte. Ihm war nicht verborgen geblieben, daß Fellachen uns antike Funde zum Kauf angeboten hatten. Das stimmte. Heimlich zeigte man uns vier in Watte gehüllte Uschebtis von schöner Qualität, die 15 ägyptische Pfund je Stück kosten sollten — auch einen breiten, silbernen Fingerring mit einem eingesetzten, aus Karneol geschliffenen Skarabäus (Käfer), der um den Spottpreis von 150 Pfund zu haben war. Wir hatten aber nicht gekauft.

Vier Tage habe ich auf dem Gräberfeld verbracht, geführt von einem älteren, braven Gafir und einem jüngeren Wächter. Sie erklärten, wie die Räuber derzeit operieren und wie leicht es für sie immer noch ist, an gewissen Stellen fündig zu werden — trotz der Bewachung des Feldes rund um die Uhr von zehn Gafiren zu Fuß und fünf, die Kamelpatrouillen reiten. Sie sind mit englischen Bell-Karabinern bewaffnet und kampieren in einem ramponierten Militärzelt am Rande des Friedhofs.

Es ist nachgewiesen, daß die Gräber von Abusir el-Meleq mehrfach hintereinander belegt worden sind; damit erklären sich auch die frühzeitigen Plünderungen. Es war immer wieder Diebesgut zu finden, weil die Lager sozusagen laufend aufgefüllt wurden.

Wie sieht es heute, jetzt in Abusir el-Meleq aus? Auf empfindsame Gemüter macht das weite Feld einen unheimlichen und beklemmenden Eindruck. Unter der flirrenden Hitze des Tages muten Millionen von Knochenresten, in der Sonne gebleicht, wie Schneeflecken an. In der abendlichen Dämmerung, wenn der Wind den Sand wandern läßt, wenn das Knattern des zerschlissenen Gafirzeltes schon von weitem zu hören ist, sind die Manen von vielen tausend Seelen zu spüren. Aus dem Wüstensand starren Schädelschalen, blecken Menschenkiefer, greifen abgerissene Hände, deren Teile durch Sehnenstränge zusammengehalten sind. Mumienpakete, in grobe Leinwandstreifen gewickelt, fegt der Wind frei. Es ist wahrhaftig kein erbaulicher Spaziergang über diesen Friedhof, der so oft beraubt und geschändet wurde. Immer ist Obacht zu geben, daß man nicht in sieben bis fünfzehn Meter tiefe Löcher stürzt, über schüttere Skelette stolpert. Sargreste mit Bemalungen in Ocker und Schwarz auf weißer Grundierung liegen unweit guterhaltender Schädel, in denen noch eindrucksvolle Gesichtszüge der Toten zu erkennen sind; feines rostrotes Haar fällt bei leisester Berührung wie pulverisiert ab.

Zwischen Schädeln verendeter Kamele liegt ein guterhaltener rötlich-gelber Menschenfuß, den ein Hund apportierte. Dorfhunde balgen sich um Mumienreste eines augenscheinlich jüngeren Mannes; die Gafire verjagen sie und decken die Gebeine mit Leinen zu und legen Steine darauf.

An einem sechs Meter tiefen Schacht führt uns ein junger Aufseher vor, wie die Grabräuber ohne Hilfsmittel in die Tiefe hinabstiegen. Barfuß, Hände, Arme und Rücken auf eine, gestreckte Beine und Füße gegen die andere Wand gestemmt, ließen sie sich langsam in dem 1,20 m breiten Kamin abwärts gleiten. Auf gleiche Weise erreichte der eingestaubte Gafir wieder das Tageslicht; an seinen ausgestreckten Händen wurde er über den Schutt des Grabrandes gezogen. — Ausgemauerte, breite, rechteckige Schächte wurden mit Holzleitern und Seilen bestückt; schräglaufende „Flöze" galten als leichtere „Arbeitsstätten".

Es war die Nacht vom 15. Oktober. Dr. Sayed hatte uns zum Abschied auf die Dachterrasse des Hospitals von Abusir el-Meleq eingeladen. Er erzählte uns, daß auch nach dem großen Grabraub mit seinen polizeilichen Untersuchungen, Festnahmen und Strafen die illegalen Grabungen nicht aufhörten. „Die Leute verdienen zu wenig", sagte er. „Sie wissen doch genau, welche Preise außerhalb Ägyptens für antike Fundstücke gezahlt werden. Die Verlockung dieses Nebenerwerbs ist zu groß!" — Plötzlich sahen wir Polizei mit grellen Lichtern über den Dschebel hasten. Es waren keine Grabräuber, nach denen sie suchten. Inspektor Aly El Sayad Mahmod unterrichtete unseren Gastgeber, daß man einem aus El Wasta entwichenen Dieb auf den Fersen war.

Drei Tage später wollte ich mich vom Gouverneur in Beni Suef verabschieden; er war abwesend, ließ aber durch einen Mitarbeiter ausrichten, daß er glücklich sei, daß wir vier Europäer in Abusir el-Meleq ohne größere Schwierigkeiten hätten arbeiten können.

Schon auf der Rückreise erfuhr ich im Hause der Altertümerverwaltung in Kairo-Abaasia von Inspektor Balbusch, daß am 11. September im Fayum-Gebiet von Medinet Madi ein neuer Raub in einem Tempel stattgefunden hatte; er durfte keine Einzelheiten nennen, sagte nur, daß die Polizei nach den Tätern fahnde.

„Paß auf! Der Dschebel holt dich!" ist keine wirksame Warnung mehr. Die Raubzüge auf den Gräberfeldern fänden erst ein Ende, wenn es weltweit zu einem Kaufboykott dieses Diebesguts käme. Aber das ist im Hinblick auf derart kostbare Mangelware mit steigendem Wert wohl nur ein frommer, zu frommer Wunsch.

Warenlager

Eigentlich gerät man nur durch Zufall in die Ecke der schmuddeligen Kolonnaden an der Kairoer Sharia Gumhurija, beispielsweise, wenn man am Opernplatz nach der Oper sucht. Vor den Geschäftsfassaden der Antikenhändler Farag El-Shaer & Söhne oder Hamdy Zaky El-Gabry & Brüder spürt man in der Magengegend das seltsame Kribbeln, das einen in diesem Land allemal befällt, wenn Ägyptica ihre magischen Verlockungen aussenden. Wenn die Rolladen vor den Auslagen Verkaufspause signalisieren, muß das nicht bedeuten, daß der wohlhabende und geschäftsmüde Inhaber sich zu einem Mokka in den Schatten eines Cafés zurückzog. Vermutlich hat dann die Altertümerverwaltung die verschlagen-emsigen Händler bei einer gesetzwidrigen Handlung ertappt und die Lizenz zurückgezogen.

So streng der illegale Handel geahndet wird, bleiben die behördlichen Maßnahmen gegen das schwarzhändlerische Treiben ziemlich wirkungslos. Schließlich haben sie ja auch gegen die Tradition der Kniffe, Schliche und Tricks der Händler und Hehler wenig zu setzen. Was sind schon Gesetze gegen das wild in den Adern jobbernde Blut der Gauner aller Schattierungen! Hinter den plombierten Ladentüren, verriegelten Holzläden blüht der Handel. Ben akiba.

Fragt man die wenigen lizenzierten Antikenhändler, was denn so das Geschäft mache, könnte man bittere Zähren um die armen weinen; ihrer Branche gehe es seit Jahren so schlecht, und man sehe keinen Silberstreifen am Horizont. Daß es so schlecht gehe, liege bei weitem nicht nur am Mangel neuer „alter" Ware, viel ärger seien die Schikanen der Verwaltung, der jeder Sinn für redliche Geschäfte fehle und die am liebsten einen Laden nach dem anderen schließen würde. Dumm, wie nun mal Behörden seien, verlören sie nicht nur die Basis ihres Geschäftes, man würde auch dem Tourismus den Nerv ziehen, denn die Leute, die nach Ägypten kämen, wollten doch alle eine Antike als Souvenir mitnehmen. Das aber solle man den sturen Böcken in den Ämtern mal beibringen!

Klopft man das Wehgeschrei auf seinen Wahrheitsgehalt ab, merkt man schnell, daß die Auskünfte falsch sind. Freilich, am Maßstab der großen Transaktionen des ausgehenden 19. bis ins erste Drittel des 20. Jahrhunderts gemessen, haben sich die Geschäfte auf ein „Normalmaß" eingependelt. Heute werden keine kompletten Denkmalsanlagen und Heiligtümer mehr en bloc ins Ausland transportiert. Das sticht die Händler, für die diese Art von Geschäften zum Mythos geworden ist, in die Nase. Sie vergessen aber, daß an diesen Unternehmungen Leute ihres Schlages nie beteiligt waren. Da machten wenige ihrer Landsleute den goldenen Schnitt, und ihresgleichen konnte allenfalls vergleichsweise geringe Händlerprovisionen einsacken.

Kulturplünderer jüngeren Datums zwischen Sakkara und Theben, in den Provinznekropolen Mittel- und Oberägyptens können nur noch der Fläche ihrer „Arbeitsgebiete" nach mit den Räubern vergangener Zeiten konkurrieren; was sie herbeischaffen, ist eine *quantité négligeable*, über die der Rassul-Clan nicht mal müde gelächelt hätte. Und: Was sie heranschaffen, landet nicht bei den Händlern in Kairo und Luxor. Die großen Diebstahlsattacken unserer Zeit inszenierten Außenseiter, die in ausländischem Auftrag tätig wurden.

Die Sitten und Gesetze sind strenger geworden. Nach Gesetz ist heute jeder Händler in ägyptischer Kunst verpflichtet, seine Verkaufsobjekte von der Altertümerverwaltung registrieren und für den Verkauf freigeben zu lassen. Am Dienstag jeder Woche können die Händler den Kuratoren im Kairoer Museum ihre Ware vorlegen; diese kenntnisreichen Herren geben sie zum Verkauf frei oder beschlagnahmen sie für den Staat. Dabei kommt es sogar vor, daß erstklassige Falsifikate unter Verschluß genommen werden. Vorsicht ist die Mutter der Porzellankiste, sagen sich die Kuratoren, die ihrerseits kontrolliert werden. Sie haben triftige Gründe, auf der Hut zu sein. Dr. phil. Saleh vom Kairoer Museum sagte mir, daß pfiffige Händler echte Objekte „auf Imitation" herrichten lassen, um zu einem Zertifikat für den offiziellen Verkauf zu kommen.

Man kann beim besten Willen nicht um die „Kunstverkäufer" weinen! Die internationalen Ägyptenwellen, kein Land baut

Dämme dagegen, spülen ungeheure Touristenmengen ins Land am Nil. Die Museen melden Rekordbesucherzahlen. Selbst vorgebuchte Hotelzimmer sind mit einem anderen Gast belegt, wenn man sich nur um eine halbe Stunde über den avisierten Ankunftstermin hinaus verspätet. Bakschisch macht's möglich. Wo die Sonne scheint, wo die Pharaonen lächeln, sitzt das Geld lokker; das haben sogar die amtlichen Stellen wahrgenommen. Gipsabdrücke der prominenten Exponate in Museen tragen heutzutage Preisschilder, daß man versucht ist, hinter den Summen was „Echtes" zu vermuten. Es *ist* Gips!

Kein Tourist reist ab, ohne eine Kleinigkeit mitzunehmen. Hersteller und Lieferanten dieser in üppigster Blüte stehenden Andenkenindustrie machen einen Gewinn, der einem nun wirklich die Augen tränen läßt. Vor Staunen!

Die Geschäfte mit archäologischem Kleinkram *sui generis*, mit Imitationen phantastischer Aufmachung, sind die großen Geschäfte geworden. Schon der alte Woolworth sagte: „Ich verdiene nach dem Komma! Die Menge macht das Geschäft!" Ach nein, die armen Händler halten sich nicht nur eben über Wasser, sie schwimmen darin und werden nicht untergehen.

Dies ist aber nur die Vorderseite der Medaille. Sie hat eine Rückseite. So gehört sich's für eine Medaille. In den Schaukästen sind brav, wie das Gesetz es befiehlt, Miniaturnachbildungen von Osiris bis Thot ausgestellt; hinter blinden Glasschiebetüren warten bronzene oder Terrakottastatuetten auf blindwütige Käufer; in samtgepolsterten Kästen blinken modern gefaßte, goldumrandete Amulettreste als teurer Modeschmuck. Das ist die Vorderseite der Medaille! Hinter dem braven Make-up des Ladens verbirgt sich das Geschäft größeren Karats: allemal betrieben von einem verschworenen Familienclan, an dem sich die Herren der Altertümerverwaltung oftmals ihre Zähne ausbeißen.

Rechnen wir in Prozenten, darf man annehmen, daß 80% der in den Geschäften angebotenen Ware aus plumpen Repliken sozusagen vom Fließband besteht, 10% rekrutieren sich aus Beständen des väterlichen Vorgängers, bei 10% handelt es sich um offiziell genehmigte Neuankäufe.

Wenn Händler wie Abdel Rahim El-Shaer in Kairo oder Hasani in Luxor wehklagen, sie müßten ihre Regale bereits mit Kopien von Funden ihrer Großväter im ausgehenden 19. Jahrhundert füllen, die aus der West-Bank, vom anderen Nilufer, kamen, so ist das nur ein Teil der Wahrheit. Die Händler sind in der Lage, echte Ware zu beschaffen, nur: Jeden Wunsch können sie nicht erfüllen.

Von diesen anonymen Auftraggebern lebt heute der Handel in Ägyptica! Diese Kunden beleben permanent den florierenden Schwarzhandel, der trickreich seine Spuren im Sande verwehen läßt. Wortwörtlich. Bis auf diesen Tag kamen ägyptische Behörden den Illegalen nicht auf die Schliche. Es mangelt ihnen an Informationen. Sie wissen nichts vom Auftraggeber, vom Lieferanten, vom Hehler, und sie wissen nichts oder nur wenig über die Lage am außerägyptischen Kunstmarkt. Die bemühten Aufpasser erschrecken geradezu, wenn mal eine hieb- und stichfeste Nachricht zu ihnen gelangt, wissend, daß die Rechtsbeistände der Inkriminierten die Ware aus dem Feuer holen werden.

Immer wieder hat sich herausgestellt, daß das zweitälteste Gewerbe der Welt gerissener ist als jedes Gesetz, durch die Maschen schlüpft, sich über die Einfalt der Behörden ins Fäustchen lacht. So hilft denn auch heute keine Geschäftsschließung, kein Lizenzentzug. Zu reizvoll sind die Gewinnspannen, als daß man das schöne, ertragreiche Gewerbe aufgeben möchte.

Während vieler Aufenthalte in Ägypten lernte ich redliche und unredliche Antikenhändler kennen. Ich kenne das Geschäftsritual ziemlich gut, Zufälle öffneten mir manche Türen und Einblicke. Darum weiß ich, daß der illegale Versand bester Ägyptica nach Europa und Übersee immer noch funktioniert. Darum kann ich sagen, daß es ganz schlicht nicht stimmt, wenn Kunsthändler in irgendeiner Metropole des Westens behaupten, ihren Nachschub bezögen sie so gut wie ausschließlich aus Aufkäufen alter Sammlungen.

Wenn am 14. März 1978 ein Münchener Auktionshaus ein Schmuckset aus dem Ägypten von 1600 bis 600 v. Chr. für 25 000 DM feilbot, durfte man der Versicherung durchaus Glauben schenken, daß die goldgefaßte Kostbarkeit aus einer 1820 in Paris angelegten Sammlung stammte. Auch der an anderer Stelle offerierten Opfertafel des Horem Yyt, ein rötlicher Quarzstein im Format 58 × 47 × 14 cm, der offensichtlich aus Sakkara stammte, der für 60 000 DM an den Mann gebracht wurde, sei die Herkunft aus einer alten Sammlung zugebilligt. Was alteingesessene Kunsthäuser und traditionsreiche Auktionshallen einem speziellen Sammlerkreis anbieten, stammt überwiegend aus europäischem Fundus, in dem es nach Besitzerwechsel auch wieder verschwindet. Was zur Abrundung des Handels mit Ägyptica zwischen London, Zürich und Amsterdam fehlt, das wird immer noch im Land am Nil geordert. Und auch geliefert!

Sieht man sich hier oder dort Hauskataloge mit eingelegter Preisliste an und sieht etwa ein sieben Zentimeter großes Kalkstein-Bildhauer-Modell (2800 DM), eine stehende Bronze-Osiris der Spätzeit (4200 DM), Fragmente aus thebanischen Gräbern, Teile von Reliefs von Wandmalereien aus Gräbern (zwischen 10 000 DM / 20 000 DM), sollte man wissen, daß sich mit diesen Offerten das alte Gewerbe bemerkbar macht. Das ist die neue alte Ware, die den Händlern in Kairo und Luxor angeblich fehlt.

Nach den 1973 aufgedeckten Raubgrabungen bei Abusir tauchten Fundstücke in den Magazinen Kairoer Händler auf. Der Dealer S. verkaufte mindestens vier Sarkophage nach Europa — für Preise zwischen 4000 und 8000 ägyptischen Pfund, wie er sagte. — Als der sogenannte Talbeya-Fund aufkam, fand man 1975 Stücke im Haus des Händlers Mohamed Ahmed Khatab, die illegal tätige Ausgräber dorthin getragen hatten. Drei schwere Lastkraftwagen ließ die Altertümerverwaltung vorfahren, um die schwarze Ware in die Museen zu transportieren. Heute noch sitzen Kairoer Händler auf Raubware aus dem Gräberfeld von Abusir vom westlichen Nilufer. Mit einer cleveren Strategie schleusen sie sie in den Markt.

Der Ägypter K. ist ein feister Endvierziger mit schmalem Menjoubärtchen auf der Oberlippe. Ich habe seine Kunst bestaunt, eine Zigarette so bis zu Neige zu rauchen, daß die Glut seine Lippen berührte, ohne daß sein Gesicht nur geringste Zeichen von Schmerz verriet. Außer daß er mit Antiken sein reichlich Brot verdient, könnte er mit dieser Nummer glatt als Fakir auftreten. Die Nummer ist noch frei, aber sie wird K. nicht einbringen, was er mit seiner zweiten Begabung in die Scheuern einfährt.

Zweimal war ich in seinem Laden, den nur eine kleine Regalwand mit Antiquitätennippes ziert. Beim dritten Besuch bot er mir einen in vier Teile zersägten Sarkophag aus Abusir an, den ich allerdings außerhalb von Kairo ansehen müsse, wie auch ein Versand nach Deutschland ganz meine Sache sei.

Händler S. bot mir einen kompletten Sarkophag aus Abusir an. Als ich nach dem Preis fragte, meinte er, darüber solle man nicht im Laden reden, ein rein privates Gespräch sei dem Kauf gemäß.

Im Oktober 1978 hatte ich mit meinen drei Reisebegleitern durch puren Zufall Gelegenheit, Einblick in ein Warenlager zu nehmen. Wir waren für einen Moment allein im vollgepfropften Abstellraum eines Antiquitätenladens. Eine Holzstiege führte nach oben. Uns stach der Hafer, wir kletterten hinauf. Auf dem Dachboden angekommen, trauten wir unseren Augen nicht. Der Boden war randvoll gepackt. Unmöglich, einen Schritt zu tun, unmöglich zu schätzen, was hier an Werten lag.

Aus Kartons, mit denen die Entwicklungshilfe Milchpulver herschaffte, quollen Fragmente von Antiken. Holzkisten standen herum, bis unter die Deckel vollgestopft mit ägyptischem Kleinkram, dessen Wert man nur an der sorgfältigen Verpackung mit Toilettenpapier und Kleenextüchern von fern ermessen konnte. Wie auf einer Baustelle schichteten sich Einzelbretter von Sarkophagen. An den Sockeln der Wände lagen Oberteile alter Masken, Bruchstücke von Reliefplatten, war Töpfergut gestapelt, Splitter von Terrakotten, Fischmumien. In dieser Anhäufung von echten Fragmenten und Imitationen — zur Tarnung! — leuchtete als Symbol des Unternehmens der rote Plastikgriff einer Handsäge. Das Warenlager eines Versandhauses, in dem Aufträge und Lieferungen am Fließband erledigt wurden. Nein, nein, kein Mitleid mit den armen Händlern!

Ein bekannter Kairoer Antiquitätenhändler arrangierte mir ein Rendezvous mit einem Geschäftskollegen, der „inoffiziell" arbeitete, im Hauptberuf PKWs vermietete. Der Dealer war mißtrauisch. Er wollte genau wissen, an was für einer Art von Objekten ich interessiert sei; ich ließ ihn wissen, daß ich gern alles sehen würde, was er anzubieten habe.

Schon dachte ich, es würde nichts aus der Sache werden, als mir vier Tage später mein Gewährsmann sagte, der „Herr" wäre zu der Verabredung bereit, sofern ich, falls kein Geschäft zustande käme, Auslandswährung gegen ägyptische Pfunde tauschen würde. Ich entschloß mich zu einem Devisenvergehen in Höhe von 300 DM.

Am Tage meiner Verabredung führte mich mein Gewährsmann über einen Hinterhof zu einem Haus, in dessen erster Etage der

Dealer residierte. Der Hausherr saß inmitten seines blaugrün lakkierten Wohnsalons auf einem der plastiküberzogenen Fauteuils mit vergoldetem Holzschnitzwerk, ein Mobiliar, das man hier nicht nur scherzhaft „Faruk-Rokoko" nennt. Zuerst mißtrauisch, taute er nach dem obligaten Tee und aromalosen Zigaretten, die wie geriebene Landbriefträgerfußlappen schmeckten, allmählich auf. Die eigentümliche Spannung, die diese Kreise auf seltsame Weise zu erzeugen vermögen, ließ nach, der Hausherr wurde sogar freundlich und begann, seine Ware auf dem Tisch auszubreiten. Sein zehnjähriger Sohn schleppte Kisten und Pappschachteln aus dem Nebenraum zu uns. Dann verschloß der Vater die Salontür. Das Spiel konnte beginnen. Ridi, Pagliaccio.

In einem Kartondeckel präsentierte er eine Skarabäensammlung von vielleicht hundert Objekten in teils schöner, teils minderer Qualität. Eine wohlriechende, aber leere Cremedose enthielt eine Reihe von Fayence-Amuletten. Aus zwei roten Dosen, ursprünglich als Behälter für flüssige Schokolade gedacht, goß er auf eine Zeitung Perlen und Schmuckteile, Reste eines Armreifens und halbe Uschebti-Figürchen. Schuhkartons beinhalteten kleine und größere Bronzestatuetten, vier Uschebti-Figuren, in rosa Watte verpackt, eine 20 cm hohe patinierte Bronze der Göttin Neith wurde ihres Seidenpapiers beraubt. Der Hausherr versuchte, aus Teilen eines Osiris in einem Puzzle den ganzen Gott zusammenzusetzen, aber der zertrümmerte Gott wehrte sich gegen den Versuch.

Über einem Schrank hingen — weltweites martialisches Vergnügen — kolorierte Erinnerungsbilder aus der militärischen Vergangenheit der näheren und weiteren Verwandtschaft; auf einem Schrank thronte eine silberglänzende Plastikgondel aus Venedig. Aus einem Schrank holte mein Gastgeber Päckchen, Schachteln und Dosen wie aus der unerschöpflichen Trickkiste eines Zauberers. Der Tisch, auf dem der Inhalt ausgebreitet war, quoll von mehr oder minder guter Ware über, die dazu in solcher Fixigkeit vorgeführt wurde, als würde der Zauberer eine Finte schlagen. Ein bißchen war das wohl beabsichtigt.

Da klirrte das Fragment eines Brustschmucks aus dem Fayence-Perlenhemd einer Mumie, da zerbrach eine von drei Statuetten von Kanopengöttern; in der Schnelle konnte ich nicht erkennen, ob es sich um Amset, Hapi, Kebehsenuf oder Duamutef handelte. Aus einer Wundertüte ergossen sich ptolemäische, griechische und römische Münzen. Ich habe sie wie ein Bankbeamter an der Sortenkasse gezählt, es waren 180 kleine und große Münzen, darunter 16 silberne Tetradrachmen, die Vierfachdrachmen, mit dem Kopf des Ptolemaios I. Soter (um 367 v. Chr.) und dem Zeus-Porträt; 12 davon schienen mir neueren Datums zu sein, sie waren leichter als die Originale mit ihren 17,44 g Silber, und der Hauch von Alter war wohl künstlich aufgebracht durch emsig-behutsames Abschleifen der Konturen.

Wenn ich ab und zu Zweifel an der Echtheit einzelner Stücke vorbrachte, schien ihn meine behutsam angedeutete Sachkenntnis nicht zu erstaunen; er tippte mir dann auf die Schulter und lenkte ab: *„Look here! Very nice and choice piece!"* und schob flugs was Besseres nach.

Mit der alten Pharaonen-Weisheit „Ein Mann wird nicht arm, wenn er höflich spricht" rühmte er seine Ware mit dem Hinweis, daß viele Ausländer zu ihm kämen, um vorzugsweise die kleinen Amulette, Skarabäen und Figürchen vom fratzenhaften Halbgott Bes, der gern die Zunge rausstreckt, Anhänger oder Ringe zu kaufen. „Zweimal im Jahr kommt ein Freund aus Österreich zu mir, der ist Juwelier. Der kauft fast alles, was ich ihm anbiete!" Um die Solidität seines Unternehmens zu beleuchten, nannte er die Namen von Dauerkunden aus Deutschland und Holland, die mir sicherlich geläufig seien.

Ich bewahrte mein Pokerface und folgte mit Vergnügen der orientalischen Verkaufstaktik, einen neuen Kunden zu akquirieren, indem große Vertrauensseligkeit geheuchelt wird. Diese Taktik scheint noch nicht zur Allgemeinbildung auch von Dauerkäufern zu gehören, sonst würden sie nicht blindlings auf fast immer die gleichen Namen, deren vorgezeigte Geschäftskarten hereinfallen. Die Arglosigkeit der Käufer gegenüber sonst so verschwiegenen Händlern hat mich immer wieder verblüfft.

Da ich immer noch wie ein steinerner Buddha dasaß, wollte er mich aus der Reserve locken: Wenn ich Sarkophage oder große Skulpturen erwerben wolle, müsse ich Geduld zeigen, sie zu beschaffen brauche Zeit, doch in einer Woche etwa sei auch eine solche Offerte durchaus möglich. „Du fragst unseren gemeinsamen Bekannten nach dem Termin, und wir machen eine neue Verabredung!" — Die ihrer Geschäftsgrundlage beraubten armen

Händler können also wie in Olims Zeiten auch heute noch große Objekte heranschaffen!

Dieses makaber-aufregende Gespräch fand kaum 200 Meter vom Kairoer Museum statt. Ich hatte nie im Sinn, von dem Schwarzhändler irgend etwas zu erwerben, mußte allerdings mein Versprechen einhalten, Auslandsvaluta auf den Tisch zu legen. 200 DM wurden zum normalen Kurs gewechselt.

Während eines weiteren Aufenthalts suchte ich Kontakt zu zwei anderen Schwarzhändlern. Einer lehnte die Vorführung von Waren ab, weil ein naher Verwandter aus einer berühmt-berüchtigten Händlersippe derzeit in unguter Weise mit den Behörden Verbindung bekommen hatte, der andere, den ich im Laden eines lizenzierten Händlers traf, wollte derart en gros und en detail von mir wissen, was ich zu kaufen beabsichtige, daß ich passen mußte. Es sei angemerkt, daß auch der Käufer von großer Zurückhaltung sein muß; operiert er mit offenen Karten, weil er Konkretes erwerben will — okay, will er nur mal ins trübe Wasser tauchen, kann er sich einen argen Schnupfen holen: Der Clan der Händler ist nicht eben zimperlich im Umgang mit Neugierigen.

Immerhin sah ich mit eigenen Augen, hier und anderswo, welche Warenlager zur Verfügung stehen. Die Wehklagen der Händler, die Altertümerverwaltung ruiniere sie, mache die Touristen „handscheu", zu ihnen zu kommen, sind Teil eines immer noch florierenden Geschäfts, mit dem sogar die Preise auf angenehme Weise in die Höhe getrieben werden. Nach dem bewährten Marktgesetz: wenig Ware — steigende Preise. Das ist mit Antiken nicht anders als mit dem Öl, das in den gleichen Gegenden verknappt wird, um zu besseren Erträgen zu kommen. Ob flüssig, kantig oder edel, orientalische Ware wird stets zu Höchstpreisen verhökert.

Übrigens haben die Händler nur in seltenen Fällen wirklich gute Geschäfte nur mit wenigen ambitioniert suchenden Touristen gemacht. Was Reisende zwischen Falsifikaten und „echten Fälschungen" in den Koffer packten, war immer nur ein Bruchteil dessen, was internationale Aufkäufer und private Sammler aus dem Land zogen — in Prozenten wohl erst auf der zweiten Stelle nach dem Komma zu errechnen. Im touristisch eroberten Nilland sind die Hunderttausende Touristen keine Geschäftspartner der Antikendealer. Die Zeiten, in denen seriöse Händler ihre antiken

Kostbarkeiten in der Halle von Shepheard's Hotel ausstellten, sind vorbei. Kairoer Hotels bieten dem Gast in Vitrinen die Produkte der Souvenirmanufakturen an, keine Antiquitäten.

Der einfache Tourist stillt seine Kauflust im bekanntesten Basar des Orients — im Khan el-Khalilli, der sein Flair in den letzten sechshundert Jahren nicht veränderte. Hier breitet der Orient sein Füllhorn aus, und wer den geforderten Preis hinblättert, ist selbst schuld daran. Feilschen gehört hier, wo Rosenöl und Currypulver eine Dunstglocke von unvergeßlichem Aroma ausbreiten, zum „ehrlichen" Handel, gleich, ob man Teppiche, Elfenbeinschnitzereien, Silberziselierungen, Schmuck oder auch nur einen Kamelsattel zu kaufen beabsichtigt.

Freilich nehmen die Händler von Herzen gern die viel zu hohen, von ihnen geforderten Preise entgegen; wenn man sie sich aber genau ansieht, meint man doch einen Hauch von Enttäuschung in ihren Gesichtern wahrzunehmen. Die schnellen Geschäfte sind das Herzensanliegen der Araber nicht, lieber handeln sie bei einem pechschwarzen, süßen Kaffee und einigen überlangen Zigaretten. Die letztliche Einigung, stets bei einem erheblich reduzierten Preis, gibt dem Tagesgeschäft erst die rechte Würze. Der Käufer wird wie ein alter Freund hinauskomplimentiert. Kein Wunder, denn er wurde bestimmt über den Löffel balbiert. Das macht ja den Spaß des Geschäftchens aus.

Nicht weit vom Khan el-Khalilli entfernt, bleiben die wirklichen, die fundträchtigen Antiquitätengeschäfte unentdeckt. Dorthin führen nicht die parfümgeschwängerten Düfte der Basare. Dorthin führen subtilere Spuren. Wenn die spurensichere Nase der Ewigsuchenden das Dorado wirklicher Ägyptica gewittert und gefunden hat, werden Palmholzmasken, die ihre Blicke in eine ferne Zeit zu richten scheinen, werden Bronzegötter in ihrer Erhabenheit Gewißheit geben, daß hier immer noch ein Business blüht, über das zwar das Udjat-Auge der Antikenverwaltung wacht, das aber nicht zu killen ist.

No business like antiquity business.

Weißt du, wieviel Touristen stehlen?

Durch die große Libysche Erg, jene Sandwüste mit Dünenbildung und welligen Kiesdecken westlich des Nildeltas, zieht eine Karawane. Es ist keine Expedition mit dem Segen eines Pharaos unterwegs, der ein Erdgott die verborgenen Schätze ferner Horizonte enthüllen will. Es ist keine Karawane, die ein Niu, ein königlicher Wüstenkenner, in eine Welt voll Unbehagen führt. Die Schutzgötter im Land der roten Erde, Rin, Sopd, Horus und Ha und wie sie alle heißen, haben ihre Häupter abgewandt, als der Troß sich in die Nähe der Heiligtümer wagt, sich am Rande des Nildeltas entlangquält.

Es sind drei deutsche Unimogs, hochbeinig und von grellgelber Signalfarbe, die mit sechzehn bildungshungrigen Reisenden von Marsa Matruh Richtung Siwa unterwegs sind, eine leidlich komfortabel ausgestattete Wüstenreisegesellschaft.

2895 DM garantieren den „Abenteurern" nach Inaugenscheinnahme der Katarra-Senke in der Libyschen Wüste, der nördlichsten und größten ihrer Art, die bis zu 137 m unter dem Meeresspiegel liegt, von Kairo aus den standesgemäßen Rückflug nach Frankfurt.

Wenn auch kein Gott, versprach doch der Halbgott in einer deutschen City Abenteuer und Gelingen der Reise.

Abenteuer? Ist da auch nur von ferne etwas von der Gefahr jener Expedition zu spüren, die vor 4400 Jahren Harchuef unternahm, um unter heute unvorstellbaren Strapazen die Oasenwege zum Süden hin zu erforschen? Natürlich nicht, wenn man davon absieht, daß einem gestreßten Mitteleuropäer bereits am zweiten Tag das Kratzen und Klappern der Benzinkanister auf dem Wagendach die armen Nerven wundscheuert oder daß ihn eine für Zugereiste ortsübliche Magenverstimmung mit flottem Ausgang den hirnrissigen Entschluß bereuen läßt, hierhergefahren zu sein.

Seit über fünf Jahren betreibt der Ägypter H., durch Heirat Deutscher geworden, die Reiseplanungen ins Land seiner Ahnen und mächtigen Götter. Seine Prospekte sind von orientalischer Phantasie durchtränkt, die, ohne daß das Papier errötet, Exkursionen in die Wüste zu nichtbesuchten Oasenorten anbieten. Jeweils im Dezember — das ist die Zeit der „Saison in Kairo", wie schon die Operette wußte — starten die expeditionsmäßig ausstaffierten „Arbeitswagen" mit 16 Personen zu 16tägiger Wüstenexpedition. Heia Safari. — In den fast exklusiv akademischen Zirkel verirrt sich gelegentlich ein Normalverbraucher. Ein halbwissenschaftlich angehauchter Cicerone ist mit an Bord und verspricht Erlebnisse, die auch statthaben werden.

Die gut organisierte Route führt von Kairo über Alexandria bis nach Marsa Matruh, der „ägyptischen Riviera", dann über die Wüstenpiste zur Oase Siwa. Im Vorbeifahren kriecht ein müder Blick bis zum Amon-Tempel, der bedeutenden Orakelstätte, die von Alexander dem Großen besucht wurde, macht man einen Cocastop nahe Siwa, der westlichsten Oasengruppe mit 200 Quellen, in denen Kaiser Augustus um die Zeitenwende sein Zipperlein, die Gicht, auszukurieren trachtete.

Neben pittoresk-schickem Oasenleben von Bir el-Estabis bis Migahiz wird den Travellern mancher Abstecher bewilligt. Wen es zum Siwa-See lockt, zum Gebel el-Matwa, dem Berg der Toten, wer im Dorf Aghurmi in den Resten des Amasis-Tempels aus der 27. Dynastie (525—404 v. Chr.) stöbern möchte — der Reiseleiter wird es dem *paying guest* gern erlauben.

Ein geschickt stimulierter Hauch von Abenteuer liegt in der tags heißen, nachts kalten Luft, wenn die motorisierte Karawane nach 120 km die schmale, aber noch geteerte Straße von Marsa Matruh nach Siwa wechselt, um auf verwegene Kurven schlagender Piste an dürren Telefonmasten vorbei gen Süden zu rumpeln. Wo auch immer haltgemacht wird, wo ein Beduine sich zum Plausch einfindet, ist immer jemand da, der im aufgeregten Stil eines Boulevardblattes von dem verheerenden Sandsturm zu berichten weiß, der hier 525 v. Chr. 50 000 persische Söldner umkommen ließ, ehe sie die rettende Oase Siwa erreichten. Wie unheimlich! Dort hatte man's doch just noch so gemütlich gehabt! Mich würde es nicht wundern, wenn solche Geschichtenerzähler vom cleveren Herrn H. engagiert wurden. Orientalische Märchenerzähler sind halt auf einer richtigen Wüstensafari inklusive!

Reiseleiter haben eine sehr spezielle Psychologie entwickelt.

Signalisiert sie, daß die eingeplanten „Abenteuer" die Phantasie der 16 nicht in ausreichender Weise beflügelten, dann kann es passieren, daß die drei Busse vom rechten Weg abbiegen, um die Gesellschaft an verschwiegenem Ort ein bißchen im Sand buddeln zu lassen.

Ein Gräberfeld aus griechisch-römischer Zeit zwischen Marsa Matruh und Siwa wurde von einer Touristenkarawane des tüchtigen Herrn H. mit Spaten und Konservendosen geplündert. In schönster Selbstverständlichkeit wurden die Fundstücke von den Abenteurern — sie fühlen sich ja wie moderne Eroberer — requiriert, zwischen Unterwäsche, Filmdosen und Rekorder verstaut. Reiseandenken von einer Fahrt in die Vergangenheit. Reiseveranstalter H., mit gutem Beispiel vorangehend, wurde von einem Angestellten der deutschen Botschaft in Kairo erwischt, als er ein Sarkophagteil der Spätzeit heimlich „exportieren" wollte. Die genauen Umstände dieses Diebstahls gaben ägyptische Behörden nicht bekannt. Vier von mir befragte Herren der Altertümerverwaltung konnten sich an die Aktion nicht erinnern. Der am Kairoer Museum tätige Ägyptologe Dr. S., von mir am 12. August 1978 besucht, wußte zwar etwas davon, mochte aber keine Daten und Namen nennen. Orientalische Gastfreundschaft äußert sich heutzutage auch in der Pflege solchen Fremdenverkehrs. Kann sein, daß die nachsichtig behandelten Reisenden mehr Werte mitnehmen, als sie in barer Münze im Lande lassen.

Ab Sommer 1979 steht auch der östliche Teil des Roten Landes im Reiseprogramm des Herrn L.: Charga, das ägyptische Oasengebiet in der Libyschen Wüste, 200 km lang, 50 km breit, in der Antike als „Große Oase" bekannt — Bahrija, mit 2300 km^2 die „Kleine Oase", Landstriche, die dem Gott der Wüste Seth, Schutzgott ägyptischer Könige, gehörten. Da fraglos viele kleine Kultstätten der Nomaden, die Seth huldigten, in diesem Raum liegen, sollte Veranstalter H. einen dezenten Hinweis ins Programm nehmen, daß es lohnt, Pickel, Spaten und tarnendes Verpackungsmaterial mitzunehmen. „Charga und Bahrija sind in Tränen, denn das Unheil geht in ihnen um."

Der Nachlaß der mächtigen Sachmet

Aberglaube ist nie eine spezifische Zeiterscheinung. Es gab ihn immer, es wird ihn immer geben. Es ist die heimliche, manchmal unheimliche Zuflucht am Leben Verzweifelter. Selten allerdings läßt Aberglaube so kostbare Erinnerungen zurück wie im Tempel der Göttin Sachmet in Karnak.

„Aller Götter sind drei", sagten die alten Ägypter und erkoren für Memphis die thebanische Trias mit Sachmet, Ptah und Nefertem. Für uns ist die löwenköpfig dargestellte Sachmet (äg. „die Mächtigste") von Betracht. Sie galt als Göttin, die Krankheiten aussendet, eine negative Tätigkeit im Vergleich zu den Aktivitäten ihres Gemahls Ptah, den man als Schöpfer des Universums und Berufsgott der Handwerker verehrte.

Der ägyptische König Amenophis III. (1402—1364 v. Chr.) war sehr krank. Abergläubisch, wie er war, wollte er die Göttin wohlgesinnt stimmen mit einer kostspieligen Art von Bestechung: Er ließ im Tempelbezirk von Karnak, den er ausbaute, Hunderte von Sachmet-Statuen aufstellen.

Amenophis III. verdanken also die Museen von A = Aberdeen bis V = Vaticano Museo Gregoriano Egizio ihre Sachmet-Statuen!

30 sind im Besitz des Britischen Museums, London — 12 stehen im Louvre, Paris — 7 zeigt das Metropolitan Museum, New York — 4 zieren die Räume der Eremitage in Leningrad — 8 sitzende, 11 stehende Sachmets und ein Fragment sind im Museo Egizio, Turin, registriert — das Toledo Museum of Art, Ohio, muß sich mit einem Oberteil der Göttin begnügen. Ausgräber Battista Belzoni (1778—1823) schleppte zwei Göttinnenstandbilder in den Palazzo della Ragione in Padua. Das City Museum, Liverpool, führt 2 Statuen im Katalog, während das Dresdener Albertinum nur einen Kopf vorführen kann. Das Kairoer Museum ist immerhin noch Eigner von 8 Sachmets, einem Torso und dem Fragment eines göttlichen Sitzes mit Kartusche, der Umrahmung des Stifter-

namens Amenophis III. — Was sonst noch an Resten der Göttin zwischen Los Angeles und Hildesheim, zwischen Berlin und Marseille oder in privaten Sammlervitrinen herumschwirrt, läßt sich nicht einmal vage schätzen.

Der Schlußverkauf ist noch nicht abgeschlossen, es kommt immer wieder Sachmet-Ware auf den Markt. 1972 erhielt das Musée d'Art et d'Histoire, Genf, das ganz offizielle Angebot einer Original-Sachmet. 1978 konnte die Baseler Ausstellung „Ägyptische Kunstwerke in Schweizer Besitz" lediglich einen Sachmet-Kopf und eine kleine Bronzestatuette von 35 cm Höhe aus der Zeit um 945 v. Chr. zeigen. Der letzte (bekannt gewordene) Versuch, in Deutschland eine Sachmet zu verkaufen, datiert in die Zeit von Ende 1977 bis Anfang 1978. Das Geschäft kam nicht zustande.

Luxor und Karnak sind Tempelbezirke der altägyptischen Reichshauptstadt Theben. Dem Lokalgott Amon wurde der größte, der Göttin Mut ein kleinerer Kultbau errichtet. Weil Mut wie Sachmet und alle orientalischen Potentaten Katzen liebte, war einst der Prozessionsweg des Tempels von sage und schreibe 574 aus Granit geschlagenen Katzenstatuen der Sachmet flankiert. Die Tempelanlage, die früher an einen heiligen See grenzte, ist heute eine von gelbgrünen Binsen überwucherte Trümmeroase. Verwitterte und zertrümmerte Sachmet-Standbilder, gesichtslose Göttinnenfiguren, verleihen dem Heiligtum einen makabren Reiz.

Vor gar nicht langer Zeit war der Mut-Tempel dem Versuch neuer Beraubung ausgesetzt. 1976 wollte ein Reisender Gafire bestechen, um mit ihrer Hilfe in den Besitz einer ziemlich guterhaltenen Sachmet-Statue zu kommen. Der Versuch scheiterte an der Unbestechlichkeit der Wächter, die zu dritt die Reste der Anlage hüten.

Der Ptah-Tempel war öfter Raubattacken ausgesetzt. Thutmosis III. (1490—1436 v. Chr.) widmete ihn dem Stadtgott von Memphis, der mit Sachmet und Nefertem, dem jungen Gott auf der Lotosblüte, zu einer Götterfamilie gehörte.

An den Säulensaal des Tempels schließen sich die drei Kapellen des Allerheiligsten an. In der mittleren Kapelle steht noch das kopflose Kultbild des Ptah, in der hinteren die Statue seiner Gemahlin Sachmet. Der Zugang zur Ptah-Kapelle ist durch eine

Eisentür gesichert. Sachmet wird durch eine Tür aus Rundeisenstäben unter Verschluß gehalten. Nur während der Besuchszeiten öffnen Gafire die Entrees.

Trotzdem wurde dreimal versucht, die wunderbare Sachmet-Statue zu stehlen. Der letzte Raubversuch, der fast gelungen wäre, fand 1967 statt. Seitdem ist die Göttin nicht nur der besseren Standfestigkeit wegen mit einem Bandeisen an der Wand gesichert.

Den gescheiterten Diebstahl ließ ich mir von Rechtsanwalt El-Rahman A. A. in Luxor und von Dr. Abu R. in Kairo schildern. — Dr. R., der zur Zeit des versuchten Raubes Inspektor der Antikenverwaltung in Luxor war, schätzt das Gewicht der Plastik auf zwölf Tonnen, Rechtsanwalt A. nimmt zwischen zwanzig und fünfundzwanzig Tonnen an.

Es gibt mehrere Lesarten des Tathergangs. Einer Fassung zufolge konnte die tonnenschwere Sachmet bis kurz vor den Luxorer Flughafen gebracht werden; für den Transport soll ein von Eseln gezogener vierrädriger Karren benutzt worden sein, auf dem die Statue unter Planen und Geräten versteckt war. Schließlich, von ihrer Kühnheit verlassen, hätten die Diebe das unersetzliche Objekt in einen Kanal gerollt. Diese Lesart ist auf jeden Fall falsch. Die Dame steht wieder in der Kapelle, und es wäre ja wohl bemerkt worden, wenn die schwere Last mit einem Kran aus dem Wasser gehievt worden wäre. Eine andere Version, die mir von Gafiren mitgeteilt wurde, nimmt den Abtransport bereits in dem Moment als gescheitert an, zu dem die Figur vom Sockel gewuchtet wurde. Keine dieser Lesarten wurde von maßgeblicher Seite bestätigt.

Verwirrung brachte eine Notiz im SPIEGEL vom 18. April 1977 in die ohnehin verworrene Situation. Da war zu lesen:

„Kürzlich ertappte die neue Altertümer-Schutztruppe eine Diebesbande, die eine sieben Tonnen schwere Pharaonen-Statue über die Grenze schmuggeln wollte."

Wenn „kürzlich" einen Zeitraum von mehreren Monaten umfaßt, läßt sich feststellen, daß in 1977 kein tonnenschweres Kulturobjekt aus Ägypten herausgebracht werden sollte. Mit „Pharaonen-Statue" ist eine falsche Objektbezeichnung gegeben, falls der Verfasser die früheren Umstände beim Sachmet-Diebstahl im Sinn hatte. Wenn er diesen Fall meinte, wäre die Charakterisierung

„aus pharaonischer Zeit" für die Statue stimmender. Falls sich aber der Rechercheur auf eine in Luxor kursierende Story bezog, wonach 1977 ein Versuch unternommen worden sein soll, eine Sachmet mit einem Helikopter aus Karnak zu entführen, dann ist er einem wilden Märchen aufgesessen. Generell schließe ich nicht aus, daß der SPIEGEL-Schreiber Informationen hatte, die mir bei meiner zweijährigen intensiven Recherche unter Mithilfe von mehr als 30 kenntnisreichen Fachleuten nicht ins Netz liefen. Bei aller Raffinesse und dem technischen Rüstzeug moderner Kulturräuber und in einem Ägypten der teilweise unbegrenzten Möglichkeiten bleibt es doch unwahrscheinlich, daß eine mehrere Tonnen schwere Fracht en bloc außer Landes geschafft werden kann.

Teilweise stimmen die vagen Schilderungen, die in Umlauf sind, mit den Darstellungen meiner beiden seriösen Informanten überein. Die Statue wurde von ihrem Platz in der Kapelle entfernt. Die Fahnder verfolgten die tiefen Profilabdrücke des mit der Sachmet beladenen Wagens im Sand. So konnten sie dann zwei Kilometer vom Tempel entfernt den Wagen beobachten, der von drei Zugtieren und neun Männern fortbewegt wurde. Als der Wagen parkte, blieb er in Observation der Geheimpolizei. Als die Diebe in einer der folgenden Nächte erschienen, um die Fahrt fortzusetzen, vereinnahmten die Fahnder Diebe und Hehler; aus Bündeln von Maisstroh wühlten sie den Kopf der ramponierten Göttin — er war angebrochen. Die Räuber ergaben sich widerstandslos und kamen wie Sachmet hinter Gitter.

Die Auftraggeber blieben ungeschoren, ihre Namen unbekannt. Das ist alte Tradition im illegalen ägyptischen Kunsthandel. Der Dieb gedeiht oder verdirbt unter der Hand seines Hehlers.

Dank der üppigen Investitionen in Sachmet-Statuen durch den abergläubischen Amenophis III. sind uns gottlob einige erhalten geblieben. Ob sie ihre derzeitigen Standorte legal erreichten, das allerdings weiß man von einigen Statuen nicht.

Ein Amerikaner in Luxor

Die Herren der in Los Angeles wohlbekannten Juwelenhandlung J. & C. Ferrara hatten die Nase im richtigen Wind, als sie im Mai 1977 den Firmennamen *KING TUT* ins Handelsregister eintragen ließen, um ihre durch altägyptische Kunst inspirierte Schmuckkollektion unter der adäquaten Adresse an den Mann zu bringen.

Das war vor der großen Welle, die, aus dem Lande der Pharaonen kommend, über den Kontinent schwappte, das war, bevor *boy king Tut* mit seinen goldenen Requisiten als Leihgabe des Kairoer Museums als junger, 3000 Jahre alter Star unter Glasstützen in amerikanischen Museen die große Show machte.

Bei seinen beiden ersten stummen Auftritten in Washington und Chikago lockte der junge Pharao über 1,5 Millionen Besucher an. Bevor es in New Orleans hieß: *The show goes on!*, hatte die Stadt ihre Jazz-Attraktionen vergessen und stand Schlange nach Kulturfahrten ins Reich Tut-ench-Amuns, der „faszinierendsten Wanderausstellung, die jemals durch Amerika zog", wie die Presse jubilierte. Als dann noch die große Fernsehgesellschaft NBC im Juli den Dokumentarfilm *The boy king* ausstrahlte, starrte ein Drittel der Nation auf den Star aus Ägypten, eine unfaßliche Ägyptomanie hatte das Land der unbegrenzten Möglichkeiten erfaßt. Während in Los Angeles 1978 die Räume des Kunstmuseums für die *Tut*-Ausstellung gerichtet werden, fährt *KING TUT* auf dem Kamm der überschäumenden Ägyptenwelle einen noch größeren Jahresumsatz in den Hafen von J. & C. Ferrara ein, stellen im 500 km entfernten San Francisco nobelste Geschäfte ägyptisch angehauchte teure Geschenkartikel in die Auslage. *Ex oriente lux!* Die Geschäftsmaschinerie läuft auf Hochtouren, animiert die Familien Smith und Miller, alle Babbitts in 50 Staaten, sich in die unbekannte, schöne Welt Tut-ench-Amuns zu begeben — mit lockerem Geld in Jeans und Dinnerjacketts. Goldgerahmte *Tut*-Gemälde werden für 115 $ feilgeboten. Juwelier Bloomingdale folgt, ohne zu erröten, Ferraras avantgardistischen

Spuren und wirft hieroglyphenverzierte Armreifen und Ketten mit Anhängern auf den Markt, aus deren Ovalen statt des langhaarigen *boy friend* verständnislos in Golddublee der Gottkönig aus leeren Augen starrt. Zwischen 17,50 und 250 $ bringt Kenneth Jay Lane altägyptischen Modeschmuck auf den Markt. Wer kann, wer will sich schon der Mode verschließen? Ägypten ist *in.*

Schund und Exquisites fanden in trautem Verein ihre Abnehmer, die sich nur im Geldbeutel unterschieden. Bei Macys, dem größten Kaufhaus der Welt, Ecke Broadway und 34. Straße in New York, waren Ägyptica ebenso gefragt wie bei Kunsthändlern, in deren vornehmer Geschäftsstille Geschäfte in Tausendern auf schweren Teppichen geräuschlos laufen. In der Orchard Street in der Lower East Side hatte ein ambulanter Trödler mit Bauchladen einen Hit: Ladenhüter, nachgegossene viktorianische Briefbeschwerer, gingen weg wie heiße *hot dogs* – nur weil die grünpatinierten Löwenkörper einen Sphinxkopf auf der Schulter trugen.

Das New Yorker Metropolitan Museum setzte zwei Millionen Dollar mit dem Verkauf von Reproduktionen altägyptischer Schätze um. Vom Mobile mit Udjat-Augen (sie sahen einst für den Toten durch den Sarkophag in die Welt) bis zum Gipsabdruck der Göttin Sachmet, die ihre Landsleute mit Krankheiten bedachte, regnete aus dem ordinären Füllhorn der Kitschindustrie ein sagenhaftes Angebot an Unvorstellbarem auf die kunstbeflissenen Konsumenten.

Die Zigarettenraucher ahnten nicht, daß der schakalköpfige Anubis im alten Ägypten ein Totengott war, wenn sie aus der göttlichen Hülle ihrer Stäbchenpackung Rauchbares angelten, sie also sinnbildlich vorm oft hysterisch zitierten Nikotintod gewarnt wurden. Völlig richtig und in Jungmädchenzimmer passend, pinnten Teenager Poster des Tut-ench-Amun an die Wand — Yeah! — *This golden boy is beautiful!*

Wenn auch Lizenzgebühren für alle „Kunstwerke" an Ägypten abgeführt wurden und das Kairoer Museum derart Mittel für dringend nötige Renovierungen bekam, wird der Rummel um den *boy king* selbst dem allesverzeihenden weisen Thot, Gott der Schreibkunst und der Wissenschaft, um einige Phon zu laut gewesen sein. Mit einem *soft sound* wäre es ihm fraglos lieber gewesen.

Edwards Museumskatalog „The Treasure of King Tutankhamun" für 8,95 $ stand seit September auf der Bestsellerliste der NEW YORK TIMES. John A. Chapell aus Los Angeles, der ihn nach anstrengendem Museumsbesuch ergattern konnte, stellte nur noch erschöpft fest, daß sein nächster Trip ihn bestimmt nach Ägypten führen würde, um dort ein *choice piece of old Egyptian art* zu erwerben. „Ich denke, die Leute dort werden schon irgendwas verkaufen!"

Derweil Mr. Chapell erst in der Phantasie mit dem Land seiner Träume umging, während das von Angelo Donghia entworfene „ägyptische Sofa" für 870 $ bei Broadway's noch auf seinen Besitzer wartete, buchte der zweite Direktor einer der größten Herstellerfirmen für Sport- und Freizeitmoden bereits ein Flugticket zweiter Klasse für den 8. November 1977 mit Reiseziel Kairo.

Ab dem 14. November 1977 wohnte ich für mehrere Tage in den Hügeln von Qurna im Hotel MARSAM, einer abgewirtschafteten Oase meines Freundes Ali Abd er-Rassul aus dem legendären Rassul-Clan.

Von meinem Stammplatz im staubig-heißen Hof des sogenannten Hotels fiel mir ein Reisender auf. Um es genauer zu sagen, fiel mir ein Hawaiihemd in kreischend-bunten Farben auf (daß es ein Prunkstück aus der Kollektion der Dallas-Firma für Freizeitmoden war, ging mir erst im Gespräch mit dem grellbetuchten Gast auf). Offensichtlich — an diesem Ort mußte man nicht raten — hatte ihn der Rundgang im Tal der Könige beträchtlich erschöpft; mit seinem Taxifahrer und einem jungen Fremdenführer aus Luxor war er zur Rast eingekehrt. Mit Alis verbogenen Aluminiumgabeln kämpfte er sich durch eine riesige Platte Kebab, die „Spezialität" jeden ägyptischen Restaurants mit am Spieß gegrillten Hammelfleischbrocken.

Dem an Einheitssteaks gewöhnten Babbitt behagte vieles nicht; in der ihm bekannten Sprache rief er lauthals nach dem *headwaiter*; er hatte nicht begriffen, daß der hagere Mann in der weißen Gellabejah der einzige dienstbare Geist war. *„Eat!"* war der Kommentar des barfüßigen Hotelbesitzers, der müde und interesselos auf den Resten eines ausrangierten Bettes im Schatten hockte, ab und zu das Ende seines Wollschalturbans über die Schulter warf, wenn er sich eine Zigarette anzündete; es war sicher die fünfzigste, die er eben in hastigen Zügen inhalierte.

Der Mister gab seinen Kampf um eßbare Nahrung mangels brauchbaren Werkzeugs auf, verlangte eine Flasche Bier, leerte sie in einem Ansatz, zahlte, rief: *„What a dirty place!"*, bedachte mich im Vorbeigehen mit einem freundlichen: *„See you later!"* und verschwand. „Inschallah!", So Gott will!, grunzte Ali Rassul und entzündete eine weitere Zigarette.

Zwei Tage nach dem amüsanten Spektakel saß ich mit einem Freund und dem Scheich Maarbud Nagdi im Rasthaus von Biban el-Moluk, als ich von der Terrasse aus den Dallas-Mann sah — in heftigem Disput mit dem jungen Fremdenführer aus Luxor und einem Gafir des Tut-ench-Amun-Tempels.

Als Chef der Wachtruppe im Tal der Könige verspürte Scheich Nagdi die Würde seines Amtes. Nach kurzem, mißbilligendem Blick auf das streitende Trio sprang er laut brüllend von unserm Tisch auf und flatterte stockschwingend die Treppe hinab. Im Nu beendete er Streit und Gefeilsche. Das war, per Distanz, meine zweite Begegnung mit dem Texaner.

Nach anstrengenden Dreharbeiten im Amon-Tempel Karnak wollten mein Kameramann und ich uns mit einem erstklassigen Nachtmahl im SAVOY-Hotel in Luxor belohnen. Kaum hatten wir uns durch die Spiegeltüren in die Hotelhalle geschwungen, als wir auf den Amerikaner prallten. Ganze Völkerstämme ausgehungerter Touristen kämpften in unsere Richtung, wir im Windschatten des breiten Texaner-Rückens. *„Let's try to get our dusty pudding!"* lachte er über die Schulter zurück und handelte dem verzweifelten Oberkellner den letzten freien Vierertisch mit ausreichendem Dollarbakschisch ab. Nun klärten sich unsere Steckbriefe, er war schon zum fünften Male von Dallas nach Luxor geflogen, wir „rechtfertigten" unsere Anwesenheit mit einer Studienreise.

Nach einem recht guten Essen schlug er vor, den angebrochenen Abend gemeinsam mit einigen Drinks auf der Terrasse zu beenden; wir nahmen die Einladung an. Um das Gespräch in die Richtung zu lenken, die mich interessierte — was machte der Dallas-Mann so oft in Luxor? —, fragte ich wie beiläufig, was vor zwei Tagen im Tal der Könige der Grund des heftigen Streites gewesen sei.

Rundherum in Geberlaune, erfuhren wir von seinem Anliegen, das zum Streit geführt hatte. Vor seiner Reise baten ihn Freunde, die wie ganz Amerika *boy-king*-verrückt seien, er möge ihnen aus dem Heimatland des jungen Pharao ein echtes Souvenir mitbringen. Da habe er dann eine ganz gute Idee gehabt: Über Abu Hassan, so hieß der junge Mann aus Luxor, habe er einen Gafir von Tut-ench-Amuns Grab gebeten, ihm ein paar größere Steine, wie sie auf der Mauer zum Grabeingang herumlagen, in die Reisetasche zu packen.

„Ich habe ihm sogar zehn Pfund geboten, wenn er mir so an die zwanzig Steine gibt, aber der Kerl hat das wohl falsch verstanden, so, als ob ich dem *Tut* was antun wollte!" Darum habe sich Abu Hassan so lautstark mit dem Gafir angelegt. — Ob er denn schließlich seine Steine bekommen hätte, fragte ich. „Ja, im Grab drin sprachen wir noch mal mit dem Kerl. Ich ließ ihm sagen, daß ich die lumpigen Steine als Andenken mitbringen wollte, für zwölf Pfund hat er dann zwanzig Steine rausgerückt, und dann hat er noch die schwere Tasche durch die Sperre geschleppt. *They are really crazy!*"

Unsere Gläser wurden mit viel Whisky, sehr viel Eis und wenig Wasser mehrmals nachgefüllt. Jeder Schluck löste die Zunge, und wir erfuhren den Grund für die Ägyptenreise des Texaners.

Er selbst war seit Jahren *crazy* auf Antiken, er steckte den größten Teil seines Einkommens in Ägyptica — für seine eigene Sammlung, aber auch, um das eine oder andere Stück an irgendeinen Kunsthändler „drüben" zu verhökern.

„I'm a robber!" flüsterte er, um sich schnell lachend zu korrigieren: *„A collector!"* Er klopfte mir wie ein Cowboy auf die Schulter, damit ich auch überzeugt war, daß er ein Sammler, kein Räuber sei.

„Sehen Sie!" Aus der Innentasche seiner über den Korbsessel gehängten Jacke griff er eine dicke Brieftasche mit einem Packen Polaroid-Fotos im Format 11 × 9 cm. „Das sind ein paar Lieblingsstücke meiner Sammlung. Über 200 habe ich, Fotos von den besten trage ich immer bei mir!" — Die Aufnahme einer wunderschönen Neith-Statuette in Bronze werde ich nicht vergessen: Meine Augen haben die rote Krone der Kriegsgöttin, den Bogen in der Hand, fotografiert.

In vier Jahren, erzählte der Dallas-Mann, sei dies seine sechste Reise. Sollten doch die anderen ihren Europatrip nach Florenz, Venedig, Paris oder Heidelberg machen, für ihn sei Ägypten immer lohnenswert. „Im Vergleich zum Kunsthandel in Amerika, in Paris, London oder Zürich kann man hier, wenn man ein bißchen clever ist, immer noch gute Sachen auftun, am besten in der Provinz!"

„Sind Sie in Amarna gewesen?" fragte ich so arglos wie nur möglich.

„Natürlich! Wenn du da vorbeifährst und sagst, du kommst in zwei Wochen wieder vorbei, dann sägen sie dir was aus der Wand. Vor drei Jahren hat mir ein ehemaliger Touristenführer aus der Nähe von El-Bayadiya einen alten Gafir angeschleppt, der hatte was aus der Zwischenzeit. Fünfzig Pfund — *and up away to Dallas!*" — Die Palmblätter auf seinem Hawaiihemd bogen sich vor Lachen.

Wie es sich gehörte, kannte er die wenigen Händler in Kairo, in Luxor habe er während seines Aufenthalts einige ganz hübsche „Kleinigkeiten" erworben, doch dieser windige Moltam an der Ecke des LUXOR-Hotels habe außer einer echten Lizenznummer nur Schund im Laden. Der Texaner schepperte vor Lachen. Moltam, nein, der könne ihm nichts andrehen.

„Kriegen Sie keinen Ärger mit dem Zoll?" fragten wir. Er war ein rundherum lustiger Mann, unsere Frage schon reizte ihn zum Lachen. „Da habe ich einen Trick! Ich sorge immer für Übergepäck! Auf dem Flughafen Luxor sind die glücklich, wenn die Waage tüchtig nach oben ausschlägt! Hahaha! Einmal, meine Herren, merkte ich beim Anheben der Koffer, daß sie zu leicht waren. Da habe ich mir vom Gärtner des SAVOY zwei Plastikbeutel mit Sand füllen lassen, und da habe ich dann dank Übergewicht einen ganzen Karton guter Terrakotten aus der ptolemäisch-römischen Zeit 'rausgebracht. Die Kosten fürs Übergepäck stehen in keinem Verhältnis zum Wert der feinen Stücke! Hahaha!"

Er war wirklich sehr tricky, unser Gesprächspartner. Mit der Übergewichtsmasche hatte er bei zwei Reisen runde vierzig Pfund an kleinen Objekten außer Landes geschafft, einmal auch über den Flughafen Kairo. Skarabäen und kleinere Fayenceamulette pflegte er in Filmdosen zu verpacken, auf denen UNEXPOSED FILMS leuchtete, kein Zöllner wollte die Touristenfotos vernichten. Klar. 1975 erwarb er in Kairo zwei Uschebti-Figürchen aus der Spätzeit (rund 700 Jahre v. Chr.); aus einem Souvenirladen nahm er ein halbes Dutzend leidlich guter Imitationen mit und mischte seine beiden Kostbarkeiten unter den Ramsch; der Zöllner warf einen nachsichtigen Blick in sein Kabinengepäck. Seine beiden Uschebtis, die „Antwortenden“, Figuren, die anstelle des Toten im Jenseits arbeiten sollten, stehen nun in seiner Sammlung. Mit den Imitationen beglückte er Freunde, die vermutlich auch eine Kleinigkeit dafür übrig hatten.

Zwei Tage später reiste unser Texaner über Bombay nach Dallas. Vermutlich wieder mit Übergepäck. Daß er wiederkommen würde, hatte er uns whiskyselig anvertraut.

Zufällig traf ich Abu Hassan, den Touristenführer. Der hatte unserem Mann noch dreißig Geschäftskarten vom Luxorer Antikenhändler Sayed Moltam besorgen und dann auf jede Karte einmal in arabischen, einmal in englischen Lettern schreiben müssen: *Really stones from Thomb Tut-Anchamun*, echte Steine aus dem Grab des Tut-ench-Amun.

Cheerio!

Luxor, Station Street 44

Franz Reichersheim hatte 1880 mit einigen wanderfreudigen Enthusiasten Ägypten aufgesucht. Unter dem Motto „Wem Gott will rechte Gunst erweisen . . .“ schrieb er nach der Rückkehr ein kleines Reisebrevier. Darin stehen Zeilen, die bis heute keine Patina angesetzt haben:

„Zunächst suchten wir das Postamt in Luxor auf, um Briefe abzugeben und in Empfang zu nehmen, dann statteten wir sofort dem deutschen Konsularagenten einen kurzen Besuch ab. Derselbe, namens Bulos Todros, ist ein Kopte und spricht nur die Landessprache, sein Sohn Mohareb Todros dagegen hat die deutsche Schule in Beirut besucht und spricht fertig deutsch, englisch und französisch. Herr Todros betreibt einen großen Handel mit ägyptischen Altertümern, und bei ihm ist, abgesehen vom Bulak-Museum, die einzige Stelle, wo man wirklich echte Sachen preiswürdig kaufen kann. Neben den echten Sachen hat er auch eine große Sammlung äußerst geschickter Imitationen zum Vergleich mit den echten Antiquitäten. Die Eingeborenen, welche überall die Reisenden mit ihren Antiquitäten belästigen, haben selten echte Artikel und fordern unverschämte Preise.

Wir wurden von Herrn Todros jr. sehr freundlich aufgenommen und mit Limonade, Kaffee und Zigaretten bewirtet. Sein Zimmer ist geschmückt mit Bildern von Deutschen, die Luxor besucht haben, darunter auch viele deutsche Fürsten und Prinzen.“

Bulos Todros war Konsularagent in preußischen Diensten. In jungen Jahren hatte er das Handwerk des Silberschmieds erlernt. Diese Kenntnisse verband er mit manuellem Geschick zu seinem dritten Beruf: Neben der Konsulartätigkeit und dem Antiquitätenhandel beschäftigte er sich mit der Herstellung falscher Kunstobjekte. Sein gastfreundliches Haus stand inmitten der Ruinen des Amenophis-Tempels. Damals waren die Ruinen des Luxor-Tempels von Behausungen, Viehställen und Getreidespeichern der Araber und Kopten völlig verbaut.

Todros' Haus wurde nicht nur gern von deutschen Reisenden besucht, deren Anliegen er sich stets besorgt annahm, es war auch Treffpunkt internationaler Aufkäufer. Auch Professor Adolf Ermann (1854—1937), Direktor des Ägyptischen Museums in Berlin, Begründer der modernen ägyptischen Sprachforschung, war häufig zu Gast bei dem cleveren Ägypter. Erman erinnerte sich:

„Ihrer Stellung wegen fühlten sich Todros und Mohareb verpflichtet, den Berliner Museen gegenüber entgegenkommend zu sein, und so haben wir dann damals im Laufe der Jahre so manches gute Stück durch sie erworben und sind dabei gute Freunde geblieben."

Amüsant schildert Erman die Abwicklung der Geschäfte, die dem orientalischen Handel auf den Basars ähnlich war. Zuerst führte Todros alte Ladenhüter vor und versicherte unter heiligen Eiden, daß sonst aber auch gar nichts an Antiquitäten am Lager sei. Hatte man ein Stück gekauft, kramte er unterm Sofa eine Kostbarkeit hervor. War auch dieses Geschäft gelaufen, konnte es passieren, daß dann noch Wertvolleres zum Vorschein kam. „Und ebenso war es", erzählte Erman, „ein Lieblingsscherz von ihm, daß solche Stücke, die man kaufen wollte, nicht ihm gehörten, sondern ‚einem Araber'!"

Alles, was ab der Mitte bis zum Ende des 19. Jahrhunderts im Handel von ägyptischen Antiken mitmischte, hatte irgendwann mit dem eigenwilligen Kopten Bulos Todros zu tun. Der holländische Händler Jan Herman Inzinger, der in der trockenen Hitze Ägyptens eine schwere Tuberkulose auskurieren wollte und zugleich ein Geldinstitut in Luxor betrieb, war ebenso häufig bei Todros zu Gast wie Chauncey Murch, den der „United Presbyterian Board of Foreign Missions" 1883 nach Ägypten schickte. Murch sah seine presbyterianische Sendung eher im Sammeln von Antiquitäten; seine große Kollektion ägyptischer Skarabäen gelangte 1906 ins Britische Museum, London. — Galli du Maunier, der mehr als 20 Jahre im Maison de France als Konsularagent residierte und als erster von der Entdeckung der Juwelen der Königin Aah-hotep erfuhr, stand mit Todros ebenso in Kontakt wie der französische Ägyptologe Gaston Maspero, der von 1899 bis 1914 Generaldirektor der staatlich-ägyptischen Altertümerverwaltung war.

Räuber, die auf der thebanischen Westseite die Totenstadt mit den Gräbern und Totentempeln der Königinnen und Könige plünderten, lieferten ihre Funde überwiegend im Hause Todros ab. Bey Muhammed Mohassib, der seine Karriere als Hausdiener einer englischen Lady begann, war ein vorzüglicher Hehler; zunächst handelte Mohassib ambulant, machte sich aber 1880 mit einem Antikengeschäft in Luxor selbständig; gemeinsam mit Todros verschob er „Waren", die heute in europäischen und amerikanischen Museen zu sehen sind.

Bulos Todros starb 1898 in einem Zimmer, dessen Wände Fotos mit Dankesadressen hochmögender Potentaten und renommierter Wissenschaftler zierten. Noch heute handeln Nachkommen mit Fälschungen, die von Todros und seinen Handlangern hergestellt wurden.

Todros' Geschäftssinn vererbte sich auf Sohn Mohareb, der 1937 das Zeitliche segnete. Kurz vor seinem Tode entstand ein Konterfei, das ich mit Erlaubnis seiner Schwiegertochter fotografieren durfte. Es zeigt ein bäuerliches Gesicht, doch dieser harmlos dreinschauende Fellache, mit allen Nilwasser gewaschener Händler der zweiten Generation, betrieb sein Geschäft mit der abgründigen Schläue seines Vaters; heute noch erzählen ortsansässige Konkurrenten von seinen harten Kämpfen auf dem Markt des Handels mit Altertümern.

Todros' Familienbetrieb florierte weiter mit Moharebs Sohn, genannt Sakim Harrib. Längst ist sein Name von geheimnisvollen Besonderheiten umwoben.

Das Haus des Sakim Harrib steht in der Station Street 44. Das ist die Hauptgeschäftsstraße von Luxor. Ein seitlicher Pfad führt zum Haupteingang des mehrstöckigen gelben Wohnblocks. Die Hausfront läßt nichts Ungewöhnliches hinter ihren Mauern vermuten: Auf den Balkons stapeln sich Geflügelkäfige, sind Wäscheleinen gespannt und mit Kleidungsstücken beflaggt. Nr. 44 ist dekoriert wie alle Häuser in Ägypten.

Immer schon an den Machenschaften des Todros-Clans interessiert, erkundigte ich mich 1976 wieder nach den Bewohnern von Nr. 44, Station Street. Freunde in Luxor sagten: „Das ist das Haus von Sakim Harrib. Seine drei Kinder werden in der Wohnung unterrichtet, sie dürfen das Haus nicht verlassen, die können eine Melone nicht von einer Tomate unterscheiden!" — Vom Versuch eines Besuches bei Herrn Harrib wurde mir abgeraten;

der reiche, geizige Kopte lasse keinen Menschen zu sich. Der damalige Polizeipräfekt Sharabi verbot mir strikt ein Rendezvous mit Harrib, weil der seit einiger Zeit auf der schwarzen Liste der Altertümerverwaltung stehe und observiert werde. Später erst erfuhr ich, daß Sakim Harrib bei schlechter Gesundheit war und deshalb ungern Gäste empfing. Das mag stimmen, kann aber auch ein Vorwand gewesen sein.

1978 kontaktierte ich zwei bekannte deutsche Ägyptologen, von denen ich wußte, daß sie Verbindungen zu Harrib pflegten. Einer sagte mir, Harrib sei gestorben.

Bei einem Aufenthalt im Sommer recherchierte ich in Luxor wieder nach dem mysteriösen Todros-Enkel, der inzwischen Sakim Harrib hieß. Die Informationen vom angeblichen Tod erwiesen sich als falsch. Es hatte eine Namensverwechslung gegeben. Ein Antikenhändler namens Albert Tawdros war gestorben, er hatte seinen kleinen Laden in der Nähe des LUXOR-Hotels. Die Ähnlichkeit der Namen: Tawdros/Todros (Harrib) hatte zu einer Verwechslung geführt.

Nach längerer Abwesenheit sagte mir der neue und sehr hilfsbereite Polizeipräfekt Auad, Sakim Harrib sei vor einer Woche im Alter von 77 Jahren gestorben.

Jetzt endlich, nach dem Tod des seltsamen Kopten, sah ich in der Begleitung eines Polizeioffiziers die geheimnisvolle Behausung. Das von der Altertümerverwaltung versiegelte und mit Bandeisen gesicherte Magazin des Sakim Harrib durfte leider nicht geöffnet werden. So konnte ich nur die privaten Räume samt Witwe und drei Kindern betrachten.

So verschlossen und abweisend der verblichene Tyrann geschildert wurde, so gastfreundlich zeigte sich seine Gemahlin. Sie bestand darauf, daß wir alle Räumlichkeiten in ihrer unbeschreiblichen Unordnung in Augenschein nahmen. Ohne gefragt zu sein, sagte die Witwe: „Nein, wir haben kein Geld. Ich weiß auch nicht, wo mein Mann sein Geld aufbewahrt hat!"

Scheu wie Kinder, die dem Leben ferngehalten wurden, standen der erwachsene Sohn, 21, und seine jüngere Schwester beobachtend in der Tür zum Schlafraum, derweil der zehnjährige dicke Bruder mit lautem Patsch zwei rohe Eier auf den Boden schmetterte, um unter gellendem Lachen die aus allen Ecken heranspringenden Katzen zu füttern.

Mit einem Augenzwinkern fragte ich den Polizeioffizier: „Können wir nicht durch ein Hoffenster ins verschlossene Magazin klettern?“

„La-la-la! Nein-nein-nein“, winkte er fast erschrocken ab, das war ihm denn doch zu gefährlich, merkte aber mit dienstlichem Eifer an, daß Sakims verschwiegenes Privatzimmer nicht verschlossen sei. Das also breitete sich nun vor unseren Augen in seiner ganzen „Pracht“ aus.

Des reichen Harribs Raum war mit einem alten Militärbett, einem wackligen Tisch, einem amerikanischen Tresor und wirr auf den Boden gestapelten Büchern und Zeitschriften „möbliert“. Auf einem Vertiko lag der rostrote Fes des Vaters wie eine Reliquie. Von verborgenen Schätzen konnte ich in dem Tohuwabohu nichts erspähen.

Trotzdem will die Fama in Luxor wissen, daß im Haus Station Street Nr. 44 Antiquitäten im Wert von mindestens einer Million ägyptische Pfund verborgen sind. —

Abends, als ich Polizeipräfekt Auad von meinem Besuch erzählte, meinte er, bevor nicht die für die Erbschaft zuständige Antikenverwaltung eine Bestandsaufnahme durchgeführt habe, bleibe das Magazin unter Verschluß.

Da ich Herrn Harrib alias Todros zu Lebzeiten nicht begegnete, übermittle ich die Schilderung seiner Persönlichkeit und seines Gebarens zwar aus zweiter Hand, doch von Personen, die ihn sehr gut kannten.

Harrib wird, was ich vielfach hörte, als scheuer und im Umgang schwieriger Herr beschrieben, mit dem ihm bekannte Ausländer nur mühsam zum ersten Geschäft kamen, der aber auch gegenüber alten Geschäftspartnern seine skeptische Vorsicht nicht ablegte. Harrib hatte sehr gute oder gar keine Nerven . . . und eine hervorragende orientalische Händlertaktik: Schnelle Verkäufe waren ihm zuwider, weil die Begehrlichkeit der Käufer mit jedem Tage wuchs wie der Preis. Akzeptierte ein Interessent nicht auf der Stelle den geforderten (viel zu hohen) Preis, zogen sich Verhandlungen über interessante Objekte wochenlang hin; einmal soll es ein Jahr bis zum Abschluß gedauert haben. — Zahlungen nahm er nur in ausländischen Währungen entgegen. Ein Auslandsdevisenkonto, wie es andere Dealer längst führten, lehnte er ab, er ließ sich nicht in die Konten schauen. Bei Stücken mit Höchstpreisen soll er Zahlung in 250-g-Goldbarren verlangt haben.

Harrib kleidete sich, wird berichtet, besonders ärmlich. Kein Wunder, daß er als ein Herr Niemand in der grauen Armut der Straßen untertauchte und auch von seinen Nachbarn nur selten gesichtet wurde.

Seine Frau erfuhr kein Wort über geschäftliche Transaktionen, sie bekam oft nur beim Öffnen der Tür mit, daß viele Besucher aus Europa anreisten. Sein privates Retiro betrat Madame Harrib selten.

Daß die Haushaltsführung selbst für orientalische Verhältnisse mehr als bescheiden war, konnte ich feststellen. Zwei Empfangszimmer, die im Dezember 1978 noch versiegelt waren, sollen Mobiliar und Ausstattung aus den Zeiten seines cleveren Vaters Mohareb Todros enthalten haben: Salons mit Bildern berühmter Besucher, auch ein Bild von Kaiser Wilhelm II., Fahnen einiger Nationen.

Hier verkaufte der eigenartige Herr Harrib die verschiedensten antiken Objekte aus allen ägyptischen Epochen. Erlesene Kostbarkeiten zog er unterm Sofa hervor, wenn der Gast schon im Weggehen war. Nach langem Feilschen kam zum Schluß des öfteren noch ein Verkauf mit dem Überraschungseffekt. Wenn Herrn Harrib nicht danach war, zeigte er selbst alten Kunden seine besonderen Schätze nicht. Niemand sagt dem geizigen Kauz landesübliche Gastfreundlichkeit nach: Reste von Getränken goß er aus den Gläsern noch im Beisein der Gäste in die Bouteillen zurück.

Seine Fachkenntnisse sollen nicht eben groß gewesen sein. Was ihm in dieser Ecke mangelte, glich er durch exzellente Verkaufstricks aus. An der Legende seines Reichtums muß eigentlich etwas dran sein.

Als wir im Herbst 1978 mit unserem Team in Luxor arbeiteten und auch im Haus Station Street Nr. 44 drehten, konnte ich die Wohnung noch mal sehen; die Räume waren heller und ordentlicher; auf dem Tisch lag die Visitenkarte des holländischen Kunsthändlers v. D. — Madame Harrib, offensichtlich in desolaten finanziellen Verhältnissen, hoffte auf Öffnung der Magazine durch die Kairoer Behörden. „Ich werde dann alles auf einmal verkaufen. Es war schon ein Herr aus Holland hier!“ — „Natürlich, Madame“, antwortete der koptische Hauslehrer der beiden Jüngsten.

Der alte Bulos Todros führte ein Gästebuch, in das sich Leute mit bekannten Namen aus aller Herren Länder einschrieben. Sohn und Enkel führten es fort. Es ist bestimmt ein aufschlußreiches Buch. Falls es je gefunden wird.

Simsalabim: Aus alt mach neu

Tausendundeine Nacht, die Sammlung arabischer Märchen mit ihren Helden Aladin, Ali Baba und Hasan von Basra, fast zweitausend Jahre alt, könnte in dem „Buch von den sieben weisen Meistern“ um ein modernes Zauberstück angereichert werden. Aber das Märchen-Happy-End: „Und wenn es nicht wahr ist, dann ist es schön erfunden“, gilt nicht. So märchenhaft es sich anhören mag, es ist alles die reine Wahrheit und nichts als die Wahrheit.

Da war also einmal, und das war Anfang der sechziger Jahre unseres Jahrhunderts, ein Ingenieur in Kairo, zu dessen Amtspflichten es gehörte, allwöchentlich Kontrollfahrten an die Plätze technischen Fortschritts im Morgenlande zu machen. Hani hieß der Ingenieur.

Um diese Zeit tauchten auf den internationalen Kunstmärkten Sarkophage von bester Qualität, Sargdeckel und Masken von Mumien auf, und alle diese Kostbarkeiten waren mit Stempel, Siegel und Papieren amtlicher Zollstellen zum Export auf die Reise ins Ausland geschickt worden.

Amtliche Etiketten besagten, daß es sich bei den Exporten um Falsifikate handeln mußte, Fälschungen, gute Fälschungen fanden auch ihre Abnehmer, doch mußte man sie in einschlägigen Geschäften in die Auslage stellen, um sie an dumme Käufer loszuwerden. Kein Stück dieser Exporte geriet ins Licht des freien Marktes, jedes verschwand — simsalabim! — unter den Zauberstäben versierter Galeristen und Kunsthändler in anonymen privaten Sammlungen. Zu gar köstlichen Preisen, versteht sich.

Ingenieur Hani fuhr fleißig über Land, nahm Baustellen in Augenschein und übersah nebstbei nicht, daß in den Siedlungen, durch die er mit seinem klapprigen, großen Wagen ratterte, von den Dörflern manch gute Rarität angeboten wurde. Er kaufte, was ihm sachverständig wertvoll schien, und lud es in sein Auto.

Der Ankauf machte keine Schwierigkeiten, indes haperte es arg mit dem Verkauf. Die Kairoer Händler hatten Manschetten vor dem Verbringen der großen Ägyptica. Tränenden Auges sagten sie Hani die Zusammenarbeit rundweg ab, wissend, daß ihnen beste, allerbeste Geschäfte durch die Lappen gingen. Sie hatten wirklich die Qual der Wahl, entschieden sich aber zwischen Lizenzentzug und Topgeschäft doch für Enthaltsamkeit. *So* gut, *so* groß war die Hani-Ware.

Der Ingenieur Hani, der das große Geld in seinen Träumen klingeln hörte, saß auf seinen Einkäufen, wie die Pelzhändler im Sommer unter ihren Edeltieren frieren. Nichts ging. Dörflern, die ihm mit Köstlichkeiten entgegeneilten, versagte er das bisher so florierende Einkaufsgeschäft. Wo, um Gottes willen, sollte er daheim die Ware unterbringen? Noch hatten ihm Sondereinkünfte weder Villa noch großräumige Wohnung gestattet, und in seiner kleinen Wohnung mußte er ja irgendwie, wenn auch schlecht und recht, Platz finden.

Wer weiß, ob Hani je seine Erwerbungen losgeworden wäre, wenn nicht Schwiegervater Ibrahim Kamel den Ali Baba oder Aladin würdigen Einfall gehabt hätte. Eine Königsidee!

Schwiegervater Kamel erhob sich vom Altenteil und begab sich ans Werk. Er machte aus echten Objekten einfältige Fälschungen! Über die antiken Fassungen pinselte er einen Firnis, aus handelsüblichen Farben angerührt, beschmierte förmlich die Pappmachéverkleidungen, die er auf die Deckel, die Innenseiten, die Ösen und Zargen der Sarkophage kleisterte, mit bunten wilden Zeichnungen. Teile brach er ab, behandelte sie separat, schliff die Bruchstellen glatt, damit man beim Empfänger wenig Mühe hatte, das Puzzle wieder zusammenzufügen. Masken liftete er mit dem Überzug nagelneuen Leinens, sie sahen „wie neu" aus. Der alte Ibrahim Kamel bewährte sich als Verwandlungskünstler großen Formats. Welcher Zöllner kicherte nicht vergnügt in seine Uniform hinein bei dem Gedanken, was seine gerissenen Landsleute da wieder mal den tumben Ausländern unter die Westen jubelten.

Die opulenten Sendungen von Hani & Kamel passierten mühelos alle Grenzen. Die Käufer der internationalen Loge setzten Restaurateure an, die Firnis und Pappmaché entfernten, Teile zusammenleimten. Der Markt sog diese erstklassigen Antiken auf.

Der Handel wäre bis ans Ende der Tage gediehen, wenn da nicht ein Bruderzwist ausgebrochen wäre. Der vermittelnde Kairoer Antiquitätenhändler nahm Vater und Schwiegersohn arg in die Zange, erpreßte sie, forderte eine derart hohe Beteiligung, daß Einkauf samt Maler- und Kleisterarbeiten nicht mehr für das Risiko standen. Es blieb für Hani & Kamel kaum noch was übrig.

Ibrahim Kamel soll vor gar nicht langer Zeit in Kairo gestorben sein. In einem Magazin hinterm Laden eines stadtbekannten Händlers steht ein Holzsarg aus Assiut, das ist das letzte Werk von Vater Ibrahim, und es ist nicht von schlechten Eltern. Gaufürsten ließen sich in solchen Särgen wohlausgestattet in den Felsengräbern am Stadtrand beisetzen; runde 3000 Jahre haben sie auch überstanden.

Sie sind nicht gestorben, die orientalischen Zauberkünstler. Entgegen allen Märchen leben sie heute noch.

Beim Umbau eingeplant: Diebstahl im Assuan-Museum

Ein knappes Szenario für Ortsunkundige: Die Insel Elephantine erreicht man von Assuan aus mit der Fähre, die nahe vom PHILAE-Hotel ablegt oder vom CATARACT-Hotel aus durch die Nilkatarakte fährt. Einstmals war die Insel, „Stadt inmitten der Fluten", Sitz der festungsartig angelegten Gauhauptstadt. Ihre Herrscher sind am Westufer beigesetzt, in Felsengräbern, deren Rudimente heute Ziel von Besichtigungen sind. Hier, bei Assuan, durchstößt der Nil die Wüstentafel und öffnet sich bis zur Mündung ins Mittelmeer als fruchtbare Kornkammer.

Über den ersten Katarakt schwärmen die Besucher nach Abu Simbel aus, dem Felsen am westlichen Nilufer, auf dem Ramses II. (1290–1224 v. Chr.) zwei Tempel errichten ließ. Abu Simbel geriet in aller Munde, weil während des Baus des Assuan-Staudamms die Bauwerke unter Wasser gesenkt worden wären. In rühmenswerter Weise geriet einmal der UNESCO eine Bravourleistung: Die Tempel wurden aus den Felsen herausgeschnitten und in erhöhter Nachbarschaft wiederaufgebaut.

Über Elephantine wüteten Zeiten und Eroberer hinweg, ehemalige stolze Stadtbauten und Tempelanlagen bieten nur noch den Anblick wirrer Trümmerfelder. Kambyses, König der Perser und Meder (522 v. Chr.), ließ blindwütig die Tempel der 18. Dynastie niedermachen. Die römischen Kaiser Claudius und Vespasian erweiterten den Chnum-Tempel, jüdische Söldner erbauten ein Jahwe-Heiligtum, das die Chnum-Priester erboste, weswegen sie es zerstörten. Nektanebos II. ließ während kurzer ägyptischer Interimsherrschaft am Tempel weiterarbeiten, das war um 400 v. Chr., ganz im Sinne von Alexander dem Großen (336 v. Chr.), der seine Steinmetzen und Kunsthandwerker schickte, um nach seinen Siegen sein Herz für die Kunst zu zeigen; das Tor einer Halle zeigt den Eroberer in Pharaonentracht.

Zwei Sehenswürdigkeiten sollte man auf Elephantine beachten. Das Nilometer verdient einen nachdenklichen Blick, das kleine Assuan-Museum große Aufmerksamkeit.

Gleich neben der Bootsanlegestelle zeugt das Nilometer für die Cleverness der alten Ägypter. Sie bauten hier einen Brunnen aus Steinquadern, der in direkter Verbindung mit dem Nil steht. Auf Marmortafeln ist in waagerechten Skalen der Wasserstand des Nils abzulesen. Wasser bedeutete Fruchtbarkeit. Also bemaß man die Steuern nach der Wassermenge, die während der Nilüberschwemmungen in der sommerlichen Regenzeit das Land bewässerte, also gute Ernte sicherte. Heute wie damals treten die Überschwemmungen ziemlich genau zwischen dem 15. und 18. Juni ein und lassen den Nil bei Assuan um sieben Meter über Normalpegel steigen.

Auf dieser gut zwei Kilometer langen Insel steht das kleine Assuan-Museum. Es prospektiert einen guten Querschnitt durch die wechselhafte Geschichte von der Vorzeit bis zur griechisch-römischen Herrschaft über Ägypten. Die Exponate werden in vier Sälen gezeigt, architektonische Fragmente stehen in Hof und Garten des Museums. — Den Eingang flankieren Satis, dann geht man im Vorraum an Statuen von Herrschern und Göttern vorbei, an einem Goldsarg mit der Mumie eines heiligen Widders.

Von 1976 bis 1977 wurden im Museum dringend gebotene Renovierungen durchgeführt, dabei wurden 13 Schächte installiert, die für bessere Entlüftung sorgen sollten. Diese Arbeiten wurden einer Firma zugeschanzt, deren Name anonym blieb, weil sich in die Auftragsvergabe eine Persönlichkeit hohen Ranges eingeschaltet hatte. Nun wohl, das kommt nicht nur in Ägypten vor.

Im Februar 1977 konstatierte die Verwaltung, daß es im Hause einen Diebstahl gab, dessen Tatzeit nicht zu bestimmen war. Es gab keine detaillierte Aufstellung der entwendeten Exponate bis auf ein Objekt, von dem Polizeimajor Auad sagte, daß dies und alle anderen Gegenstände von einer „wichtigen Persönlichkeit" entwendet wurden.

Am 4. August las mir Major Auad den Rapport über den Diebstahl vor, aus dem hervorging, daß es sich bei den gestohlenen Stücken um bestimmte Kollektionen handelte. Die Vermutung lag nahe, daß Diebe gezielt angesetzt wurden.

Die Vermutung erhärtete sich durch den Umstand, daß die

Diebe um die Zeit ihrer Aktion ungestört arbeiten konnten, also auch andere Objekte hätten mitnehmen können. Nein, sie stahlen quasi nach Auftragsliste ganz bestimmte Objekte! Der Raub war nicht nur von historisch-wissenschaftlichem Wert, er stellte auch „an sich" eine gute Kapitalanlage dar. Mir wurde gesagt, daß ein Teil des Diebesgutes wiedergefunden wurde, einige Handlanger des wohlvorbereiteten Einsatzes ins Gefängnis kamen. Den Namen der Auftraggeber gab Major Auad nicht preis.

Recherchen am Tatort ergaben dies:

Von den 13 vorgesehenen Entlüftungsschächten waren zur Zeit des Diebstahls 12 nach Plan verschlossen. Alle Kanäle haben den gleichen Durchmesser.

Der 13. Schacht wich von der Norm ab, er hatte einen Durchmesser, der einem normal gebauten Mann den Durchschlupf ermöglichte.

Phantasievolle Kombination war nicht mehr nötig! Vor Beginn der Arbeiten, nämlich bei der Planerstellung, war der Diebstahl bereits eingeplant. Sherlock Holmes, der Meisterdetektiv von A. Conan Doyle, wäre zu dem sehr richtigen Schluß gekommen, den man hierzulande nicht rundheraus auszusprechen wagt: Der Plan der Klimaanlage, dessen Ausführung mitsamt den Dieben und Hehlern müssen von einer zentralen Figur gelenkt worden sein! Bestechungsgelder beträchtlichen Ausmaßes gingen unter dem Tisch von einer schmutzigen Hand in die andere. Und über allem waltete Sachverstand! Es wurde in jeder Weise nach Maß gestohlen.

Meine Bemühung, mehr zu erfahren, scheiterte an der lakonischen Mitteilung, eine „bekannte Persönlichkeit" habe die Hand im Spiel. Damit liegt dann wohl über dem Diebstahl im Assuan-Museum auf Elephantine ein Tabu, das „heiliger" gehalten wird als die Aura der ehrfurchtgebietenden Götter.

Was so richtig moderne Diebe sind, die haben ihre Finger in den Behördenakten. Was hilft's? Auch die sind tabu. Amen.

Stichwort: Dendera

> Die Götter, die vordem waren und in ihren Pyramiden ruhten, und ebenso die Edlen und Verklärten, die in ihren Pyramiden begraben wurden, die sich Tempel erbauten — ihre Stätten sind nicht mehr. Was hat man ihnen angetan?
> *Lied des Harfners im Grab des Königs Antef, 2134–1991 v. Chr.*

Chefinspektor Mohamed El Soghaier von der Antikenverwaltung in Luxor gab mir eine Empfehlung an seinen Amtskollegen Chandawily, der im 68 km entfernten Qena residiert. Nach stundenlangem Suchen in der von ameisenhafter Geschäftigkeit erfüllten Provinzhauptstadt am Oberen Nil fand ich in der Saad Zaghlal Street im dritten Stock eines unscheinbaren Geschäftshauses den Sitz der Antikenverwaltung.

Das kleine Büro hatte eine eigenartig gemütliche Atmosphäre. Wie in allen Amtsstuben hing an der Wand hinterm Schreibtisch ein Bild des Präsidenten Anwar el-Sadat, und es hing wie überall schief. Was rundherum zu sehen war, ließ auf freundliche Behandlung hoffen. Unter dem mißtrauischen Blick von Inspektor Chandawily gefror die Hoffnung auf jene Minusgrade, die ich leicht in Amtsstuben empfinde. Obwohl er, wie ich merkte, Englisch sprach, ließ er einen jungen Mann kommen, der meine Wünsche zu übersetzen hatte. Der Schnurrbart des stämmigen Inspektors hüpfte auf der Oberlippe, als ich um Auskünfte über den Diebstahl in den Krypten des Hathor-Tempels in Dendera — einem der besterhaltenen aus dem ersten vorchristlichen Jahrhundert — bat. Die Diebstähle im Dendera-Tempel werden für die Zeit vom Dezember 1972 bis zum Herbst 1973 angenommen.

Mit dem Stichwort Dendera wurde der Inspektor noch reservierter, ja spürbar unangenehm, ein ängstlicher Mann, der seine Kühle spielte; er vermied es, mich anzusehen, ein Benehmen, das unter Arabern einer Beleidigung gleichkommt. Er überschüttete den Übersetzer mit einem Katarakt atemlos ausgestoßener

Worte; der arme Kerl fand wohl die erträglichen englischen Synonyme für den Wutausbruch nicht. Auf meine Fragen schwieg er. Eindeutig war nur, daß Chandawily mir über Dendera nichts sagen wollte. Die Genehmigungen des staatlichen Informationszentrums in Kairo akzeptierte er nicht, nicht mal den sonst wie ein Sesam-öffne-dich wirkenden ägyptischen Presseausweis. — In der blaugestrichenen Paschavilla erging es mir beim Polizeichef von Qena nicht anders: „Wir gestatten Ihnen, was wir auch Touristen erlauben. Fragen Sie nicht nach den Vorfällen von 1973!"

Diese Gespräche fanden am 26. November 1978 statt. Noch am selben Tag suchte ich den Hathor-Tempel in Dendera auf. Der Chef der Wache, Fahkry, durfte mir die ausgeraubten Krypten nicht zeigen. Chandawily hat jedwede Öffnung verboten.

Eine Ziegelmauer von 280 × 290 m umschließt den Tempelbereich, den die Griechen *Tentyra* (Dendera) nannten und der Hathor, Himmelsgöttin der Liebe und der Lust, und ihrem Gemahl Horus, dem falkenköpfigen Gott, geweiht war. Es herrschen griechische Elemente vor und mildern die Strenge altägyptischer Bauten. Lange Zeit war Tentyra Kultstätte der Liebesgöttin Aphrodite (= Hathor).

Die Tempelanlage betritt man durch das Nordtor; am Ende erhebt sich die mächtige Fassade des großen Säulensaales. 24 Hathor-Säulen tragen die Decke. Vom Architrav des Daches herab wird die halboffene Nordseite des Tempels durch ein Drahtnetz geschlossen, das sich bis zum Portal herunterzieht; es soll das Einfliegen der Vögel verhindern.

Eine einzige schmale Gittertür ist in das Schutzgatter eingesetzt. Nur durch sie gelangt man in den anschließenden kleinen Säulensaal, dessen abzweigende ehemalige Schatzkammern und Magazine nach außen durch massive Eisenstäbe versperrt sind. Durch acht Deckenöffnungen fällt sanftes Licht ein, das die Blütenkapitelle an den Kronen der Säulen aus Granit und Sandstein erhellt. — Der Hathor-Tempel verfügt nur über einen Zugang, der auch der einzige Ausgang ist.

An den kleinen Säulensaal gliedern sich zwei kleine Räume an. Vom ersten, dem Opferraum, führt eine Wendeltreppe aufs Tempeldach — der andere, der Silberraum, geleitet am „Geburtstagskiosk der Göttin", einem Tempelchen, vorbei ins Allerheiligste.

Drumherum führt ein schmaler Gang, von dem elf kleine Kammern abzweigen. In einem separaten Raum stand der Schrein mit dem Kultbild der Hathor.

Von diesem Raum aus steigt man hinab in die Krypten, unterirdische Kammern und Grabanlagen, von denen seit dem Diebstahl 1972/73 nur noch eine zugänglich ist.

Nur wenige Dendera-Besucher unterziehen sich der Mühe des recht unbequemen Einstiegs, die Krypten sind eng, und die Schar der taumelnden Fledermäuse ist nicht jedermanns Sache. Trotzdem machen die zwölf mühsam zu erreichenden Kammern die Besonderheit des Tempels von Dendera aus. In drei Etagen liegen sie übereinander, die tiefsten sind der Zerstörung durch Grundwasser ausgesetzt. In halber Höhe der Wände sind die oberen Krypten durch enge Schlupflöcher erreichbar und stehen mit den Sälen in Verbindung. Diese Schlupflöcher sind im Spätherbst 1973 mit Eisentüren verschlossen worden, deren Schlüssel Herr Chandawily in Qena hütet.

Was gab es Verlockendes, das Risiko Lohnendes für Diebe? Auch andere ägyptische Tempel haben Krypten, doch nur die in Dendera waren mit Darstellungen in der „erhabenen Form“ ausgeschmückt. In erhabenen Reliefs hoben Bildhauer die Grundfläche der Gesamtdarstellung aus, damit nur Figuren und Symbole plastisch stehenblieben, und diese waren bis ins Detail durchmodelliert. Solche Reliefs waren Zeichen von besonderer Vornehmheit und großem Reichtum. Da die Krypten des Tempels große Kostbarkeiten geborgen haben könnten, wurden sie von den Baumeistern des Altertums vermutlich so gut versteckt und schwer zugänglich angelegt.

Quadratmetergroße Steinplatten lassen sich nicht mit dem Spatel oder der Pinzette von den Wänden lösen, sie können selbst unter der weitesten Gellabejah weder verborgen noch fortgeschleppt werden. Ein Diebstahl über Monate konnte nur in Zusammenarbeit mit Gafiren und unter einer jede Entdeckung in Betracht ziehenden Leitung durchgeführt werden. In Dendera war eine GmbH in Sachen Raub tätig. Dieser Fall beweist, mit welcher Dreistigkeit die Meißler ans Werk gehen, welch ausgetüfteltes Tarnsystem an Hehlern und Kunstschiebern die Beute trickreich auf den Markt bringt und dann verschwinden läßt.

Hinzu kommt, daß Fahndungen nur lässig gehandhabt werden.

Es ist belegbar, daß einige der gestohlenen Objekte — wenn auch nur für Momente — in Europa gesichtet wurden, sogar auf dem dunkelsten aller Kunsthandelsmärkte auftauchten. Die ägyptischen Behörden wissen es, sind aber nicht in der Lage, solchen Informationen nachzugehen.

Der Direktor eines deutschen Museums, der über recht gute Kontakte zum internationalen Kunsthandel verfügen muß, gab der ägyptischen Behörde einen Hinweis. Dem Professor war zu Ohren gekommen, daß eine Relieftafel aus Dendera auf dem Markt angeboten wurde. — Würden die illegal operierenden „Kunsthändler" nicht jede Indiskretion aus ihrem Gewerbe wie mit Fememethoden ahnden, wäre der deutsche Museumschef vermutlich der Spur nachgegangen, er hätte sich vielleicht zum Schein auf einen Kauf des Objektes eingelassen, um so die Machenschaften der Dendera-GmbH aufzudecken. Aber redliche Männer haben Angst, ihr Wissen publik zu machen. Im Frühjahr 1978 bekam ich einen anonymen Anruf: „Ich würde ihnen empfehlen, Ihre Bemühungen einzustellen! Sie wissen, was ich meine!"

So geht es auf diesem mafiosen Kunstmarkt zu!

Ein Kölner Wissenschaftler sagte mir: „Schreiben Sie Ihr Buch in 50 Jahren! Dann sind die betroffenen Herren tot!"

Der Diebstahl wurde von langer Hand vorbereitet, und schließlich war es ein Coup, der den Ägyptern an die Nieren ging.

Kein Gespräch mit Wissenschaftlern geht ohne die Frage ab: „Wissen Sie etwas darüber?" — Sie wollen wissen, wo in Europa oder sonstwo auf der Welt die geraubten Reliefs zu finden sind. Sie fragen nach Spuren, an deren Ende die kostbare heiße Ware verschwunden sein kann.

Frau Dr. Zeenab El Kurdy, Dozentin für Ägyptologie an der Universität Kairo, gab mir in langem Gespräch ihren Status der Kenntnisse um Dendera — der Kulturgeschichtler Professor François Daumas von der Universität Paul Valéry, Montpellier, schrieb mir einen Bericht. Beider Informationen stimmen überein und decken sich mit dem, was ich ermitteln konnte. Hier eine Zusammenfassung.

Professor Daumas wurde Anfang Oktober 1973 von Inspektor Chandawily gefragt, ob er von den Diebstählen im Dendera-Tempel gehört habe; als Daumas verneinte, bat der Inspektor, er möge sich die Krypten ansehen. Wann Chandawily eine erste Meldung bekommen hatte und ob er daraufhin eine polizeiliche Fahndung einleitete, konnte ich nicht ermitteln.

Zur Besichtigung der Krypten kam Daumas erst im November zusammen mit Frau Dr. Kurdy, die an einem speziellen Hathor-Thema arbeitete. — „Frau Dr. Kurdy fragte mich . . ., ob ich mit ihr die Krypta Nr. 1/Ost besichtigen würde, da sie einen Relieftext suche und nicht finden könne. — Ich bemerkte sofort, daß ab der Treppe, die von der Krypta Nr. 2/Ost zur Krypta Nr. 1/Ost führt, alle Figuren brutal abgerissen wurden. Die ganze Krypta Nr. 1/Ost war ebenso verwüstet. Alle anderen hatten nur leichte Schäden" (Daumas).

Frau Dr. Kurdy informierte sofort Inspektor Chandawily, der nach Dendera kam und sich vom Raub überzeugte. „Am nächsten oder übernächsten Tag kam der Chefinspektor von Luxor, Dr. Ramadan Saad, zu offiziellem Besuch. Er schlußfolgerte, daß der Raub zwischen Dezember 1972 und September 1973 begangen worden sei, da wir im Vorjahr noch gemeinsam die ausgeraubten Krypten besichtigt hatten, und da waren sie noch in gutem Zustand . . ." (Daumas).

Der Schlußsatz aus dem Daumas-Bericht vom 3.1. 1979: „Einige Tage später verhörte uns die Polizei, und ich erzählte die Tatsachen, die ich Ihnen soeben berichtete."

Die Daten ergeben, daß Chandawily spätestens Mitte Oktober 1973 von den Diebstählen wußte, sich aber erst einen Monat später zu einer Ortsbesichtigung bequemte. Daraus ist zu schließen, daß bis zu diesem Zeitpunkt *nicht* gefahndet wurde, den Grabräubern also genügend Zeit zur Verfügung stand, das Diebesgut ins Ausland zu bringen. Über fünfzehn Relieffragmente wurden aus den Krypten des Tempels gestohlen, denn davon wissen die „Eingeweihten": Teile des Diebesgutes wurden in Europa gesichtet!

Dr. Girgis von der Antikenverwaltung in Abaasia meint, es wären „so ungefähr zwanzig Stücke". Einem deutschen Professor wurde per Foto ein Fragment aus Dendera angeboten; er informierte die Zuständigen in Ägypten. Interpol wurde eingeschaltet, aber es kam wohl nur zu einer müden Suche. Teile des Raubgutes sollen sich in der Schweiz und in Deutschland befinden, andere Stücke kamen auf den internationalen Markt und wurden in privaten Kollektionen verbunkert.

Wie war der Diebstahl so schwerer Reliefs überhaupt möglich?

1972/73 bewachten acht Gafire den Tempelkomplex — bei Monatsgehältern zwischen 21 und 25 ägyptischen Pfund, zu wenig, um gegen Verlockungen gefeit zu sein. Der Dienst der Männer ging rund um die Uhr, es wurden 24 Stunden Wachsamkeit verlangt. Rund um die Anlage machten die Gafire Kontrollgänge. Die Meute einer undefinierbaren Hunderasse verstärkte die Schutztruppe.

Wie war bei einer solchen Bewachung der Raub überhaupt möglich?

Fahkry, Chef der Wache, tut seit mehr als zehn Jahren seinen Dienst. Er wurde mit seinen Männern arrestiert; angeblich hatte er in dem träge geführten Verfahren fast vier Jahre lang mit Verhören und Kontrollen zu tun.

Irgendwann wurde Fahkry freigelassen; ob andere Gafire noch einsitzen, wollte er mir nicht sagen: „Ich weiß nicht!" war die stereotype Antwort; schließlich bat er, ihn in Ruhe zu lassen: „Ich bekomme Ärger mit Herrn Chandawily!" Seine Helfer gaben mir den freundlichen Hinweis: „Frage den Inspektor in Qena. Wir wissen von nichts."

Das Stichwort Dendera löst immer noch Unbehagen aus. Meine beiden angeheuerten Mitarbeiter — Mohammed und Ahmed aus Luxor — wurden am Tag nach unserem Aufbruch von Dendera in der Polizeipräfektur von Luxor gefragt, ob wir sie für ihre Tätigkeit bezahlt hätten. Mohammed log und sagte nein, Ahmed gab zu, 15 Pfund von mir bekommen zu haben. Im SAVOY-Hotel in Luxor erzählte Ahmed, er habe diese 15 Pfund dem Offizier geben müssen.

„Warum?"

„Damit ich keinen Ärger kriege, weil ich mit dir nach Dendera gefahren bin!"

Polizeioffizier Henne in Luxor ließ sich seine dienstlichen Hilfen (Arbeitserlaubnisse für Mohammed und Ahmed) mit einer Armbanduhr, einer Armeetaschenlampe und vier Flacons französischen Parfüms honorieren, verlangte aber zwei Tage später neues Bakschisch. Bereits ausgenommen wie eine Weihnachtsgans, gab ich ihm mein Khaki-Baumwollhemd, meinen Parker-Kugelschreiber, den Inhalt meiner Reiseapotheke. „*Every time at your service!*" sagte der Schlawiner.

Die Gafire in Dendera bekamen je zehn Pfund und zwei Pakete Zigaretten. Das sind Schlaglichter auf die aktuelle Situation. Wie leicht werden es Räuberbanden haben, die mit den schier unbegrenzten Geldmitteln der Hehler und ihrer Käufer operieren können.

„Haltet die Pyramiden fest!“

Auf die Möglichkeit hin, daß die Geschichte leichten Schaden an ihrer Glaubwürdigkeit nimmt, möchte ich dem ehrenwerten Lehrer aus dem deutschen Norden seine Pension nicht gefährden. Er hat weder silberne Löffel gestohlen noch der Frau seines Vorgesetzten unsittliche Anträge gemacht, er liebt „nur“ Ägyptica über alles in der Welt. Daß er solche dubioser Herkunft sein eigen nennt, steht fest. Sprechen wir also vom Lehrer X, der vor nicht langer Zeit sein möbliertes Zimmer im idyllischen Buxtehude verließ.

Lehrer X ist eine graue Maus wie Tausende seiner Kollegen in der Provinz. Er trägt abgewetzte Röcke und Hosen von der Stange, spart sich auch manches vom Munde ab. Gleichwohl, auch wenn er nur saure Heringe und Pellkartoffeln essen würde, könnte er seinen seligen Blick nicht auf solchen Reichtümern ruhen lassen, wie er es kann. Wenn er den Rotstift zur Seite legt, mit dem er Schülern Fehler in den Heften anstrich, wird, dessen bin ich sicher, sein Auge kosend über Schätze streifen und in ihm das Gefühl aller leidenschaftlichen Sammler erwecken: Gott, wie schön! Und alles gehört mir!

Lehrer X hat allen Grund, stolz zu sein, denn selbst Fachleute schätzen seine Sammlung als „außergewöhnlich schön und reich“.

Der schrullige Herr besitzt eine Terrakotten-Sammlung von großem Wert und ein Relief aus dem thebanischen Grab des Kenamun aus der 18. Dynastie (1554–1305 v. Chr.). Leider konnte ich nicht klären, ob es sich um ein Fragment aus dem Grab 162 in Dra Abu El-Naga oder aus dem Grab 93 in Schech Abd el-Qurna handelt. Lehrer X war nicht aufzutreiben. In Luxor war niemand gewillt, mir Nr. 162 und Nr. 93 aufzuschließen. Ein norddeutscher Professor, der das Relief begutachtete, zeigte sich „in Eile“. Guterzogen, muß man beim dritten Mal auch diese Entschuldigung gelten lassen. Lehrer X wird wissen, worauf er sitzt, wenn er auch sein Wissen nicht teilen will.

Lehrer X hat einen Zwillingsbruder im Geiste, der näher an den Quellen sitzt, Herrn Mohamed El-Soghaier, den Chefinspektor der ägyptischen Altertümerverwaltung in Luxor. Auch seine Sammlung wird von Kennern als „außergewöhnlich schön und reich" bezeichnet. Herr El-Soghaier ist Chef der westthebanischen Nekropole und der Monumente von Karnak und Luxor. Auch Herr El-Soghaier liebt Ägyptica über alles in der Welt. Wenn ihm morgens der erste Tee in seinem Büro im neuen Luxor-Museum kredenzt wird, bewegt ihn fraglos der beamtenmäßige Gedanke: Wie kann ich mein Reich sichern, seine Schätze wahren, sie mir erhalten?

Vielleicht gibt es zwischen dem Lehrer X und dem Chefinspektor einen kleinen Unterschied. Während der fleißige Lehrer nur einmal im Monat seine Sammlung staubwedelt, pflegt der fixe Herr El-Soghaier seine Schätze tagtäglich.

Das ist verständlich. Ihm helfen drei, manchmal sogar fünf subalterne Inspektoren, die sich erst die Sporen für den gehobenen Dienst putzen müssen. Herr El-Soghaier ist einer der mächtigsten Herren in Luxor. Er befehligt 50 Gafire in Luxor und Karnak und 75 Wächter auf der westlichen Nilseite. Daß sie ihrem Dienst für nur 18, höchstens 21 ägyptische Pfund rund um die Uhr nachkommen sollen, ist für den Chefinspektor gleichermaßen nützlich wie für „Interessenten" . . .

Die Sammlung des Chefinspektors hat großen Ruf. Sie umfaßt 64 bis heute bekannte Grabanlagen in Biban el-Moluk, bekannter als Tal der Könige, und 70 Bestattungsanlagen in Biban el-Harim, dem Tal der Königinnen. Neben diesen sozusagen offiziellen Fundstätten waren freilich auch die Privatgräber an den Hängen des libyschen Felsmassivs ergiebig, und von denen gibt es nach grober Schätzung rund 500. Außerdem sind der Obhut des Chefinspektors 20 vollendete und unvollendete Totentempel anvertraut, nicht zu vergessen die Tempelbauten von Karnak und Luxor.

Im Gegensatz zu Lehrer X, der, wie ich schon sagte, keinen Wert auf sein Äußeres legt, verschafft sich der Herr von 125 Wächtern, fünf Inspektoren, vier Geheimdienstlern und von weiteren 95 Luxorer Polizisten auf Abruf schon den smarten Eindruck der Weltläufigkeit eines arrivierten Mannes. Ob Lehrer X das weiß? Ganz sicher ist, daß Chefinspektor El-Soghaier von einem so kleinen Fisch wie Lehrer X in Norddeutschland keine blasse Ahnung hat. Kann indessen sein, daß der Heideschulmeister den großen Herrn von fern kennt. So was weiß man nie.

Die schönen Tage in Theben sind längst zu Ende.

Wissenschaftler, Sammler und Raubritter, die sich einst nach Oberägypten einschifften, um in muffigen Grabkammern und dunklen Grüften der Nekropole wie in einem Superdiscount im Dutzend billiger einzukaufen, werden nicht mehr oder kaum noch bedient. Nicht, weil keine Ware mehr aufzutreiben wäre. Nicht, weil die Altertümerverwaltung das hunderttorige Theben unter Verschluß nahm. Nein, nur weil die Händlerkönige und Raubgänger keinen zünftigen Nachwuchs mehr haben. Es ist viel schwieriger und ziemlich traurig geworden. Für die hemmungslosen Hehler, Händler und Halunken.

Hasani, einer aus der alten Gilde, sitzt nur noch ab und zu in seinem Korbstuhl vor dem kleinen Laden in den Kolonnaden des WINTER-PALACE-Hotels. Sein Sohn führt das Geschäft, ein unangenehm-cleverer Zeitgenosse, der hin und wieder alte Stammkunden bedienen soll, die er in eine mit Aircondition heruntergekühlte Hinterstube führen wird, wenn kleine heiße Geschäftchen getätigt werden. Hasani jr. nimmt längst am neuen Ägyptenboom teil: Er mischt im Touristengeschäft mit und arrangiert Tante-Emma-Ausflüge ins Tal der Könige.

Sayed Mulatham war in seinen besten Mannesjahren einer der reellsten Antikenhändler in Luxor. Er starb Anfang der siebziger Jahre an Altersschwäche. So lange ist es noch nicht her, daß sein Geschäft an der Ecke der Sharia El-Markaz florierte; dort gaben sich namhafte Ägyptologen und internationale Aufkäufer die Türklinke in die Hand. Von dem polierten Glanz einstiger Seriosität ist nichts übriggeblieben. Man betritt heute einen verlotterten Laden, durch den ein scharfer Chamsin, der trocken-heiße Wüstenwind, gefegt zu haben scheint. Trostlos. Der heutige Inhaber, gescheiterter Kandidat der Rechtswissenschaften, dekorierter Soldat der ägyptischen Armee, ist ein von Alkohol und Rauschgift gezeichneter Mann. Er macht einen bösen Eindruck, weil im Auge nicht eine Spur von Weiß zu entdecken ist, alles ist gelb, die Lider hängen tief herunter.

Einmal saß ich dem Mulatham-Nachfolger in seiner formidablen Kitschwohnung abseits der Luxorer Hauptstraße gegenüber. Ständig fuhren seine Spinnenfinger durch den pomadisierten Haarschopf. Lallend schwärmte er von „großen" vergangenen Zeiten, in denen ein deutscher Wissenschaftler bei ihm Quartier genommen hatte: *Times of really delightful business with the Germans!* Ach ja, es waren Zeiten bezaubernder Geschäfte mit den Deutschen.

Die Hausfrau servierte süßen Tee und einen Karton mit „antikem" Kulturramsch, den das Ehepaar gegen Dia-Filme einzutauschen begehrte. „Die kann man besser verkaufen!"

Um den ramponierten neuen Boß im Geschäft an der Sharia El-Markaz ringeln und rangeln sich immer noch billige Handlanger. Keiner von ihnen hat wie der Boß auch nur die geringste Kenntnis von wirklich antiken Stücken. Sie verhökern Falsifikate an arglose Touristen, die die Weitwinkelkamera auf den Rücken schieben, um die Hände frei zu haben für die Bezahlung von Schund, der — neben Fotos — eine dauerhafte Erinnerung an den Ägyptentrip bleiben soll. Würden die Ohren, über die sie ständig gehauen werden, rot davon, dann trügen sie links und rechts vom Kopf zwei Watscheln wie Feuermelder.

Albert Tawdros segnete im Sommer 1978 das Zeitliche. Seitdem führt Madame den kleinen Laden nahe dem alten Hotel LUXOR. Es ist eine Boutique ägyptischen Zuschnitts heutigen Souvenirhandels. Wie sehr Trödel gefragt ist, macht Madame Tawdros überzeugend klar: Sie ist unhöflich und bissig zur Kundschaft und total uneinsichtig. Bot sie doch tatsächlich Anno 1978 einen original holländischen Holzschuh mit Kerbschnittmuster als „uralt-islamische Fußbekleidung" für 150 — in Worten einhundertundfünfzig — ägyptische Pfund feil!

Ich gab ihr den freundlichen Hinweis, daß eben dieses klobige Eschenholzschuhwerk in meiner friesischen Heimat, einige tausend Kilometer von Luxor entfernt, heute noch hergestellt und getragen wird. Antwortete mir Madame recht fröhlich: *Maybe your people imported this style from the Arabians!* Man mag uns Friesen besondere Einfalt nachrühmen, aber daß wir unsere Holzpantinen aus Ägypten einführen sollen, das geht denn doch über die Hutschnur!

Auf der westlichen Nilseite zwischen Kom el-Samak und El-Tarif ist das Gelände für Antikenjäger unergiebig geworden. Patriarchen vom Schlage eines Ali Abd er-Rassul sind des Raubens müde geworden, sie genießen ihren Lebensabend auf den weichen Polstern ihres Wohlstands. Kumpane wie Rafey und Mohammed lieben den Whisky mehr als mühevolle Geschäfte. Wenn sie aus ihrem Schlummer erwachen und sich zu einem kleinen Handel entschließen, bieten sie Fälschungen aus dritter Hand an. Sie haben sie von *lonesome riders,* von einsamen Reitern durch die alten Nekropolen, für ein Butterbrot und ein Ei erworben.

Ganz selten wird ein alter Kunde in Dra Abu El-Naga noch mit kleinen, echten Gaben bedient. *Every time at your service!* Immer zu Diensten, das ist Sitte im thebanischen Westen.

Der fröhliche Fleischberg Muhammed Houssein, ein Zweieinhalbzentnermann, ist wie besessen davon, volltrunken auf einem klapprigen Moped zwischen El-Tarif und dem Hotel MARSAM hin und her zu knattern. Wenn es um die Beschaffung von Antiken geht, kommt aus seinem Großmaul nichts als Angabe. Die Satteltaschen seines Mopeds sind zwar immer mit Kleinigkeiten gefüllt, doch kein Stück, mag es auch so aussehen, ist wirklich echt. 1978 bot er meines Wissens nur ein einziges antikes Objekt an, ein vertrocknetes Menschenfüßchen, und das war Kommissionsware vom whiskyseligen alten Rafey.

Was 1939 die Londoner TIMES noch als Schlagzeile melden konnte — VANDALISM AT THEBES! —, ist heutzutage undenkbar.

Damals wurden binnen eines Jahres sechs Grabanlagen beraubt, durch die Wächter selbst, mindestens mit deren Hilfe.

In Der el-Medine drangen Unbekannte ins Grab Nr. 217 des Bildhauers Ipui aus der 19. Dynastie (1305–1196 v. Chr.) ein und lösten ein Stück der auf Nilschlamm aufgetragenen Malerei von der Wand ab. Dabei war damals schon das Ipui-Grab „unter festem Verschluß“. Die Gafire öffneten das Grab, so daß es bei sonnendurchflutetem Tageslicht geplündert werden konnte. Auch das Grab Nr. 75, die Totenkammer des Amenhotpesise, Prophet in der Regierungszeit des Tuthmosis IV. (1554–1403 v. Chr.), wurde während der Dienstzeit von Gafiren bestohlen. Bei diesem Coup machten sich die Wächter in Abd el-Qurna nicht mal die

Mühe, das Grab zu öffnen, sie drangen durch einen Felsspalt ein und schälten ein auf Nilschlamm gemaltes Porträt des Amenhotpesise von der Wand. Es fand einen Liebhaber im Ausland. Das waren Zeiten!

Anschläge dieses Kalibers sind in unseren Tagen so gut wie unmöglich. Einzelgänger, vorzugsweise aus Europa, versuchen aber noch immer gelegentlich, an die begehrte und hochbezahlte Ware heranzukommen. Für Grabmalereien auf Nilschlamm haben Fragmente Kurse zwischen 9000 und 20000 Mark! Ein polnischer Händler, Herr S., ist ein stiller Verkäufer mit Domizil in Deutschland. Eingeweihte kennen seine Adresse und schätzen seine Offerten. Herr S. bietet auch Hilfe bei der Beschaffung an. *Full service!*

Herr S. bringt Fachkenntnisse mit, er ist studierter Ägyptologe. In der abenteuerreichen Wissenschaft seines Studiums brotlos geblieben, ging er an den freien Markt. Ein Ägyptologe vom Kairoer National-Museum erzählte mir, daß Herr S. raubwürdige Objekte fotografieren läßt, damit seine Kundschaft in aller Ruhe ihre Wahl treffen kann. Kunstraub per Katalog. Herr S. macht's möglich.

Neugierig, wie ich bin, wollte ich es genauer wissen. Ich rief Herrn S. an, zeigte mich interessiert und bat um Angebote aus seinem Fundus. Mit polnischem Akzent bekam ich diese Auskunft:

„Sie sind mir nix bekannt. Kann ich per Telefon keine Auskunft geben. Können wir uns in H. treffen? . . . Grabmalereien? Ja, möglich . . . Welche Sorte, welcher Preis? . . . Mein Herr, was Sie fragen! Doch nicht am Fernruf! Klingeln Sie mich, wenn Sie in meiner Stadt sind!"

Inzwischen erfuhr ich, daß Herr S. seinen Tätigkeitsbereich auf Nepal ausgedehnt hat. Herr S. ist tüchtig. Man muß das anerkennen. Im Königreich im Himalaja kann er ein riesiges Warenlager aufreißen.

Zwischen Sakkara und Assuan gibt es noch Jagdgründe, die thebanische Nekropole ist gut gesichert. Trotz miserabler Besoldung sind die 75 Wächter der westlichen Nilseite vertrauenswürdige Leute, die sich nicht mehr als Handlanger dingen lassen. Das Fähnlein der 75 Aufrechten hat es verdient, vor Verdächtigungen in Schutz genommen zu werden.

Wenn es trotzdem wieder irgendwelchen Halunken aus dem Ausland gelingt, der Wissenschaft und der Antikenverwaltung ein Schnippchen zu schlagen, hat das, um es in Soziologenkauderwelsch zu sagen, systemimmanente Gründe:

Auf den Stühlen der „Departments of Antiques“ sitzen oft die falschen, meistens nur mittelmäßig qualifizierten Beamten, die noch dazu schlecht bezahlt werden. Mangelnde Kenntnisse kompensieren sie durch Überdiensteifer. Derart Beflissene erliegen freilich am ehesten dem weltmännischen Charme und den randlosen Intelligenzbrillen der *egg heads*, der Eierköpfe, die sich im Trend der Zeit auch in der Raubmafia assimilierten. Es sind Fallensteller von unglaublicher Geschicklichkeit.

Chef der westthebanischen Nekropolenwächter ist immer noch der Maarbud Nagdi, der keine Tugend von seinem Vater Maarbud Abdallah erbte. Nagdi ist eine zwielichtige Figur, die man durchaus zum engeren Kreis der alten Raubmafia zählen darf. Nagdi wird heute nicht mehr aktiv, wenn er für illegale Beschaffungsaktionen eingespannt werden soll. Dieser Nekropolengokkel, leider des Lesens und Schreibens unkundig, schindet mit aufgesetzter Würde Ansehen, steht aber vor jedem beschriebenen oder bedruckten Papier stramm. Perfekter Analphabet, zeigt er sich vorsichtshalber dienstbereit, es könnte auf dem Papier ja ein Befehl stehen. Seine Wachleute machen sich über den wild gestikulierenden Derwisch lustig, doch immer noch genügt Nagdis drohender Stecken, alle verbotenen und verschlossenen Plätze „zauberhaft“ zu öffnen.

Der BAEDEKER von 1877 verlautbart:

„Und wenn einer stocktaub wäre — Bakschisch hörte er in Ägyptenland durch.“

Nagdi ist nicht taub.

Wir waren in redlicher und geradezu keuscher Weise in Ägypten tätig. Wir erfuhren vom Press Center manche nützliche Unterstützung. Zu unserem Programm gehörten Filmaufnahmen im Grab Nr. 66 in Biban el-Harim, im Tal der Königinnen. Das Grab der Königin Nefertari, Gattin von Ramses II. aus der 19. Dynastie (1305–1196 v. Chr.), zählt zu den eindruckvollsten Bestattungsanlagen, macht aber der Wissenschaft Kummer: Der Felsenhang darüber „arbeitet“ und zerstört mehr und mehr die kostbaren Grabmalereien.

Ich bemühte mich um die nötige schriftliche Erlaubnis, das Nefertari-Grab besuchen zu dürfen. Trotz Befürwortung des Press Center in Kairo wurden drei Anläufe kategorisch abgelehnt.

Eine Woche später kostete es bei der Antiquitätenverwaltung in Qurna fünf Minuten und keinen Pfennig, zur Nefertari-Gruft vorzudringen. Uns schlossen sich frohlockend zwei holländische Studentinnen an, die in Kairo wie wir abgeblitzt waren.

Zu der angeblich so vorbildlich gesicherten Nekropole gibt es also doch noch Schlupflöcher. Es müssen nicht immer so brave Gäste sein wie wir, die sich durch sie in die Nekropole einschleusen.

Was nutzen selbst gutgemeinte, gutformulierte Gesetze, wenn die, die sie anwenden müssen, gänzlich unpsychologisch reagieren? Was riskieren denn ertappte Grabräuber? Geldstrafen zwischen 60 und 200 Mark! Polizeioberst Ghalib Ibrahim in Kairo klagt: „Diese geringen Geldbußen kann heute jeder Dieb lässig wegstecken!" Das stimmt. Grabräuber, die sich noch auf das risikoreiche Handwerk einlassen, kalkulieren die Strafe gleich mit in ihre saftigen Rechnungen ein! Ehe nicht die Beamten der Altertümerverwaltung in alle Kniffe, in alle Tricks eingewiesen werden, ehe sie nicht eine erstklassige psychologische Schulung mit Erläuterungen der Vorgänge am internationalen Markt bekommen, wird jedes Gesetz scheitern.

Daß die ägyptischen Amtsstellen erfolgreich nach Antiquitätenaufkäufern fahnden können, sofern die richtigen Männer angesetzt werden, belegt der aktenkundige Fall des holländischen Ehepaares Taadmaspor. Ein deutscher Ägyptologe vertraute mir im Frühjahr 1978 an, daß sich ein holländisches Ehepaar, nämlich die Taadmaspors, derzeit in Luxor aufhalte und mit Sicherheit in Kürze Alarm auslösen werde.

Woher wußte mein Gesprächspartner davon?

Wenn irgendwo am Horizont des internationalen Ägyptica-Handels Ware auftaucht, raunen Informationen im Clan der Interessenten. „Man" weiß, was im Schatten der Pyramiden läuft.

Ich konnte dem Gerücht erst im Sommer nachgehen. Am 3. August saß ich in Luxor im Büro von Major Auad. „Kennen Sie das Ehepaar Taadmaspor?" fragte ich.

Ehe Auad aufstand, um die Akte TAADMASPOR aus den

Regalen zu greifen, schlug er kräftig und mit sichtlichem Vergnügen auf den Schreibtisch:

„Oh, yes! We got this damned people!"

„Das ist eine feine Nachricht, Major!"

Er legte seine Stirn in Falten:

But they are free now!"

„Das ist eine schlechte Nachricht. Warum sind die Taadmaspors frei?"

Am 14. April hatte die Luxorer Polizei das Pärchen erwischt. Es saß nur kurz im ungemütlichen Gefängnis, dann mußte es freigelassen werden. Ägypten hatte keine rechtliche Möglichkeit, diese ungeliebten ausländischen Gäste hinter Gitter zu bringen. Maximal kann es ihnen eine ernsthafte Verwarnung zukommen lassen und das Raubgut beschlagnahmen. Es kann die Namen in die Schwarze Liste illegaler Kunsthändler aufnehmen. Damit hat es sich. Die Grenze wird durch ägyptische Gastfreundschaft gezogen. Major Auad mußte seinen Fang, die Taadmaspors, zu seinem Leidwesen laufen lassen.

„Es ist immer wieder das alte Lied! Diese Herrschaften lachen noch über uns, und meine Männer können keinen Sinn mehr in ihrer Arbeit sehen!" — Nicht nur die ägyptische Polizei sieht sich diesem Dilemma gegenüber, Täter laufenlassen zu müssen, obwohl alle Indizien für Bestrafung sprechen.

Dr. Saleh vom Kairoer Museum:

„Wir kennen den bekannten Kunsthändler D. aus Holland. Wir überführten ihn des illegalen Kunstraubs. Mehrfach. Nun kauft Herr D. nicht mehr selbst ein, er schickt uns unbekannte Aufkäufer. Sollten wir einen dieser Agenten erwischen, dann schickt Herr D. in der nächsten Saison einen neuen Mitarbeiter. Das ist ein Teufelskreis ohne Anfang und Ende!"

Die Taadmaspors werden derweil vermutlich nach dieser Methode operieren. Sie waren schon 1978 sehr tricky.

Ein Geheimdienstler in Zivil bekam auf der West-Bank den Tip, es seien zwei Holländer auf der Suche nach antiker Ware, sie hätten sich einige Male mit Hehlern in Dra Abu el-Naga getroffen. Der Geheimdienstler heftete sich wie ein Schatten an die Fersen der Holländer. Als er melden konnte, daß die Observierten die Ware übernommen hatten, ließ Major Auad markante Plätze und das Hotel des Ehepaars bewachen: Es ging in die Falle. Sie hatten einen bronzenen Ibis, ein aus ptolemäischer Zeit stammendes Sandsteinrelief und das Fragment einer Grabmalerei der Göttin Isis „erobert". Herr und Frau Taadmaspor führten zwei Flugtickets und zwei Bahnfahrkarten bei sich, für den gleichen Reisetag gebucht; sie hatten für die Verbringung der heißen Ware zwei Fluchtwege vorbereitet.

Nun, die Ägypter sind liebenswürdige Leute. Das kriminelle Pärchen konnte das Land unbehelligt verlassen.

1976 flog Ibrahim el-Nawawy, Kurator des National-Museums in Kairo, zur Vorbereitung der Tut-ench-Amun-Ausstellung in die USA. Auf seiner Rundreise besuchte Nawawy das Fine-Art-Museum in San Francisco. Plötzlich stand er, und er traute seinen Augen nicht, vor einer Relieftafel aus der Mastaba des Hetepka (Altes Reich, 2635–2135 v. Chr.) in Sakkara, nach der die Altertümerverwaltung fahndete.

Wie kam diese wichtige Antike nach San Francisco?

1976 unterzogen ägyptische Archäologen das Grabmal des Hetepka wissenschaftlichen Forschungen und gaben es danach für den Publikumsbesuch frei. Anderthalb Jahre später wurden zwei Reliefs aus den Grabwänden gebrochen. Eine Platte wurde bei den Fahndungen in unmittelbarer Nähe der Mastaba wiedergefunden. Diebe hatten sie in den Sand vergraben und vermutlich keinen Abnehmer dafür.

Das Fine-Art-Museum konnte die zweite Platte von einem österreichischen Antikenhändler für 50 000 Schweizer Franken erwerben. Nach sieben Monate währenden Verhandlungen wurde die Relieftafel nach Ägypten zurückgeführt. Über Täter, Diebe und Hehler wurde nichts in Erfahrung gebracht. Die Tafel war 1,30 m hoch, 60 cm breit und 20 cm dick. Kein Objekt für streunende Touristen. Da waren Profis am Werk.

Ibrahim el-Nawawy sagte mir:

„Sehen Sie, wenn wir überhaupt mal eine Forderung nach Rückgabe geraubten Gutes stellen, dann hören wir häufig in Europa und Amerika von unseren Gesprächspartnern: Ja, ihr könnt das Objekt wiederhaben, aber dann müßt ihr uns dieses oder jenes Stück aus euren Sammlungen dafür geben! Wie nennt man in Ihrem Land solche Geschäfte? Ist das ‚Kulturaustausch' — sechste gegen elfte Dynastie?"

Daß el-Nawawy Tage zuvor vom New Yorker Metropolitan-Museum ein Geschenk ohne Gegenlieferung bekommen hatte, machte ihn nicht versöhnlich: Ein Sandsteinblock mit dem Porträt des Echnaton, Fragment aus den Aton-Heiligtümern in Karnak, trat die Rückreise nach Ägypten an.

1957 war der Sandsteinblock in Karnak gestohlen worden, er wurde von einem amerikanischen Händler ans Metropolitan verkauft. Dort lag er fast 20 Jahre im Magazin des Museums.

Warum eigentlich sollte Herr el-Nawawy für diese milde amerikanische Gabe dankbar sein? Diebesgut wird in zivilisierten Ländern stets dem Besitzer zurückgegeben. „Umverteilung" von Kulturgut per Diebstahl macht junge Völker nicht älter.

1973 tat die Altertümerverwaltung einen Schritt, der überfällig war: Sie legte um alle Gräber der westthebanischen Nekropole bis zu den Grabanlagen von Elkab, 124 km südlich Luxor, einen Sperriegel für jeglichen Besucherverkehr. Anlaß für die Maßnahme war die Erstellung einer Generalinventur. Die Ergebnisse waren erschreckend, doch nicht alamierend genug, den wesentlichen Teil der Anlagen unter Dauerverschluß zu halten. Daß die „Türen" wieder geöffnet sind, läßt sich unschwer in den Auslagen des europäischen Kunsthandels erkennen. Immer wieder werden Reliefs und Malereien aus den Gräbern Thebens und Sakkaras, aus den Provinznekropolen Mittel- und Oberägyptens angeboten.

Gleichwohl hat die aufmerksamere Bewachung bewirkt, daß sich die Aktivitäten der Kunsträuber aufs Land, in die tiefe Provinz, verlagerten. Dort residieren jetzt die Strategen, die mit erstklassiger Organisation und Logistik dem Kunstraub Impulse geben, die zum restlosen Ausverkauf Ägyptens führen können.

Die heimlichen Meißler arbeiten mit einer Unverfrorenheit sonder Beispiel!

Im Königsgrab von Amarna, einer fast unzugänglichen Anlage, in einer Wüstenschlucht gelegen, wurden Relieffragmente des Echnaton, der Nofretete und ihrer Töchter Anfang der siebziger Jahre erheblich beschädigt. Die historisch und kunstgeschichtlich unersetzbaren und unschätzbaren Werte wurden partiell aus den reliefierten Wänden geschlagen. Klaffende Löcher sind die traurigen Spuren, die die gegenwärtigen Diebe hinterließen.

So „arbeiten" sie: Um das begehrte, möglicherweise bestellte Stück eines Reliefs zu gewinnen, wird die Wand rundherum kreisförmig ausgeschlagen, das „Objekt" unterhöhlt und dann herausgeschnitten. Im Tempel des Amenophis III. in Elkab ist zu betrachten, welch katastrophale Zerstörungen angerichtet werden, ehe das Raubgut freigeschlagen ist.

In dem Tempel zu Elkab konnte Anfang der siebziger Jahre eine Mannschaft von Grabräubern von der Polizei *in flagranti* überrascht werden. Im Auftrag der Kairoer Mafia schlug sie Reliefstücke aus der Wand. Wie sich's gehört, waren die Diebe schwer bewaffnet und eröffneten sofort das Feuer. Die Polizei reagierte mit einem kurzen, kräftigen Feuerstoß, einige Grabräuber lagen leblos im Tempel. Nichts wurde gestohlen, doch schon die Vorarbeiten hatten einen erheblichen Teil der Anlage völlig zerstört.

Es ist keine vage Annahme, daß die Räuber nach Katalog und Offerte plündern.

1928 stießen Steinbrucharbeiter zufällig in Mocalla, 25 km südlich Luxor, auf die Grabanlage des Gaufürsten Anchtifi. Hier arbeiteten Mitte der siebziger Jahre Grabräuber ungestört und wochenlang, und sie arbeiteten nach Plan: Sie legten auf geschlossene Bildszenen Wert. Die brachten am Markt besonders hohe Preise. Behutsam lösten sie vollständige Bildkompositionen von der Putzschicht aus Nilschlamm ab. Nachdem sie den Ort der schändlichen Tätigkeit verlassen hatten, waren die Kalksteinfelsen der Grabkammer ihrer außerordentlichen Malereien beraubt. Meisterwerke der ägyptischen Kunst aus der Ersten Zwischenzeit (2134–2040 v. Chr.) verschwanden für alle Zeit.

Solche Nachrichten beschäftigen vorübergehend die ägyptische Öffentlichkeit . . . und auch das Parlament. 1977 diskutierte es ein neues Gesetz zum Schutz ägyptischer Baudenkmäler. Es kamen 43 Paragraphen aufs Papier, aber auch dieses „neue" Gesetz scheint bis heute nicht in Kraft getreten zu sein. Diebstahl und Handel gehen fröhlich weiter.

Am 8. Dezember 1978 meldete der Berliner TAGESSPIEGEL: „Tempel von Luxor bestohlen!" Es war eine Falschmeldung. Nicht der Amon-Tempel in Luxor war einer Raubattacke ausgesetzt, sondern der Totentempel des Amenophis III. (1403–1365 v. Chr.) in Westtheben, doch dort ist kaum noch etwas zu rauben. Der Tempel dieses Pharaos ist nur noch in wenigen Quaderblökken auszumachen und freilich in dem Kolossalpaar der herrscherlichen Sitzfiguren, in den Memnonkolossen, an denen bisher kein Verwegener den Abtransport versuchte. Der Raubversuch war ein Racheakt. Das erfuhr ich in einem Brief, den mir ein ägyptischer Freund am 11. Januar 1979 aus Luxor schrieb — in deutscher Sprache:

„Ein Wächter hat in Ruinen seinem Totentempel Amenophis Spur eines Räubers, Öl und Ruß gefunden!

Vielleicht er wollte herausnehmen ein Stück mit Feuermethode! Der Wächter hat Inspektor berichtet, aber er hat das Unfall weggelassen.

Man sagt, Unfall falsch. Falsch Öl und falsch Feuer und falsch Spur.

Gemacht um Inspektor Yahya und Wächter zu rächen!"

Mir ist klar, daß diese Information aus Qurna den Tatsachen entspricht: Inspektor Yahya verstand sich schlecht mit den Leuten aus Westtheben. Mögen die Recken in Qurna auch müde geworden sein, wissen sie sich immer noch mißliebiger Herren „da oben" zu entledigen. Ein Raub aus Rache paßt genau ins Bild ihrer „Tätigkeit".

Daß die Cheops-Pyramide in Giseh noch steht, verdanken wir dem italienischen Diplomaten Signore Emo!

Er kam 1548 mit dem Physiker Prospero Alpini (gest. 1616) nach Ägypten. Der Physiker fand im damaligen türkischen Statthalter Ibrahim Pascha einen Kumpan, der sich aus Geld- und Goldgier zu einer frevlerischen Tat bereit fand. Er erlaubte dem Italiener, mit einer ungeheuren Ladung von Schwarzpulver die Cheops-Pyramide zu sprengen, um endlich an die „goldenen Nachlässe der alten Pharaonen" heranzukommen. Das unnütze Steinmonstrum über den Schätzen sollte in Trümmer gelegt werden.

Diplomat Signore Emo bat den türkischen Statthalter:

„Haltet die Pyramiden fest!"

Dieser Schreckensruf galt nicht dem Erhalt eines der klassischen sieben Weltwunder, Signore Emo fürchtete, die Explosion könnte auch Teile des „ehrwürdigen Kahira", Kairos, in die Luft jagen.

„Haltet die Pyramiden fest!"

Das ist in einem umfassenderen Sinne heute der Mahnruf aller Verantwortungsbewußten — in der ägyptischen Öffentlichkeit und in der ganzen Welt.

Nur eine weltweite Solidarität kann dem Land am Nil die Reste seiner alten großen Vergangenheit retten. Die Polizei ist — fast — machtlos gegenüber den internationalen Syndikaten der Kunstraub-Mafia. Ein international bekannter Polizeiexperte gibt offen zu, daß INTERPOL „nicht fähig ist, auf die heutige Art und Weise der internationalen Kriminalität zu reagieren".

Daß das Gangstertum bei der zunehmenden Liberalisierung der Grenzkontrollen auf freier Wildbahn operieren kann, macht die Polizeiarbeit immer schwieriger. Es verfügt über modernste technische Kommunikationssysteme, es kann schier unbegrenzte Geldmittel einsetzen, um „Marketing" für gefragte Ware zu betreiben, es kann in Ägypten rentierliche Fundstätten erkunden, es kann mit seiner schnell reagierenden Logistik Dieben, Händlern und Hehlern Unterschlupf, Geräte und Waffen beschaffen. Die Kunstschieber fliegen als VIPs. Was sie nicht im Handgepäck an Bord nehmen können, passiert ungehindert die Grenzen. Fällt ägyptischen Fahndern durch Zähigkeit, Fleiß und Glück Raubgut in die Hände, empfinden sie keineswegs das Glück des Erfolges, es befällt sie tiefste Bestürzung: Sie *wissen,* daß sie die Diebe laufen lassen müssen.

Dabei bemühen sich die Ägypter ernsthaft, dem Treiben in- und ausländischer Raubgräber ein Ende zu machen. Jedes Bemühen wird Schall und Rauch bleiben, solange die Verantwortlichen der Altertümerverwaltung keine bessere Ausbildung erhalten und solange die Polizeiinspektoren und Gafire nicht durch bessere Besoldung gegen Bestechung immunisiert werden.

Die Verantwortlichen in Kairo, in Alexandria, Luxor, Assuan und sonstwo müssen cleverer sein als die dunklen Figuren, denen sie das Handwerk legen sollen. Aber sie haben nicht mal einen Durchblick durch die Infrastruktur des heillosen Räubergewerbes, keine Kenntnis von dem, was auf den Märkten gespielt wird. Wenn die Staaten, die sich so viel auf ihre Kultur zugute halten, Ägypten nicht beistehen, wird das arme und ausgeplünderte Land ohnmächtig dem jahrtausendelangen Treiben der Banden und

Cliquen zusehen müssen. Begreifen sollten die sogenannten Kulturstaaten aber auch, daß Ägyptens Schätze in ihren Museen keine stolzen Prunkstücke sein dürfen, daß ihre Bestände nicht mehr vermehrt werden sollten. Der Vorwurf unterlassener Hilfeleistung trifft auch die Wissenschaftler, auch die Kuratoren der Museen in aller Welt. Sie, die ihr Herz angeblich an Ägypten verloren haben, sollten sich der alten Fellachenweisheit erinnern:

„Der Strauch grünt am schönsten dort, wo ihn Allah in den Boden pflanzte!"

Ägyptische Kulturdenkmäler, wenigstens die letzten, sollten ihren angestammten Platz in den Landen am Nil behalten. Das war der Wunsch der Schöpfer großer Kunst und Architektur, der Pharaonen und ihrer Götter.

> Wir springen mit dieser Welt um, als hätten wir noch eine als Reserve im Kofferraum.
> *Jane Fonda*

Literaturverzeichnis

Aldred, Cyrill: Die Juwelen der Pharaonen, München 1976

Aldred, Cyrill: Echnaton, Bergisch Gladbach 1968

Altenmüller, Hartwig: Grab und Totenreich der alten Ägypter, Hamburg 1976

D'Athanasie, Giovanni: Researches and Discoveries in Upper Egypt, London 1836

Baedeker, Karl: Ägypten-Handbuch für Reisende, Leipzig 1877

Beckenrath, Jürgen von: Abriß der Geschichte des Alten Ägyptens, München 1971

Belzoni, Giovanni Battista: Operations and Recent Discoveries in Egypt and Nubia, London 1820

Breasted, James Henry: The Edwin Smith Surgical Papyrus, Chicago 1930

Brehm, Alfred Edmund: Reisen im Sudan, Tübingen 1975

Bretten, Michael Heberer von: Egyptiaca Servitus, Graz 1967

Brugsch, Heinrich: Geschichte Ägyptens unter den Pharaonen, Leipzig 1877

Brugsch, Heinrich: Leben und Wandern, o. J.

Brugsch, Heinrich: Reiseberichte aus Ägypten, Hildesheim 1977 (Reprint)

Brunton, Paul: Geheimnisvolles Ägypten, Zürich 1951

Buberl, Paul: Die griechisch-ägyptischen Mumienbildnisse der Sammlung Theodor Graf, Wien 1922

Budge, E. A. Wallis: By Nile and Tigris I/II, London 1920

Budge, E. A. Wallis: Dweller on the Nile, o. J.

Budge, E. A. Wallis: The Mummy, New York 1964

Carter, Michael: Tut-Ench-Amun, München 1978

Ceram, C. W.: Götter, Gräber und Gelehrte, Hamburg 1949

Ceram, C. W.: Götter, Gräber und Gelehrte im Bild, Hamburg 1957

Champdor, Albert: Das ägyptische Totenbuch in Bild und Deutung, München 1977

Champollion-Figeac: Ägypten, Stuttgart 1840
Cook, Thos. u. Sohn: Egypt and the Egyptian Sudan/by Sir Wallis Budge, London 1921
Damman, H. Walter: Alt-Babylonien und Alt-Ägypten, Hamburg 1921
Dappert, Olfert: Umständliche und eigentliche Beschreibung von Africa Anno 1668, Stuttgart 1964 (Reprint)
Davies, N. de G.: The Rock Tombs of El-Amarna, London 1905
Dawson, Warren R., u. Eric P. Uphill: Who was Who in Egyptology, London 1972
Desroches-Noblecourt, Christiane: Tut-Ench-Amun, Frankfurt 1971
Dümichen, Johannes: Tempel und Gräber im Alten Ägypten, Straßburg 1872
Ebers, Georg: Ägyptische Studien, Stuttgart/Leipzig 1900
Emery, Walter B.: Ägypten – Geschichte und Kultur der Frühzeit, München 1964
Erman, Adolf: Die Literatur der Alten Ägypter, Leipzig 1923
Erman, Adolf: Mein Werden und Wirken, Leipzig 1929
Erman, Adolf, u. Hermann Ranke: Ägypten und ägyptisches Leben im Altertum, Tübingen 1923
Fagan, Brian M.: Die Schätze des Nil, München 1977
Fecht, Gerhard: Der Vorwurf an Gott, o. J.
Filitz, Hermann: Die weltliche Schatzkammer in Wien, Braunschweig 1959
Flaubert, Gustave: Reisetagebuch aus Ägypten 1849/51, Stuttgart 1963
Friedell, Egon: Kulturgeschichte Ägyptens und des alten Orients, München 1974
Grinsell, Leslie V.: Barrow, Pyramid and Tomb, London 1975
Gerville, A. B. de: Das moderne Ägypten, Leipzig 1906
Habachi, Labib: The Obelisks of Egypt, New York 1977
Helck, Wolfgang, u. Otto, Eberhard: Lexikon der Ägyptologie, Wiesbaden 1977
Herodot: Historien, Wiesbaden o.J.
Hodges, Arthur: Kitchener, Berlin o. J.
Ions, Veronica: Ägyptische Mythologie, Wiesbaden 1968
Jorns, Marie: August Kestner und seine Zeit, Hannover 1964

Kalb, Alfons: Aus dem Tagebuch einer ägyptischen Reise, München 1903
Kayser, Hans: Ägyptisches Kunsthandwerk, Braunschweig 1969
Klamroth, Heinz: Ägypten, Freiburg 1929
Kolpaktchy, Gregoire: Das Ägyptische Totenbuch, München 1973
Lauer, Jean Phillippe: Die Königsgräber von Memphis/Saqqara, Bergisch Gladbach 1977
Lepsius, Karl Richard: Denkmäler aus Ägypten und Äthiopien, Berlin 1849
Lepsius, Karl Richard: Reise von Theben nach der Halbinsel Sinai, Berlin 1846
Lorenz, Eva: Grabräuber, Raubgräber, Archäologen, Wien 1968
Lurker, Manfred: Götter und Symbole der Alten Ägypter, Bern 1974
Maspero, Gaston: Geschichte der Kunst Ägyptens, Stuttgart 1913
Mendelsohn, Kurt: Das Rätsel der Pyramiden, Bergisch Gladbach 1974
Meyer, Karl E.: Geplünderte Vergangenheit, Zug (Schweiz) 1977
Möller, F. W. K.: Die anthropologischen Ergebnisse des vorgeschichtlichen Gräberfeldes Abusir el-Meleq, Leipzig 1915
Montet, Pierre: Leben und Kultur in der Ramses-Zeit, Stuttgart 1978
Naack, Emil: Ägypten, Stuttgart 1964
Neubert, Otto: Gott in goldenen Särgen, Wien/Hamburg 1956/72
Neubert, Otto: Tut-Ench-Amun, Hamburg 1952
Niebuhr, Carsten: Reise nach Arabien und anderen Ländern 1761–1767, Tübingen 1973 (Reprint)
Nolte, Birgit: Die Glasgefäße im Alten Ägypten, Berlin 1968
Peet, T. Eric: The Great Tomb-Robberies of the Twentieth Egyptian Dynasty, Oxford 1930
Roeder, Günther: Volksglaube im Pharaonenreich, Stuttgart 1952
Schäfer, Heinrich: Ägyptische Goldschmiedearbeiten, Berlin 1910
Schildt, Göran: Das Sonnenboot, Wiesbaden 1963
Schlosser, Julius: Die Kunst- und Wunderkammern der Spätrenaissance, Braunschweig 1978

Simpson, William Kelly: The Terrace of the Great God at Abydos, Philadelphia 1974
Steindorf, G., und Walter Wolf: Die Thebanische Gräberwelt, Hamburg o. J.
Thorwald, Jürgen: Macht und Geheimnis der frühen Ärzte, München/Zürich 1962
Tompkins, Peter: Cheops, Bern/München 1975
Wiegand, Th.: Untergang und Wiedergewinnung der Denkmäler, o. J.
Winlock, H. E.: The Rise and Fall of the Middle Kingdom in Thebes, New York 1947
Wolf, Walter: Frühe Hochkulturen, Stuttgart/Zürich 1969
Wolf, Walter: Funde in Ägypten, Göttingen 1966

Tagebücher und Reiseberichte (im Besitz des Autors)

Ägypten 1891, Gesellschaftsreise des Wissenschaftlichen Club Wien, Wien 1891, anonym
Ägyptisches Tagebuch 1882/83, anonym
Reisebericht II/Ägypten, 1890, anonym

Journale und Zeitungen

Amtliche Berichte aus den Königlichen Kunstsammlungen, Jahrbuch der Kgl. Preußischen Kunstsammlungen 1909/18
Antiquitätenzeitung, Stuttgart, 12. Mai 1897
Art News, Sommer 1978, The Mansoor collection, Sylvia Hochfield
Berliner Museen, Berichte aus den Preußischen Kunstsammlungen, Jahrgang 1939/40/43
Bild der Wissenschaft, 3/1975
British School of Archaeology in Egypt, 1913, Riqqeh and Memphis VI., by R. Engelbach
Der SPIEGEL, 18. April 1977
Der SPIEGEL, 26. Dezember 1977
Esquire, 3/1977

Fresh Light on the Tomb-Robberies of the Twentieth Dynasty, J. E. A. 11/P. 37/162
Mitteilungen des Deutschen Archäologischen Institutes Kairo, Band 31/1975
New Light on the Ramesside Tomb-Robberies, J. Cappart / A. H. Gardiner / B. van de Walle, J. E. A. P. 169–193 Vol. 22
Porter/Moss: VII. Nubia, the Deserts, and Outside Egypt, Oxford 1951
Sunday Telegraph, 23. März 1975
The Egyptian and Persian Expeditions 1932–1933, Section II of the Bulletin of the Metropolitan Museum of Art, New York

Kataloge

Catalogue of the Museum and Gallery of Art, New York / Historical Society, 1877
Die Ermitage, O. M. Persianowa, Leningrad
Die Sammlungen des Kunsthistorischen Museums Wien, 1975
Exhibition Catalogue, Collection of Giovanni D'Athanasie, Leigh Sotheby, London 1837
Geschenk des Nils, Ägyptisches Kunstwerk aus Schweizer Besitz, 1978
Staatliche Museen zu Berlin, Ägyptisches Museum, Ost-Berlin
Staatliche Museen zu Berlin, Nubien und Sudan im Altertum, Berlin 1963
The British Museum, Egyptian Collections, London 1971
The Metropolitan Museum of Art, Egyptian Art, New York 1962

Danksagung

für hilfreiche Unterstützung:

Prof. Mohamed Bakr, Universität von Zagazig
Prof. Abd el-Kader, Kairo
Dr. phil. Mohamed Saleh, National Museum Kairo
Dr. Victor Girgis, Altertümerverwaltung Kairo-Abaasia
Dr. A. Ragazig, Altertümerverwaltung Kairo-Abaasia
Direktor Hasan Äsheri, National Museum Kairo
Kurator Ibrahim el-Nawawy, National Museum Kairo
Frau Dr. Dia Abougazi, National Museum Kairo
Frau Dr. Zeenab el-Kurdy, Universität Kairo
Mohamed el-Soghaier, Department of Antiquities Luxor
Matamu Baalbusch, Altertümerverwaltung Kairo-Abaasia
Elsayed Aly Higazy, Department of Antiquities Luxor
den Mitarbeitern des Press-Center in Kairo, Qena und Luxor
den Freunden Ahmed, Isaac Jakob, Abd el-Rahman, Hosny, Rhajab, Mohamed Sayed, Ali und Yemmeni
Zehn europäischen Wissenschaftlern danke ich an dieser Stelle mit gewahrter Anonymität.

Zeittafel

Die Datierung stellt einen Annäherungswert dar.
Aus Gründen der Übersichtlichkeit sind nur die wichtigsten politischen und kulturellen Ereignisse sowie die bedeutendsten Herrscher Ägyptens genannt worden.

3100 v. Chr.	Übergangsperiode zur geschichtlichen Zeit. Reichseinheit von Ober- und Unterägypten — Entstehung der dynastischen Kultur. MENES (Hor Aha) — „Erster König der 1. Dynastie" — begründet die Residenz Memphis. Königsgräber bei Sakkara und Abydos.
2686 v. Chr.	ALTES REICH 3.–6. Dynastie Die Pharaonen werden in Pyramiden beigesetzt. „Unsterblichkeit" — ein Vorrecht der ägyptischen Könige. Bau der Pyramiden von Giseh. Die bedeutendsten Pharaonen des ALTEN REICHES: Djoser, Snofru, Cheops, Chefren und Mykerinos.
2181 v. Chr.	ERSTE ZWISCHENZEIT 7.–8. Dynastie Zusammenbruch des ALTEN REICHES — der tiefste und für die politische und geistige Entwicklung folgenschwerste Einschnitt der altägyptischen Geschichte. Auseinandersetzungen im Inneren, der komplizierte Verwaltungsapparat bricht zusammen. Das göttliche Königtum ist ohnmächtig. In der Umgebung wohnende Volksstämme fallen plündernd ins Niltal ein. Zerstörung und Plünderung der Gräber, Totentempel und der Pyramidengräber.
2050 v. Chr.	MITTLERES REICH 11. und 12. Dynastie MENTEHOTPE II. gelingt die Wiedervereinigung Ägyptens —

Begründung des MITTLEREN REICHES.
Mit der Wiedervereinigung des Landes beginnt sofort ein neuer kultureller Aufstieg.
Mentehotpe II. errichtet sich ein aus Galeriegrab und Pyramide kombiniertes Grabmal im Talkessel von Der el-Bahari.
Die Gräber seiner Beamten sind in die steilen Felsenwände ringsum gebrochen.
Ägypten dehnt seinen Einfluß auf Asien und Nubien aus.
AMON eine der Hauptgottheiten.
Pharaonen namens Amenemhet, Sesostris I. und II.

1785 v. Chr. ZWEITE ZWISCHENZEIT 13.–17. Dynastie
Um 1715–1690 vollzieht sich unter den beiden schwachen Herrschern Ibija'e und Ay die erneute Auflösung der Einheit Ägyptens.
In den Städten des Deltas erheben sich Usurpatoren, die die Krone beanspruchen.
Im Inneren werden die Zustände unter den machtlosen, einander bekämpfenden Herrschern immer chaotischer.
Die ägyptische Kunst sinkt auf einen Tiefpunkt. Der asiatische Söldnerführer Schalik besetzt die Residenz der 13. Dynastie bei Memphis.
Die Hyksos haben Unterägypten besetzt.
Pferd und Streitwagen werden im Niltal eingeführt.

1580 v. Chr. NEUES REICH 18.–20. Dynastie
Vertreibung der Hyksos durch AHMOSE, unter dessen Herrschaft Ägypten wiedervereinigt wird.
Ägypten auf dem Höhepunkt seiner Macht und des Wohlstandes.
Das Reich dehnt sich in das Gebiet des Euphrat und weit nach Nubien aus.
Das „Tal der Könige" im thebanischen Westen wird Begräbnisort der Herrschenden.
Tempelbauten in Luxor und Karnak.
Die bedeutenden Herrscher:
Amosis, Thutmosis I./II. und III., Amenophis II./III. und IV., Königin Hatschepsut.
SethosI., Ramses II./III. und Tut-ench-Amun, ein wenig bedeutender Pharao, der nur kurze Zeit herrscht.

1085 v. Chr. SPÄTZEIT 21.–30. Dynastie
Ägypten wird von politischen Streitigkeiten erschüttert.
Zwölf Könige herrschen länger als zwanzig Jahre.
Das Nilland wird von den Persern erobert.

525 v. Chr. Der persische Großkönig KAMBYSES wird in Ägypten als Pharao anerkannt.

332 v. Chr. ALEXANDER DER GROSSE erobert Ägypten.
Er gründet an der Westecke des Nildeltas die Stadt ALEXANDRIA und läßt sich in Memphis zum Pharao krönen.
Ägypten bildet eine Satrapie des Reiches Alexander des Großen.

305 v. Chr. Ägypten unter griechischer (makedonischer) Herrschaft.
305–30 v. Chr. Dynastie der PTOLEMÄER (Lagiden).
Alexandria — Hauptstadt des Ptolemäerreiches — wird glanzvoller Mittelpunkt der Kultur des Hellenismus und eine führende Stätte der Wissenschaft. Die Bibliothek von Alexandria erlangt eine große Bedeutung.
In den ägyptischen Kultbauten von Dendera, Edfu, Kom Ombo und Philae macht sich der große Einfluß der herrschenden Griechen bemerkbar.

30 v. Chr. Ägypten wird von OCTAVIAN (Augustus) in Besitz genommen. Beginn der römischen Herrschaft.
Die ägyptische Kunst sinkt immer mehr ab, die alten Vorbilder werden nicht mehr verstanden. Ägyptische Kunstwerke, vor allem Obelisken, werden nach Rom und in andere Städte des römischen Reiches verschleppt.
Eine allgemeine Erhebung in Oberägypten wird durch den Präfekten Cornelius Gallus hart unterdrückt.
Theben wird endgültig zerstört.

284–395 n. Chr. Ausgang des ägyptischen Altertums.
Im Laufe des 4. Jahrhunderts Ende des ägyptischen Heidentums.
Die Tempelbauten verfallen, werden verschlossen oder von christlichen Mönchen brutal zerstört.

Personenregister

Orts- und Sachregister